LA FAMILLE

ET LES AMIS DE

MONTAIGNE

CAUSERIES AUTOUR DU SUJET

PAR

PAUL STAPFER

DOYEN DE LA FACULTÉ DES LETTRES DE BORDEAUX

> « La langue des hommes est flexible,
> et elle a toutes sortes de discours de
> toutes les couleurs, et le pâturage des
> paroles s'étend çà et là. »
>
> HOMÈRE.

>—>◦<—

PARIS

LIBRAIRIE HACHETTE ET Cⁱᵉ

79, BOULEVARD SAINT-GERMAIN, 79

1896

LA FAMILLE

ET LES AMIS DE

MONTAIGNE

CAUSERIES AUTOUR DU SUJET

OUVRAGES DU MÊME AUTEUR

PUBLIÉS PAR LA LIBRAIRIE HACHETTE ET Cⁱᵉ

BIBLIOTHÈQUE VARIÉE

Format in-16 à **3** fr. **50** le volume broché.

Molière et Shakespeare, 3ᵉ édition. 1 vol.
Ouvrage couronné par l'Académie française.

Des réputations littéraires. Essais de morale et d'histoire, 1ʳᵉ série. 1 vol.

BIBLIOTHÈQUE DES GRANDS ÉCRIVAINS FRANÇAIS

Format in-16 à **2** francs le volume broché.

Montaigne. 1 vol.

Coulommiers. — Imp. Paul BRODARD. — 466-95.

LA FAMILLE

ET LES AMIS DE

MONTAIGNE

CAUSERIES AUTOUR DU SUJET

PAR

PAUL STAPFER

DOYEN DE LA FACULTÉ DES LETTRES DE BORDEAUX

« La langue des hommes est flexible,
et elle a toutes sortes de discours de
toutes les couleurs, et le pâturage des
paroles s'étend çà et là. »

HOMÈRE.

—————⋈⋈⋈—————

PARIS

LIBRAIRIE HACHETTE ET Cⁱᵉ

79, BOULEVARD SAINT-GERMAIN, 79

—

1896

AVANT-PROPOS

Je trouve fort agréable d'avoir présenté d'abord mes conclusions sur un grand auteur dans un juste volume où les pages m'étaient comptées[1], pour y revenir ensuite tout à mon aise, avec mes coudées franches, et sans être tenu d'esquisser même un nouveau jugement d'ensemble sur son œuvre ou sur sa personne. La vendange faite, il restera toujours, dans une vigne comme les *Essais*, de quoi grapiller à plaisir et se griser indéfiniment.

Montaigne n'est plus, d'ailleurs, ma seule ni ma

---

1. Voir *Montaigne* (Collection des Grands Écrivains français), par Paul Stapfer. Hachette.

principale étude, puisque désormais il s'agit surtout de sa « Famille » et de ses « Amis » et qu'on
peut voir, par les titres des chapitres, qu'ils sont
presque tous consacrés à d'autres sujets qu'à Montaigne.

J'ai cru devoir conserver à ces chapitres leur
forme primitive de causeries, de leçons orales.
Généralement je n'aime guère dans les livres, qui
sont des résumés, cette forme babillarde du discours, et l'on me rendra peut-être cette justice
que je n'en ai point abusé dans mes précédents
ouvrages; mais ici elle m'a paru préférable pour
diverses raisons que la lecture fera sentir, et parce
que ces menus propos sont bien, par quelques
allusions locales, des *Causeries bordelaises.*

L'idée m'amuse de fixer par écrit la physionomie de mon enseignement officiel à la Faculté des
lettres de Bordeaux durant l'année scolaire 1894-
1895. Depuis que je faisais, il y a vingt-cinq ans,
à Paris, sous le titre de *Causeries parisiennes*, un
cours très libre de littérature pour les jeunes filles,
ma conception de l'enseignement public n'a pas
beaucoup changé, et c'est toujours de scandaliser
l'innocence, d'inquiéter la foi, de troubler la paix

des esprits et de leur faire un peu violence afin de les forcer à la réflexion et au doute, discourant, à tort et à travers, de tout et du reste, à propos de rien, si rien

Veut dire rien — ou peu de chose.

« La langue des hommes est flexible, a dit Homère, et elle a toutes sortes de discours de toutes les couleurs, et le pâturage des paroles s'étend çà et là. »

LA FAMILLE

ET LES AMIS DE

MONTAIGNE

CAUSERIES AUTOUR DU SUJET

I

LA LÉGENDE DE MONTAIGNE

Nous sommes tous paresseux plus encore que
méchants. La paresse est notre passion la plus forte,
quoique la plus subtile et la moins aperçue. C'est la
paresse qu'on trouve au fond de ce besoin de simplification et de jugements sommaires dont l'esprit
humain est dominé; c'est elle qui est la cause de la
plupart de nos erreurs. La malignité, qui nous égare
aussi et qui n'est pas moins naturelle que la paresse
à l'homme et à la femme, est pourtant loin d'avoir
autant de puissance pour nous tromper et nous
rendre injustes. De la paresse sont nées toutes les
traditions légendaires de la critique, toutes ces
images convenues qui, plus ou moins faussement,

1

se substituent à la réalité et, une fois installées dans l'imagination et l'opinion des générations successives, deviennent à peu près indestructibles.

Dans le livre peu divertissant malgré son titre, très mal composé, assez mal écrit, mais semé de vues originales et profondes, où Stendhal traite *de l'Amour*, il insiste beaucoup sur un phénomène qu'il appelle « cristallisation ».

Aux mines de sel de Saltzbourg, on jette dans les profondeurs abandonnées de la mine un rameau d'arbre effeuillé par l'hiver: deux ou trois mois après, on le retire couvert de cristallisations brillantes : les plus petites branches, celles qui ne sont pas plus grosses que la patte d'une mésange, sont garnies d'une infinité de diamants mobiles et éblouissants; on ne peut plus reconnaître le rameau primitif.... J'entends par *cristallisation* une certaine fièvre d'imagination, laquelle rend méconnaissable un objet le plus souvent assez ordinaire et en fait un être à part.

Un phénomène analogue change en êtres à la fois très généraux et très singuliers, en *types,* des hommes qui dans la réalité furent assez semblables à nous et qui n'eurent ni les qualités ni les défauts extraordinaires que notre imagination leur prête à distance.

Sainte-Beuve, qui, comme Montaigne et la plupart des lettrés, aimait à fixer au vol sur ses livres ses impressions fugitives et ses réflexions primesautières, avait écrit cette note sur son exemplaire de La Rochefoucauld :

Pour garder votre réputation devant la postérité et pour qu'elle s'étende, l'essentiel est que cette postérité croie avoir besoin de vous comme type, comme exemple, comme matière continuelle et commode à citations. Cela vous perpétue plus encore que le mérite intrinsèque de votre œuvre.

Et, à propos de Villon, il répète dans ses *Causeries du Lundi* :

Il y a une classe d'auteurs à qui tout profite, même les défauts ; ce sont ceux qui, une fois morts, tournent à la légende, qui deviennent *types*, comme on dit, dont le nom devient pour la postérité le signe abrégé d'une chose, d'une époque, d'un genre.... L'essentiel est de devenir un de ces noms commodes à la postérité qui s'en sert à tout moment, qui en fait le résumé de beaucoup d'autres, et qui, à mesure qu'elle s'éloigne, ne pouvant toucher toute l'étendue de la chaîne, ne la compte plus, de distance en distance, que par quelque anneau brillant.

« L'humanité, a dit de même Renan dans le discours qu'il prononça à l'Académie française le jour de la réception de Pasteur, veut des noms qui lui servent de types et de chefs de file ; elle ne met pas dans son choix beaucoup de discernement. »

Les exemples abondent en littérature. Béranger, l'abbé Delille, Scarron, même le gentil Marot, ne sont pas, quelque réel que soit leur mérite, des poètes d'un talent tellement rare et unique au monde qu'il soit très difficile d'en trouver assez d'autres qui les valent bien et qui pourtant sont beaucoup moins connus et beaucoup moins cités. C'est qu'ils personnifient des genres littéraires. Ils ont eu cette bonne fortune, d'accrocher un jour, d'une façon si tenace, les quelques syllabes de leur nom à la chose qu'ils représentaient, qu'ils en sont devenus, pour l'usage de la postérité paresseuse, les types définitifs, exclusifs, et les symboles par excellence.

L'accident de gloire le plus drôle qu'on puisse peut-être produire en exemple est celui qui est échu de nos jours à M. Stéphane Mallarmé. Je m'engage à faire cadeau d'un très bon *waterproof* (symbole intelligible et clair) à la personne qui pourra m'expliquer non pas — ce qui est impossible par définition — le sens de ses vers et de sa prose, mais le mérite extraordinaire qui le rend supérieur à dix, à quinze, à trente écrivains, même de son école. Un concours de circonstances heureuses, parmi lesquelles je n'hésite pas à placer au premier rang le joli tintement d'un nom rare et sonore, plaisant à l'oreille et à la bouche (ô pouvoir mystérieux des sons et de certains noms propres!), a fait tomber sur lui, par aventure, pour personnifier cette nouvelle invasion de la préciosité à la fin du xixe siècle qui s'appelle l'art décadent ou symbolique, e choix des hommes indifférents et paresseux.

Nous voilà loin de Montaigne. Mais, avant de montrer avec quelle facilité singulière sa physionomie se prêtait au travail de simplification, d'altération par conséquent, qu'opère la paresse humaine, prenons, dans la légende de Rabelais, un exemple plus voisin de lui.

Tous ceux qui ont étudié Rabelais un peu mieux que superficiellement, savent que la seule notice exacte qui ait été écrite sur ce frère aîné de Mon-

taigne est celle qu'on lit en tête de l'édition de
MM. Rathery et Burgaud des Marets. Cependant,
malgré les réclamations de la critique et de l'histoire, Rabelais conserve obstinément dans l'imagination du monde les traits fantastiques que la
légende lui a prêtés, et cette légende est très ancienne : elle date du jour de sa mort et de la
méchante épitaphe que composa sur lui Ronsard,
qui l'avait en aversion. Que dis-je : du jour de sa
mort? La légende date du vivant même de Rabelais, qui, mieux que personne, y a travaillé et qui
en est bien le premier auteur responsable.

Il s'amuse en effet à parler de lui-même comme
d'un goinfre, d'un paillard et d'un ivrogne. Étour-
diment ses lecteurs l'ont pris au mot. Avec quelle
irréflexion ne s'est-on pas empressé d'oublier que
ce prétendu esclave de la « dive bouteille » était
avant tout un savant médecin, un maître de toutes
les doctes études, profondément versé dans la
connaissance des lettres antiques, ayant, au dire
de ses contemporains et comme ses plus authenti-
ques portraits en font foi, un air d'autorité, une
physionomie grave, douce et majestueuse, et qu'il
est de toute impossibilité d'acquérir une science
encyclopédique, d'être un auteur, à l'occasion,
sérieux jusqu'à l'ennui, d'entretenir avec les hautes
notabilités de son temps dans l'État et dans l'Église
les relations honorables qu'attestent sa correspondance et ses voyages à Rome, si l'on n'est qu'un
cynique bouffon, un être « se touillant » toute la

journée, pour répéter les termes élégants de Ronsard,
nous dirions aujourd'hui « tripatouillant » dans le
vin

> Comme une grenouille en sa fange!

Cette pente naturelle de l'esprit humain à trans-
former l'histoire en roman et la complexité des faits
réels en légendes extrêmement simplifiées ne pouvait manquer d'exercer la méditation des critiques
qui ont le moindre grain de philosophie dans la tête.
Il me paraît intéressant et instructif de suivre l'étude
de plus en plus approfondie de ce curieux phénomène mental, depuis Chateaubriand, ou même
depuis Aristote, jusqu'à M. de Vogüé, que nous
allons voir aboutir à une conclusion paradoxale,
surprenante, mais d'une belle hardiesse et préparée,
d'ailleurs, par la pensée de tous les philosophes qui
avaient précédé et guidé la sienne. Je vais donc me
livrer à un certain luxe de citations et extraire du
trésor de mes notes un brillant écrin de joyaux choisis
pour lequel je ne sens nul besoin de faire, comme
il est d'usage, des excuses.

Chateaubriand a dit dans son *Essai sur la littérature anglaise* :

> Tout personnage qui doit vivre ne va point aux généra-
> tions futures tel qu'il était en réalité ; à quelque distance
> de lui, son épopée commence : on idéalise ce personnage,
> on le transfigure ; on lui attribue une puissance, des vices
> et des vertus qu'il n'eut jamais ; on arrange les hasards
> de sa vie ; on les violente, on les coordonne à un système.
> Les biographes répètent ces mensonges ; les peintres fixent

sur la toile ces inventions, et la postérité adopte le fantôme.
Bien fou qui croit à l'histoire! L'histoire est une pure
tromperie; elle demeure telle qu'un grand écrivain la farde
et la façonne. Quand on trouverait des mémoires qui
démontreraient jusqu'à l'évidence que Tacite a débité des
impostures, en racontant les vertus d'Agricola et les vices
de Tibère, Agricola et Tibère resteraient ce que Tacite les
a faits.

Dans son étrange et beau livre sur les *Héros*, Car-
lyle s'écrie, en s'agitant sur son trépied, avec le ton
de possédé et l'allure apocalyptique qui sont sa
forme habituelle :

Considérez ce que le seul temps peut faire; comment, si
un homme était grand tandis qu'il vivait, il devient dix fois
plus grand quand il est mort. Quelle énorme *camera
obscura* amplifiante est la tradition! Comment une chose
croit dans la mémoire humaine, quand l'amour, l'adoration et tout ce qui gît dans le cœur humain est là pour
l'encourager.... En trente ou quarante ans, là où il n'y
aurait nuls livres, tout grand homme deviendrait *mythique*,
les contemporains qui l'avaient vu étant une fois tous
morts. Et en trois cents ans, et en trois mille ans!... Ce
sont matières dont la logique devrait savoir qu'elle ne peut
parler. C'est assez pour nous de discerner, au loin, à la
plus extrême distance, quelque lueur, comme d'une petite
lumière réelle, brillant au centre de cette énorme chambre
obscure....

En langage plus clair et plus calme, le philosophe
français Guyau nous enseigne, dans son petit livre
sur *la Genèse de l'idée de temps*, comment se forme
dans nos esprits l'image idéale du passé. Mais,
par *idéal*, il ne faut point entendre quelque chose
de plus beau que la réalité; c'est seulement quelque

chose de plus caractéristique et de plus *un*, d'où
sont éliminés tous les détails accessoires, impor-
tuns, qui viendraient déranger la simplicité de
l'image :

> La poésie du temps, avec ses illusions, vient d'abord de
> ce que nous *idéalisons* les choses passées. Un *idéal* est une
> forme qui ne conserve que ce qu'il y a de caractéristique
> et de typique, avec élimination des détails défavorables et
> augmentation d'intensité pour les détails favorables ; or le
> temps, par lui-même et par lui seul, est un artiste qui idéa-
> lise les choses. En effet, nous ne nous rappelons des choses
> passées que les traits saillants et caractéristiques ; les
> menus détails, qui se font opposition les uns aux autres,
> disparaissant par cela même, il ne surgit que ce qui eut
> de la force, de l'intensité, de l'intérêt. C'est l'équivalent de
> la vision dans l'espace pour les effets de lointain. Les
> représentations vives et grandes subsistent seules. Si l'œil
> apercevait à la fois tous les petits détails d'un paysage, il
> n'y aurait plus de vrai paysage, mais un pêle-mêle de
> sensations toutes sur le même plan. L'œil est un peintre, et
> un peintre habile. De même pour l'œil intérieur, qui voit
> les choses à distance dans le temps.

Mais voici venir l'Allemand Schopenhauer, repre-
nant (car il n'y a rien de nouveau sous le soleil) le
vieux paradoxe d'Aristote et de Bacon sur la vérité
supérieure de la poésie, comparée à celle de l'histoire, et préparant ainsi les audacieuses conclusions
de M. de Vogüé, auxquelles nous pourrons ensuite
aboutir sans plus d'intermédiaires :

> Tout ce qui a une importance absolue et non relative, je
> veux dire le développement particulier de l'Idée, se rencon-
> trera bien plus exactement et plus clairement dans la
> poésie que dans l'histoire ; c'est pourquoi, quelque para-

doxal que cela paraisse, il faut attribuer beaucoup plus de vérité intrinsèque, réelle, intime, à la première qu'à la seconde. L'historien, en effet, doit, pour les circonstances individuelles, suivre fidèlement la vie, et voir comment elles se déroulent dans le temps par des séries de causes et d'effets qui s'entre-croisent de mille manières ; mais il lui est impossible de posséder toutes les données, d'avoir tout vu, tout appris ; à chaque moment, lui échappe l'original de son tableau, ou bien un faux modèle s'y substitue, et cela si fréquemment, que je crois pouvoir dire que, dans l'histoire, il y a plus de faux que de vrai [1].

Nourri de toute cette philosophie et ajoutant à sa science la réflexion originale d'un esprit délicat, ingénieux et hardi, M. de Vogüé nous déclare, non plus seulement que la critique perd son temps et sa peine à vouloir rectifier les erreurs légendaires de la tradition, mais (c'est la nouveauté profonde de son idée) qu'elle est bien impertinente et bien fate d'avoir une pareille prétention, et que ses pauvres pet·· efforts individuels, si ridiculement déployés en face   l'immense et irrésistible poussée de la légende, ...ont pas même l'honneur de servir une cause juste, quoique désespérée :

...Ces fines recherches, ces dissertations habiles, sont-elles autre chose qu'un jeu d'idées dans quelque cerveau ingénieux, jeu sans valeur sérieuse et appréciable, si on le compare aux forces plastiques de la nature et du large instinct humain, qui conspirent à créer leurs œuvres nécessaires, même avec ce que vous appelez l'illusion sentimentale ?

1. *Le Monde comme volonté et comme représentation*, t. I, p. 256.

C'est à la fin d'un article sur Lamartine [1] que M. de Vogüé s'exprime ainsi. Il faut citer encore un passage de cette conclusion si remarquable :

L'instinct vital de l'inconscient nous paraît offrir plus de garanties que la raison analytique de quelques-uns.... Notre procédé critique, en littérature et en histoire, oppose la finesse de quelques érudits aux *instincts créateurs de la collectivité*, à la conspiration de l'inconscient; et, s'il s'empare d'un fait, d'un livre, d'une figure, il arrête arbitrairement l'objet de son étude à un moment donné ; il le considère comme achevé, désormais immuable. Passe encore pour les morts obscurs qui finissent avec la mort; mais les morts qui continuent de vivre, un Lamartine, un Victor Hugo, un Napoléon, et tant d'autres à tous les degrés de survie, de quel droit nous proposez-vous une restitution de leur figure passée, dont vous n'êtes jamais sûr, comme plus vraie que leur figure actuelle, objective, *lentement accrue par la collaboration de tous?...* En quoi votre décomposition, par l'analyse, est-elle plus légitime que la création synthétique de la foule? Dans une de ses poésies écrites loin de Milly, Lamartine avait parlé, par erreur, d'un lierre qui tapissait le mur de la maison ; il n'en existait point ; par une inspiration délicate, sa mère planta le lierre absent et fit du mensonge une vérité. La foule, aidée par le temps, agit comme cette mère; elle achève l'œuvre du poète, elle fait des vérités de ses erreurs. Son opération est normale, conforme au travail de la nature, qui retouche constamment ses œuvres pour dégager les grandes lignes, pour les débarrasser du caduc et de l'accessoire. Ce qui crée la vie est supérieur à ce qui en détruit.

Montaigne, qui trouvait Cicéron « peu roide », n'aurait pas adressé le même reproche à M. de Vogüé; mais, en admirant la poésie du langage et

---

1. *Revue des Deux Mondes* du 15 janvier 1892.

la force de la pensée, son bon sens eût finement souri à cette formule nouvelle du fétichisme démocratique, à cette application inattendue du suffrage universel aux choses de la littérature, à cette apothéose de la multitude, que jusqu'ici nous avions crue aveugle et stupide par définition et dont on nous vante à présent la justice comme plus éclairée et plus sage que celle du petit nombre des hommes intelligents; *vox populi, vox Dei.*

Pour moi, à qui le ciel a refusé la bosse de la vénération pour les grandes collectivités humaines ou sociales, et qui serais bien plutôt porté vers le culte des éminentes supériorités individuelles que vers celui des forces obscures gisantes dans les masses, je refuse de m'associer à cette divinisation des préjugés légendaires, au fond de laquelle il y a (ne vous y trompez point) beaucoup de scepticisme et de découragement, et je veux espérer encore que la voix de la critique qui corrige les erreurs et dit la vérité n'est pas absolument perdue comme dans un désert sans écho.

Sainte-Beuve, ce critique si français, si sage et si fin, ce petit-fils authentique de Montaigne, constate, lui aussi, dans une page de sa grande étude sur Chateaubriand, que les faits réels ont bien de la peine à prévaloir contre la résistance inerte de la tradition paresseuse, que « tout ce qui dérange le simulacre olympien a tort et n'est point accepté », que « les critiques eux-mêmes se font peuple et poussent à l'idole, à la statue »; mais, cela dit, il

ajoute : « C'est cependant un plaisir pour certains
esprits, et le dernier de tous, de vouloir savoir la
vérité, et c'est un plaisir encore pour eux, fût-ce
même inutilement, de la dire ».

Après ces considérations générales sur les légendes
littéraires, sur leur prompte et facile formation, et sur
leur destruction si lente, si difficile qu'elle a paru
impossible à de bons esprits qui ont dit : Acceptons-
les comme vraies, comme supérieurement vraies ; sa-
chons y découvrir une espèce d'instinct de la conscience humaine bien plus juste et bien plus sûr
que les courtes vues présomptueuses du sens
individuel, — j'arrive à la légende particulière de
Montaigne, qui se résume en ces trois mots : un
sceptique, un égoïste, un paresseux.

Ici, je conjure mes auditeurs et mes lecteurs de
ne point me prêter une absurdité gratuite, de ne pas
me faire dire que Montaigne fut un dogmatique auto-
ritaire et intransigeant, un modèle de dévouement à
la chose publique, de charité et d'altruisme, un pro-
dige de bravoure et de vaillance, d'humaine et virile
activité. Et pourtant je dois m'attendre à ce que
ce paradoxe énorme me soit attribué. Ce sera une
légende. Or je sais avec quelle facilité les légendes
naissent, avec quelle rapidité elles courent et se pro-
pagent, avec quelle ténacité elles s'enracinent.

Non, je prétends tout bonnement que Montaigne
n'eut aucun égoïsme extraordinaire et que, s'il paraît
un peu trop s'occuper de son moi, c'est qu'il n'a fait
qu'avouer sur ce point, avec sincérité et franchise,

le secret de tout le monde. Sur sa paresse (il faut
probablement entendre par ce mot les habitudes
sédentaires, frileuses et somnolentes des gens casa-
niers, leur répugnance à se mêler au mouvement de
la vie extérieure), je serai moins accommodant et
j'oserai soutenir que Montaigne fut beaucoup moins
paresseux que la plupart des hommes de lettres et
même des hommes en général. Enfin, sur le scepticisme de ce grand sage, je crois qu'il y a un malentendu, et qu'en le grossissant, par une illusion
d'optique et par l'effet de la distance, jusqu'à des
proportions gigantesques, jusqu'à en faire le type
par excellence, la personnification même du scepticisme philosophique et religieux, on le simplifie trop,
on le généralise trop, on l'exagère, on le fausse, on
lui fait tort de la nuance particulière qui le distingue
des autres scepticismes et qui devrait lui retirer
presque tout ce que ce gros mot contient d'inquiétant
pour la raison humaine et surtout pour la foi.

Mais comment la légende du scepticisme absolu
de Montaigne, de son égoïsme monstrueux, de sa
paresse profonde, a-t-elle pu se former? Oh! très
facilement; c'est la chose du monde la plus simple.

Par la faute de Montaigne, d'abord. Le démon de
la coquetterie lui a soufflé qu'il y avait de l'esprit,
de la gentillesse et de la bonne grâce à dire un peu
de mal de lui-même. Jeu charmant, en effet; mais
combien dangereux! « Ne dites jamais de mal de
vous-même, a dit un sage; vos amis en diront toujours assez. »

Je n'oserais pas donner à tout le monde le conseil de dire beaucoup de bien de soi-même. Car
c'est là aussi un jeu hasardeux, qui réussit quelquefois, souvent peut-être, mais pas toujours. Malherbe
s'en est admirablement bien trouvé, Ronsard mal,
Victor Hugo plutôt mal que bien. Mais dire du mal
de soi-même! quelle imprudence! quelle témérité!
quelle folie! Or, il y a chez les humoristes (et Montaigne en est un), je ne sais quel besoin pervers,
démoniaque, de prendre exactement le contrepied
des solennels pontifes qui veulent s'en faire accroire,
de jeter sur eux-mêmes la déconsidération, de se
perdre dans l'estime des gens graves et sérieux. Oh!
qu'il est aisé d'atteindre ce beau résultat! Le monde,
malveillant et jaloux, le monde naturellement avide
de rabaisser à son niveau toutes les supériorités ne
croit rien avec plus d'empressement que le mal que
nous disons de nous-mêmes. Aussi la première règle
de conduite de quiconque tient à sa bonne réputation doit-elle être de ne se permettre jamais la
moindre raillerie sur sa personne sacrée.

On fait le modeste pour se rendre aimable au pro-
chain; on s'humilie, on se rapetisse, pour paraître
à la taille du commun des gens : je ne conteste
point qu'on n'obtienne ainsi un certain succès immédiat. On plaît, puisque « nous plaisons plus sûrement dans le commerce de la vie par nos défauts
que par nos bonnes qualités [1] ». *Dans le commerce de*

1. La Rochefoucauld

la vie : soit ; mais non pas dans l'estime définitive du monde, dans la grande considération et dans la gloire. À ce point de vue, j'entends au regard de la postérité, il n'y a pas de calcul plus faux, plus maladroit que la modestie.

Le mérite modeste se figure, dans son orgueil immense, que l'humanité viendra, d'elle-même, s'incliner devant lui. C'est une colossale erreur psychologique. Qui donc ira lui rendre la justice qu'il ne réclame pas ? Quand le mérite se cache et imite sottement la violette, a dit un moraliste suisse, Petit-Senn, « trop de gens sont enrhumés du cerveau pour le découvrir à son odeur ». Tout concourt à la fois, la malice humaine avec la paresse humaine, pour laisser profondément enfouie dans l'herbe obscure la fleur timide qui n'ose pas lever fièrement la tête et crier aux hommes : Regardez donc comme je suis belle ! louez-moi et admirez-moi !

Un illustre exemple montre le péril que l'on court auprès de la postérité à dire du mal de soi-même. Je veux le rapporter ici, puisque, à propos de Montaigne, nous causons un peu de tout, comme il a fait lui-même dans les *Essais*.

Avez-vous lu les pièces de la « décadence » du grand Corneille, ainsi qu'on est convenu d'appeler la période de son activité dramatique qui commence assez brusquement après le glorieux succès de ses premiers chefs-d'œuvre et qui se termine à *Suréna* ? J'en doute, si je juge de vous par moi-même qui ne les ai jamais lues non plus par curiosité ou par

plaisir, et qui n'ai fait que les consulter, à l'occasion,
quand mes études m'y obligeaient. Mais savez-vous
pourquoi nous les lisons si peu? pourquoi nous ne
croyons pas devoir prendre la peine d'examiner si
vraiment elles méritent le triste oubli où elles sont
tombées?

Je sais bien que Boileau a dit :

> Après l'*Agésilas,*
> Hélas!
> Mais, après l'*Attila,*
> Holà!

et qu'il n'y a rien de plus cruellement meurtrier
qu'une courte épigramme lancée par la main d'un
critique puissant. Mais je sais aussi que tous les
contemporains de Boileau ne partageaient pas son
jugement dédaigneux, que les douze dernières tragédies de Corneille réussirent en somme, que les
théâtres continuaient à se disputer ses œuvres, que
Sophonisbe et *Othon* obtinrent un grand succès à
l'hôtel de Bourgogne, que, si *Agésilas* tomba, *Attila*
fut payé deux mille livres par Molière et joué vingt-
trois fois de suite, que *Tite et Bérénice*, pièce également payée deux mille livres, eut vingt et une
représentations, et que *Pulchérie* transportait d'admiration Mme de Sévigné. Et je sais aussi qu'il y a
dans *Théodore* des vers dignes de *Polyeucte*, qu'il n'y a
rien de plus fier, de plus empanaché, dans le théâtre
même de Corneille, que l'entrée en scène d'Attila :

> Ils ne sont pas venus, nos deux rois? Qu'on leur die
> Qu'ils se font trop attendre et qu'Attila s'ennuie!

Ne voilà-t-il pas, dès l'abord, en deux vers, un héros superbement campé sur ses pieds de maître du monde?

Si nous ne lisons plus les intéressantes productions du vieux Corneille, la faute en est d'abord à lui : par la façon pleine de mauvaise humeur dont il en a parlé, par l'imprudence de ses propres expressions, il a autorisé notre malveillance naturelle à croire qu'elles étaient indignes de lui, et notre paresse naturelle à ne point vérifier la chose. Le grand poète, très pénétré du juste sentiment de sa haute valeur, s'est plaint de l'abandon purement relatif où étaient tombées ses dernières pièces. « En soulignant avec amertume les quelques rares défaites qu'il a éprouvées au théâtre, il leur a donné plus de retentissement. » La remarque est de ce critique rond et judicieux pour lequel les jeunes toqués de la nouvelle génération affectent un sot mépris, mais que les plus spirituels de la bande nomment « l'oncle » et « le bon maître », qui est le représentant nécessaire des saines traditions contre l'extravagante fureur de l'exotisme, et dont j'ai toujours dit, pour ma part : si Sarcey n'était pas, il faudrait l'inventer.

« La mauvaise réception que le public a faite à cet ouvrage, écrit Corneille à propos de *Pertharite*, m'avertit qu'il est temps que je sonne la retraite. Il vaut mieux que moi-même je prenne congé, que d'attendre qu'on me le donne tout à fait; et il est juste qu'après vingt années de travail, je commence

à m'apercevoir que je deviens trop vieux pour être
remis à la mode.

> . . . . Si mes quinze lustres
> Font encor quelque peine aux modernes illustres,
> S'il en est de fâcheux jusqu'à s'en chagriner,
> Je n'aurai pas longtemps à les importuner.... »

Dans cette fameuse lettre adressée au roi, il plaide,
mais en homme découragé et vaincu, pour ses dernières tragédies :

> . . . Ce sont des malheureux étouffés au berceau....
> Le peuple, je l'avoue, et la cour les dégradent.
> Je faiblis, ou du moins ils se le persuadent.
> Pour bien écrire encor, j'ai trop longtemps écrit,
> Et les rides du front passent jusqu'à l'esprit!

« La vieillesse nous attache plus de rides en l'esprit qu'au visage », avait dit Montaigne, à qui je
reviens.

Comme Corneille, Montaigne a prononcé sur lui-
même plus d'une parole imprudente. Il a dit, par
exemple, qu'il aimait ses aises et qu'il s'aimait; oui,
qu'il s'aimait trop pour souhaiter d'être roi ou, simplement, pour rechercher les charges et la responsabilité d'une fonction publique, préférant sa tranquillité aux honneurs qui accompagnent l'exercice du
pouvoir. J'avoue que je ne vois rien de très condam-
nable dans cet aveu. L'essentiel est d'être honnête
homme et de remplir ses devoirs consciencieusement. D'autres préfèrent les honneurs, avec les agitations, les tracas, les soucis, à la tranquillité
d'une existence obscure et muette. C'est une autre

séduction qui l'emporte à leurs yeux, mais c'est toujours une séduction de l'intérêt personnel et de l'amour-propre. Je ne parle pas ici des grands serviteurs de la chose publique et je ne prétends point, encore une fois, que Montaigne ait été un héros ou un martyr; je soutiens seulement qu'il ne fut ni pire ni meilleur que la plupart des honnêtes gens.

Il a paru regretter un peu et sans un très vif chagrin, je le reconnais, de n'avoir point de fils; il aurait eu plaisir à les élever selon sa mode, d'une façon virile et libérale, par la raison, par la douceur, par la liberté, faisant d'eux des hommes de bonne heure, leur « grossissant le cœur » de nobles sentiments, « de hardiesse, d'ingénuité, de franchise ». Mais, s'il s'est consolé sans trop de peine de ne pas avoir de garçons, c'est parce que, étant philosophe et philosophe optimiste (ce qui est la seule vraie philosophie pratique), il a toujours été plus sensible aux avantages qu'aux inconvénients de toutes les situations où la volonté de Dieu le plaçait. Une âme ainsi maintenue dans une soumission harmonieuse à l'ordre des choses, c'est la définition même du chrétien comme du sage. Voyant donc, d'un œil net et d'un esprit équitable, toutes les bonnes raisons qu'il y a d'être reconnaissant et heureux de n'avoir point une nombreuse famille à élever, il a écrit cette phrase pleine d'une sagesse antique : « La vacation stérile a bien aussi ses commodités ».

Comme il n'avait pas la mémoire des chiffres et qu'il commettait de singulières erreurs en matière de dates et de nombres, il a très vaguement indiqué, dans les *Essais*, combien de petites filles lui étaient mortes en bas âge. Non, vous n'imaginez pas le vacarme que la critique a fait autour de ces infortunés avortons! « J'en ai perdu en nourrice *deux ou trois*, sinon sans regret, au moins *sans fâcherie* », c'est-à-dire sans violente et inconsolable douleur. Pourquoi ne se serait-il pas consolé? Il gardait Léonor. N'était-ce pas assez d'une gamine, pour égayer son intérieur, pour mettre aussi sa patience à l'épreuve et le faire un peu enrager, enfin pour lui donner un gendre qui ne le dédommagea point de n'avoir pas de fils, en attendant qu'au lendemain de sa mort elle oubliât elle-même ses devoirs de fille et d'héritière d'un grand homme et cédât à un curé toute la bibliothèque de son père!

Par quel plaisir méchant la critique, si empressée à blâmer Montaigne d'avoir enterré sans mourir de désespoir ses « deux ou trois » autres fillettes, omet-elle de nous rappeler avec la même insistance que notre stoïcien *ne se consola jamais* de la mort de La Boétie, et que, *dix-sept ans après* l'avoir perdu, étant en voyage et entouré de toutes les distractions, de toutes les séductions que la ville de Rome pouvait lui offrir, le regret de l'ami trop tôt disparu remontait à son cœur avec une telle force et obsédait sa pensée si longtemps qu'il en devenait malade? Connaissez-vous beaucoup de deuils, même parmi ceux qui nous touchent le plus près et qui nous ont fait verser le plus de larmes, qui aient cette intensité et cette durée? Est-il juste d'accuser d'un égoïsme extraordinaire l'incomparable ami de La Boétie, le cœur sensible et enthousiaste qui aimait à aimer, à admirer, à vénérer, et qui, devant la réunion de toutes les perfections intellectuelles et morales que son cher grand homme possédait à ses yeux, s'abîmait lui-même dans le sentiment de son infériorité, de son indignité et de son néant? Ah! que la malice humaine est donc grande et combien les bonnes gens qui tiennent à leur réputation sont imprudents d'y donner prise!

Voici une seconde raison, non moins claire et satisfaisante, de l'extrême facilité avec laquelle s'est formée la légende d'un Montaigne doué d'une dose de paresse et d'égoïsme supérieure à celle du commun des hommes et suffisante pour caractériser éminemment sa nature : cette raison, c'est, tout simplement, qu'il s'est installé dans l'observation de lui-même comme dans le véritable point de vue central de son étude sur l'homme.

Je n'examine pas s'il a eu tort ou raison de le faire. L'idée paraissait impertinente et absurde au XVIIe siècle; nous la trouvons, aujourd'hui, aussi heureuse qu'originale, surtout depuis que nous avons bien compris qu'en dehors des travaux de statistique et de science pure, tout écrit où notre personnalité intervient, toute œuvre qui est de l'homme et qui a du style, est, en un sens, une autobiographie, que la littérature absolument impersonnelle est une chimérique prétention, et que, sous couleur de parler d'autre chose, c'est toujours de nous-mêmes, au fond, que nous entretenons nos lecteurs. Dès lors, ne vaut-il pas bien mieux accepter franchement cette loi nécessaire et laisser librement s'étaler notre moi, qui percera toujours malgré nous? Je n'insiste point, je dis seulement que l'objet avoué de Montaigne étant de s'étudier lui-même, il était inévitable qu'un tel dessein lui donnât, aux yeux de la postérité, l'aspect d'un égoïste et d'un fainéant.

Nous supposons *a priori* qu'un homme attentif au spectacle de son propre cœur est un être frissonnant et valétudinaire, calfeutré dans sa robe de chambre et dans sa bibliothèque, recroquevillé au coin de sa cheminée. Nous oublions ou nous ignorons que Montaigne a beaucoup vécu hors de chez lui, qu'il aimait les voyages, le séjour à Paris et à la cour, que, de tous les modes de locomotion, le plus viril et le plus guerrier, le cheval, avait sa préférence, qu'il restait sur sa bête huit heures de suite « sans démonter », que la vie militaire, avec ses glorieux hasards, ses rudes incommodités et sa fin généreuse, était, à ses yeux, le plus noble emploi de l'activité de l'homme, et qu'il a déployé, dans toutes les occasions où il a pu sortir de sa tour (elle suffisait beaucoup moins qu'on ne croit à ses goûts et à son ambition), une curiosité extrême de voir et d'apprendre non seulement dans les livres mais dans les choses, un besoin très vif et très sain de se mêler au grand tourbillon de l'activité extérieure.

Méconnaître ou laisser dans l'ombre ces traits du caractère de Montaigne pour ne voir en lui, pour ne mettre en relief que le paresseux et l'égoïste, c'est entretenir ce que j'ai appelé sa *légende*. La légende de Montaigne étant presque trois fois séculaire a la vie extrêmement dure. Il est probable qu'elle est indestructible.

Je trouve une preuve toute récente de son opiniâtre ténacité dans un article d'ailleurs excellent et plein de bienveillance à mon adresse, que M. Compayré, ancien député, recteur de l'Académie de Poitiers, l'auteur bien connu d'un beau et bon livre sur l'*Histoire des doctrines de l'éducation en France*, vient de consacrer au *Montaigne* de la Collection des Grands Écrivains français dans le *Manuel général de l'Instruction primaire* (1er décembre 1894) :

On aura beau faire ; toutes les retouches que des mains savantes essayeront d'apporter au portrait de Montaigne ne parviendront pas à nous le représenter autrement que sous les traits d'un parfait égoïste. Égoïste, il l'était dans sa retraite studieuse à la campagne, lorsque, renonçant à ses fonctions de conseiller au parlement de Bordeaux, auxquelles il n'avait pas pris goût, il s'enfermait pendant neuf ans pour écrire à loisir les deux premiers livres des *Essais*, tout entier occupé à jouir de son esprit et des aimables caprices de sa pensée. Égoïste aussi dans ses voyages, que l'on croirait d'abord lui avoir été inspirés par la curiosité si vive de son imagination, mais qu'il entreprit surtout pour se soigner, pour se guérir de l'infirmité dont il souffrait.

Il me semble qu'un des actes les plus sages de la vie de Montaigne, c'est d'avoir renoncé à ses fonctions de conseiller au parlement de Bordeaux, puisqu' « il n'y avait pas pris goût ». Alors, se trouvant de loisir, ayant de la fortune, s'étant acquitté d'abord envers son ami défunt, La Boétie, du pieux devoir de publier ses œuvres, il songea à écrire lui-même, s'enferma pendant neuf ans dans une retraite relative et composa les deux premiers livres des *Essais* : quel mal trouvez-vous à cela? Et puis, mesdames et messieurs, soyons de bonne foi. Vous allez aux eaux, quand vos moyens vous le permettent, pour soigner votre gorge ou vos rhumatismes. Faut-il dire que vous êtes de « parfaits égoïstes » parce que vous voulez conserver ou rétablir vos précieuses santés? Il est un peu étrange de prétendre que, si vous entreprenez des voyages de pur agrément, destinés à satisfaire la curiosité de vos imaginations, vous cessez d'être des égoïstes. Pourquoi donc? La curiosité qui veut s'amuser, n'est-ce pas un mobile tout aussi égoïste que la santé qui cherche à se faire du bien? Il n'y a de voyages absolument désintéressés que ceux qui sont entrepris pour la patrie et pour l'avancement de la science. Et encore! je ne sais pas si une psychologie tant soit peu complète pourrait se dispenser de faire, même ici, leur juste part à des mobiles personnels, tels que l'ambition ou l'amour de la gloire.

C'est, après tout, une question d'intérêt assez secondaire, de savoir jusques à quel point Montaigne

fut égoïste et paresseux. La grosse question, c'est
celle de son scepticisme. Elle est trop importante
pour que je puisse l'aborder à la fin de cette causerie.
Nous la retrouverons, si nous étudions un jour
ensemble la fameuse *Apologie de Raimond de Sebonde*.
Nous verrons alors que Montaigne chante exactement la même chanson que Pascal sur l'impuissance
de la raison humaine, sur la nécessité de la Révélation et de la foi pour tirer des ténèbres l'humaine
imbécillité. Seulement il y a cette grande différence,
que, si les paroles de Montaigne et de Pascal sont
les mêmes, la musique de Pascal est profondément
grave et triste, tandis que celle de Montaigne est
gaie.

Il est gai, il s'amuse, il rit même quelquefois, bien
qu'il prêche aussi avec éloquence et qu'au fond il soit
très sérieux. Mais à quoi s'applique sa gaieté et de
qui se moque-t-il? De l'homme, de sa pauvre raison
boiteuse et vacillante et de toute la philosophie.
Jamais de Dieu; *jamais de la religion chrétienne*, à
laquelle avaient cru ardemment, fermement La Boétie
et son père, et à laquelle il croyait lui-même sans
tragique et douloureux effort, par simple sagesse
pratique, par bonne hygiène physique, morale et
intellectuelle, parce que le doute est un état violent
et funeste au repos, tandis que la foi traditionnelle
de l'Église est, au contraire, le plus commode des
oreillers pour une tête bien faite, résignée à l'ignorance incurieuse des choses qu'on ne peut point
savoir.

II

SON ARRIÈRE-GRAND-PÈRE

L'arrière-grand-père de Montaigne s'appelait
Ramon Eyquem. Il vivait au xve siècle. Il était marchand de poisson salé, rue de la Rousselle, à Bordeaux.

Il vendit si bien sa morue que, devenu riche, il
acheta, le 10 octobre 1477, les maisons nobles de
Montaigne et de Belbeys en la châtellenie de Mon-
travel, avec les vignes, bois, terres, prés et moulins
y attenant, pour la somme de neuf cents francs
bordelais. C'est ainsi que la petite seigneurie de
Montaigne entra dans la famille Eyquem, qui en prit
le nom.

Il faudrait mal connaître l'étendue et la profondeur
de l'humaine bêtise pour ne pas attendre, à ce propos,
une de ces absurdités à point nommé qui se produi-
sent aussi infailliblement que le retour périodique
des astres du jour et de la nuit. Il y avait ici une

sottise à dire : c'est Joseph Scaliger qui s'en est chargé. Il a reproché à Montaigne de descendre « d'un vendeur de harengs ». Comprenez-vous en quoi cette descendance déshonore Montaigne? On voit mieux l'honneur qui peut en rejaillir sur les marchands de harengs.

Attacher de la honte au métier de marchand, assurément c'est une sottise, une sottise amère. L'auteur du *Philosophe sans le savoir*, Sedaine, a vengé et réhabilité éloquemment le commerce dans une page demeurée classique. Mais, s'il est absurde de trouver que tout marchand déroge, n'est-ce pas chez les marchands une prétention comique d'établir parmi eux une noblesse nouvelle, d'attacher de la gloire à un certain négoce, du déshonneur à tous les autres et de dire : « Moi, qui vends du vin, je suis noble, j'appartiens à l'aristocratie de l'argent et de la fortune; mais toi, qui vends du poisson, de la ficelle et des pruneaux, tu es un paria, indigne de frayer avec nous. Un millionnaire de la *Rousselle!* un épicier! fi donc! » On m'a conté qu'il y avait en France une ville où cette distinction existe, où un certain commerce tient le haut du *Pavé*, constitue une aristocratie d'un genre spécial et méprise souverainement tout ce qui n'est pas lui, à tel point qu'on aurait vu de riches marchands de vin rester dédaigneusement étrangers même au *commerce* spirituel des idées et de la littérature! Si cet état d'âme très amusant a réellement pris quelque part une forme matérielle et visible, le créateur des marionnettes humaines ne doit pas s'ennuyer là-haut.

Montaigne, dont la plume babillait avec indiscrétion, avec impertinence, et qui a quelquefois perdu de bonnes occasions de se taire, en a perdu une de parler à propos, quand il a soigneusement omis de nous dire que son bisaïeul était un honnête et habile commerçant de la rue de la Rousselle. Le fait est que le seigneur Michel de Montaigne aurait bien voulu oublier lui-même et cacher au monde l'origine marchande de sa famille et de sa fortune. Ce grand homme, il faut le reconnaître, fut parfaitement *vain*, je veux dire infatué et entiché de tous les avantages extérieurs qui attirent la respectueuse estime du vulgaire.

Je n'ai garde de lui en faire un trop grave reproche; car, bien loin de penser qu'il nous déplaise par là, je suis persuadé, au contraire, que c'est un de ses moyens de séduction. La vanité aimable, bonne enfant, assez humble pour quêter l'admiration des sots, pour se réjouir même et se payer d'aussi peu de chose que de la fausse monnaie des compliments, est une faiblesse humaine qui gagne en secret notre sympathie, tandis qu'il n'y a rien de plus détestable que l'orgueil roide, concentré, farouche, qui affecte de mépriser l'opinion.

Personne ne peut confondre la vanité avec l'orgueil, puisque ce sont deux sentiments non seulement distincts, mais contraires.

Quand on a la faiblesse d'être vain, a dit avec profondeur l'auteur de *Gulliver*, on prouve par là beaucoup moins sa fierté que son humilité. Les hommes vains se plaisent à conter les honneurs dont ils ont été les objets, les amitiés illustres qu'ils entretiennent, la société d'élite qui les a reçus : c'est manifestement reconnaître que de tels honneurs surpassaient leur mérite, qu'ils sont invraisemblables et que personne n'y pourrait croire s'ils n'affirmaient bien haut que c'est la vérité. Au contraire, l'homme vraiment orgueilleux regarde les plus grands honneurs comme étant infiniment au-dessous de ce qui lui est dû, et, en conséquence, dédaignera toujours d'en parler et de s'en vanter. Je pose donc, comme indubitable, cette maxime : Tout homme qui désire passer pour orgueilleux doit cacher soigneusement sa vanité.

Un moraliste français du xviiie siècle, Senac de Meilhan, exprime la même idée avec une concision admirable : « L'amour-propre est flatté des hommages, l'orgueil s'en passe, la vanité les publie ». « Oh! qu'un peu d'orgueil serait souvent utile à la vanité! » s'écriait Lamennais en pensant à Chateaubriand.

Car, si l'orgueil et la vanité demeurent, en bonne doctrine, exclusifs l'un de l'autre et incompatibles, les complications de la nature humaine sont telles qu'ils peuvent se trouver unis en fait dans le même individu et que cette alliance n'est point rare. Lamartine et Victor Hugo furent à la fois orgueilleux et vains. Victor Hugo ne s'est jamais lassé de recevoir des compliments; il manquait quelque chose à son bonheur quand le courrier du jour ne lui apportait pas une lettre ou un article de journal l'appelant le plus grand poète du monde, ou, au moins, de la

France, ou, à tout le moins, du siècle. M. Édouard Grenier raconte, dans ses *Souvenirs littéraires*, que souvent, se promenant avec Lamartine dans le petit jardin du Chalet, il le vit s'approcher de la grille sous prétexte de voir le mont Valérien ou les cimes du bois de Boulogne; mais le fait est qu' « il ne lui déplaisait pas (c'était visible, dit M. Grenier) de s'exposer à la curiosité et à l'admiration des promeneurs qui passaient sur le boulevard ».

J.-J. Rousseau avait un immense orgueil, mais, de vanité, point ou peu. L'isolement superbe où il s'est dressé, à part et au-dessus du genre humain, a pu lui gagner des admirateurs fanatiques plutôt que des amis durables. Montaigne, au contraire, n'eut guère d'orgueil; il fut très vain, tout simplement; défaut charmant, puisqu'il le rend voisin de nous et semblable à nous, défaut par lequel il devait nous plaire beaucoup plus sûrement que par aucune qualité et, surtout, par aucune vertu.

Réunissons ici les principaux traits de la vanité du bon Montaigne.

D'abord, il a effacé dans ses notes autographes (et, quand je dis *effacé*, je ne veux pas dire passé sous silence, mais *effacé, barré, biffé* d'un trait de *plume*) son nom patronymique d'Eyquem ou Yquem, joli nom pourtant et qu'on ne peut pas prononcer sans que la saveur d'un vin délicieux vous monte à la bouche, mais qu'il trouvait trop marchand et trop roturier, afin de s'appeler uniquement, exclusivement : le seigneur de Montaigne. Que celui-là lui jette la première pierre, qui, s'appelant, par exemple, Raoul-Martin Dubois (Dubois en un seul mot), ne fut jamais tenté, premièrement, d'effacer sur ses cartes de visite ce nom d'ours : *Martin*; puis, d'écrire du Bois en deux mots, avec un petit d et avec un grand B, et enfin, peut-être, de changer le monosyllabe vulgaire Bois en ces deux syllabes plus rares et plus aristocratiques *Boys*, avec un y grec ou avec un tréma sur l'i, au risque de s'entendre dire par une femme d'esprit chez qui l'on dîne et qui vous offre des petits pois : « Monsieur du Boïs, ne prendrez-vous pas des petits poïs? »

Montaigne était dévoré d'une ardente ambition d'obtenir une distinction élevée dans la Légion d'honneur, qui s'appelait en ce temps-là l'Ordre de Saint-Michel. Il obtint le collier de ses rêves et ce fut le plus beau jour de sa vie. Il fit peindre dans la chapelle et dans la bibliothèque de son château de gigantesques colliers de Saint-Michel, flamboyants, resplendissants, au milieu desquels s'étalaient ses armoiries en couleurs jaune et noire : « Je porte d'azur semé de trèfles d'or, à une patte de lion de même, armée de gueules, mise en fasce, etc. ». Il sollicita aussi avec instance, lorsqu'il était à Rome, et finit par obtenir une bulle authentique de bourgeoisie romaine, « pompeuse en sceaux et lettres dorées », et ce fut son second jour de grandissime bonheur.

Que celui-là lui jette la première pierre, qui n'a jamais rêvé de voir sa boutonnière fleurie et qui a

assez d'orgueil (ce qui est rare) pour mépriser sin-
cèrement ce « hochet de la vanité ». Il ne faut pas
trop croire ceux qui se disent vaccinés pour toute
leur vie contre la *fièvre rouge*. C'est une maladie qui
peut survenir tard, comme la variole et comme
l'amour; personne ne peut être sûr de rester toujours à l'abri de ses atteintes. Rien de plus vulgaire
que sa marche bien connue.

On commence par remarquer que dans les gares
de chemins de fer, les hôtels, les bureaux de toutes
les administrations et les loges des concierges, le
ruban rouge est utile pour nous faire écouter et
respecter du monde des subalternes. On remarque
aussi qu'avec la cravate noire, que l'on n'ose pas
associer partout à l'habit, le ruban rouge est aujour-
d'hui le seul moyen qui nous reste, dans les salons
où nous sommes invités, de nous distinguer des
domestiques.

Puis, on généralise ces remarques; on les étend à
l'humanité tout entière, qui se compose, en immense
majorité, de badauds naturellement portés à témoi-
gner plus de déférence à ceux qui étalent sur leur
poitrine le signe extérieur de la distinction. On se
dit qu'on finira par passer aux yeux du monde pour
un bien pauvre sire, pour un simple fruit sec de la
littérature, de l'enseignement, de la magistrature,
du barreau, si l'on franchit l'âge où tant de demi-
valeurs sont jugées suffisamment mûres pour la
croix, sans avoir encore été distingué dans la foule
par l'œil éclairé du pouvoir.

3

Finalement on s'aigrit, on se fâche, on murmure : Qu'attend-on pour me décorer? La Légion d'honneur comprend deux classes d'élus : 1° les hommes éminents; 2° les hommes décrépits. Si l'on ne m'a pas encore décoré comme éminent, c'est donc que les vieillards stupides, distributeurs du ruban rouge, attendent que je sois ramolli comme eux? Hélas, quand cette sourde fureur va prendre une forme déclarée, on est bien malade, on est perdu, on a la *fièvre rouge* aiguë et intense, on attend avec un battement de cœur le 14 juillet et le 1er janvier; et, considérant que le mérite qui se cache n'a jamais été découvert, on devient capable, ô misère! ô oubli de toute dignité et de toute fierté! de solliciter les puissances, de faire agir les amis influents qu'on a autour des ministères. On cesse d'appartenir à la petite élite des âmes noblement orgueilleuses pour rentrer dans le grand troupeau des humains tout bêtement vaniteux, où notre aimable et bon Montaigne était un simple mouton comme les autres.

Enfin, le grand auteur des *Essais* avait la superstition de l'épée, de la noblesse militaire, et il poussait cette superstition jusqu'à dédaigner, non seulement le tablier du marchand qu'avaient porté ses aïeux, mais encore la robe du magistrat, qu'il avait endossée, et même la plume de l'écrivain, qu'il maniait avec tant de génie. Nulle part il ne fait la plus légère allusion à ses anciennes fonctions de conseiller à la cour des aides de Périgueux et au parlement de Bordeaux; s'il parle un peu de sa mairie, c'est parce

que cette fonction n'était donnée en ce temps-là
qu'à des gentilshommes, à la noblésse portant épée.
Il n'oublie pas de nous dire qu'il avait un page;
Balzac, celui du xviiᵉ siècle, lui en a fait un
reproche fameux, qui n'est point immérité :

Vous souvient-il, monsieur, du manquement que trouvait aux *Essais* ce galant homme qui était de notre
conversation et qui eût bien voulu que Montaigne, étant
lui-même son historien, n'eût pas oublié qu'il avait été
conseiller au parlement de Bordeaux? Il nous disait, ce
galant homme, qu'il soupçonnait quelque dessein en cette
omission, et que Montaigne avait peut-être appréhendé
que cet article de robe longue fît tort à l'épée de ses prédécesseurs et à la noblesse de sa maison.... Soit dessein,
soit oubli, qui nous prive de cette partie de sa vie, j'ai
toujours bien de la peine à m'en consoler. Il nous eût dit
mille choses plaisantes de ce qu'il avait remarqué au
Palais, de l'humeur des juges, de la misère des plaideurs,
des artifices et des stratagèmes de la chicane. Après tout,
j'eusse bien mieux aimé qu'il nous eût conté des nouvelles
de son clerc, qui ne s'appelait point en ce temps-là secré-
taire, que de son page. N'est-ce point, en effet, se moquer
des gens que de faire savoir au monde qu'il avait un page?
Quelque amitié et quelque estime que j'aie pour lui, je ne
saurais lui souffrir ce page.

Assurément, de pareils préjugés militaires et
nobiliaires ne conviennent qu'à un traîneur de
sabre, ils sont indignes d'un homme intelligent et
cultivé, et quand je vois Montaigne affecter le
mépris de sa plume ainsi que de sa robe pour ne
faire cas que de son épée, il me semble presque
entendre Scudéry s'écriant avec son accent de
Gascon de la Normandie et ses gestes de matamore :

« Je ne suis qu'un soldat; je m'entends mieux à quarrer des bataillons que des périodes, et j'ai usé plus de mèches d'arquebuse que de mèches de chandelles; je sais mar ier l'épée autrement que la plume, et c'est plutôt sur le champ de bataille que sur ce pré de papier blanc que l'on peut juger de ma valeurrr... ».

La Révolution française a changé si profondément notre manière de voir sur la noblesse et sur la supériorité du métier des armes par rapport à toutes les autres professions, qu'en ce point particulier de la vanité de Montaigne nous ne sympathisons plus avec lui, nous avons quelque peine à le suivre et à le comprendre. Le prestige des épaulettes et de l'épée d'officier peut encore tourner la tête de quelques jeunes filles; il n'éblouit plus les bourgeois que dans les romans un peu arriérés de M. Georges Ohnet.

Évidemment un militaire, comme tout autre citoyen de notre société démocratique, peut devenir un très grand personnage et un très grand homme, s'il sert brillamment la patrie, s'il se distingue et s'illustre; mais il n'est plus, par le fait seul de sa profession, supérieur au reste de la nation pacifique et travailleuse, ce qui était l'ancien point de vue, le point de vue de Montaigne. Quant aux nobles, qui n'ont eu « que la peine de naître », nous autres, fils de travailleurs qui furent fils de leurs œuvres et nous ont enseigné à conquérir aussi notre place au soleil, nous ne pouvons absolument plus entrer dans l'état d'esprit de l'ancienne multitude servile et naïve qui les considérait avec une stupide admiration comme formant une caste à part, supérieure et privilégiée.

La valeur unique du mérite personnel, la solidité et la réalité de la seule aristocratie de l'esprit, a pour nous l'évidence tranquille d'un axiome; nous sommes tellement imbus et pénétrés de cette lumière nouvelle qu'il nous est vraiment impossible de nous mettre en idée à la place du fils d'un tanneur, d'un poissonnier ou d'un facteur rural, qui, s'étant élevé par son travail et son génie à une haute situation dans l'État, rougirait d'avouer son père.

Ici donc, je ne dirai plus : Que celui qui est sans péché jette à Montaigne la première pierre! Car ses sentiments sur la noblesse et sur la gentilhommerie militaire sont devenus pour nous si étranges et si lointains, que, par le seul effet des idées nouvelles issues de la Révolution, héritées de nos parents et sucées avec le lait de nos nourrices, par conséquent, sans le moindre mérite de notre part, nos consciences ici sont pures, nettes, irrépréhensibles.

Et pourtant rentrons en nous-mêmes et prenons garde de nous payer complaisamment de grands mots. Ne nous hâtons pas trop de rendre grâces au ciel, avec l'orgueil du pharisien, de n'être point « cet homme-là ». L'ancien régime aristocratique, monarchique et militaire n'est pas si éloigné de nous qu'il ne nous en reste encore bien des traditions et bien des préjugés. Le vieux sang coule toujours dans nos

veines. Plusieurs excellentes comédies de notre
temps sont précisément fondées sur le conflit des
antiques instincts aristocratiques avec l'éducation
de la démocratie.

D'avance nous déclarons que, si nous étions fils
de poissonniers, nous serions plus fiers qu'embar-
rassés de notre descendance. En sommes-nous donc
si sûrs? D'abord, nous ne sommes point fils de
marchands de poissons, nous autres; nous sommes
fils de marchands de vin, ce qui est, on le sent,
tout à fait différent. Et puis, comment répondre,
avec assurance, de nos sentiments dans l'hypothèse
de cette origine, où nous raisonnons d'après une idée
abstraite, claire pour la raison comme deux et deux
font quatre, non d'après l'expérience de la nature
sujette à tant de surprises et de contradictions? Il
est extrêmement probable que, si nous avions un
marchand de poissons pour père ou pour aïeul, nous
éviterions avec le plus grand soin de parler dans le
monde du cours de la marée; et, ce qui ne fait pas
le moindre doute, c'est que toute allusion faite
devant nous à la vente de la sardine, du hareng ou
de la morue serait regardée comme un manque élé-
mentaire de tact et de politesse, peut-être comme
une directe et sanglante injure exigeant une répa-
ration, l'épée à la main.

Le talent, le génie lui-même ne sont point incompatibles avec les plus bizarres sottises, avec les faiblesses les plus lamentables, et l'excès de la vanité
se rencontre parfois chez les grands orgueilleux que

la conscience de leur mérite devrait élever au-dessus
de la misère des sentiments ridicules et mesquins.
Parlant de la vanité de Montaigne, M. Lanson
remarque que Voltaire fut aussi vain que lui.
Ainsi voilà deux grands Français, des plus spirituels qu'il y ait eu dans notre nation et dans l'histoire de notre littérature, qui furent fats, c'est-
à-dire sots, comme le vulgaire des gens sans esprit.
« La vanité, sous sa forme la plus puérile, se joint
chez Montaigne à la vanité nobiliaire du bourgeois
enrichi. Il est curieux que notre littérature nous
offre deux exemplaires de M. Jourdain, et que ce
soient Montaigne et Voltaire : la chose est grave [1]. »
Mais voici quelque chose de plus grave encore.
Voltaire, comme Montaigne, avait cette excuse,
qu'il appartenait à l'ancien régime. Voulez-vous
voir un fils de la Révolution, l'un des plus grands,
l'un des plus glorieux et des plus orgueilleux, voulez-
vous voir le roi des poètes tenir à sa pauvre petite
couronne de vidame ou de vicomte et y tenir tellement qu'il était capable, pour s'en mieux assurer
les titres, de falsifier l'histoire? Ce marquis de Masca-
rille, ce vicomte de Jodelet, ce petit baron de la
Tour-prend-garde, c'est le grand républicain du
second empire, le grand démocrate des *Misérables*,
le grand démagogue de *l'Année terrible*; ce n'es
rien de moins que Victor Hugo lui-même. Oui, le
vicomte Hugo! L'auteur de *la Légende des siècles*

---

1. *Histoire de la littérature française*, p. 323.

était flatté d'être salué du titre de : « monsieur le
vicomte! »

La généalogie du poète, dressée par lui-même, le
fait descendre d'une « famille de vieille noblesse »,
d'une des plus grandes maisons de Lorraine. Il en
avait pris les armes; son écusson portait *d'azur,
au chef d'argent chargé de deux merlettes de sable.*
Son ancêtre authentique et en ligne directe était
« Georges Hugo, capitaine des gardes du duc de
Lorraine, anobli dès l'année 1…i ».

Je voulus vérifier la chose, écrit M. Edmond Biré. Je me
renseignai en Lorraine même; je fis faire des recherches
dans les registres de l'état civil de Nancy, à Baudricourt, à
Domvallier et en divers autres lieux. Les actes étaient for-
mels : Victor Hugo s'était forgé une fausse généalogie; il
avait renié son grand-père le menuisier, un brave homme
pourtant et qui avait été couronné à Nancy, le 10 floréal
an V (29 avril 1797), le jour de la fête des Époux.

J'en crois, sans autre examen, M. Edmond Biré
sur sa parole; je sais qu'il est bien renseigné, et je
considère ses ouvrages sur Victor Hugo comme le
guide désormais indispensable de tous les biographes
et de tous les critiques du poète. J'y voudrais seulement un peu moins de passion politique et religieuse, et plus d'esprit, plus de bonne humeur, une
intelligence plus large de l'humaine nature, plus
sympathique à toutes ces petites misères du génie,
qui non seulement n'ébranlent pas plus sa statue de
gloire que les ordures d'une mouche sur le bronze,
mais qui sont en elles-mêmes si instructives et si

curieuses, qui donnent à la physionomie d'un grand homme tant de vie et de vérité, que pour rien au monde je ne voudrais nettoyer son image de ces précieuses taches, de même que nous n'avons garde d'enlever la poussière et les toiles d'araignée à nos vieilles bouteilles de Château-Yquem.

Un grand poète, qui était aussi un gentilhomme un peu plus authentique que Victor Hugo, descendant, à coup sûr, de toute une dynastie d'officiers, dont les ancêtres possédaient fief aux dernières années du XVIᵉ siècle, dont les armes étaient : *d'argent cantonné de quatre lions de gueules, à l'écusson en abîme, d'azur à la fasce d'or, accompagné en chef d'une merlette d'or, en pointe d'une merlette de même entre deux coquilles d'argent,* — Alfred de Vigny, a célébré en vers magnifiques la supériorité de la noblesse de l'esprit sur celle du sang; il s'est proclamé lui-même le véritable chef de sa race, de par la royauté d'une plume capable de raconter les faits et gestes de ses aïeux et de conserver leurs noms à l'histoire. S'adressant dans le poème intitulé *l'Esprit pur* à une amante mystérieuse qu'il appelle Éva, il s'écrie :

Si l'orgueil prend ton cœur quand le peuple me nomme,
Que de mes livres seuls te vienne la fierté.
J'ai mis sur le cimier doré du gentilhomme
Une plume de fer qui n'est pas sans beauté.
J'ai fait illustre un nom qu'on m'a transmis sans gloire.
Qu'il soit ancien, qu'importe? il n'aura de mémoire
Que du jour seulement où mon front l'a porté!

Dans le caveau des miens plongeant mes pas nocturnes,
J'ai compté mes aïeux, suivant leur vieille loi.
J'ouvris leurs parchemins, je fouillai dans leurs urnes

Empreintes sur le flanc des sceaux de chaque roi.
A peine une étincelle a relui dans leur cendre.
C'est en vain que d'eux tous le sang m'a fait descendre ;
Si j'écris leur histoire, ils descendront de moi.

Admirable expression d'un juste et admirable orgueil, dont certains passages des *Essais*, très significatifs d'ailleurs, qu'on pourrait citer[1], sont loin d'être l'équivalent. L'ivresse glorieuse de l'écrivain s'est quelquefois trahie chez Montaigne, mais subrepticement et comme honteuse d'elle-même. Il n'a jamais dit à voix haute, comme Ronsard et comme Malherbe :

Quelqu'un, après mille ans, de mes vers étonné,
Voudra dedans mon Loir, comme en Permesse, boire,
Et, voyant mon pays, à peine pourra croire
Que d'un si petit lieu tel poète soit né.

Ce que Malherbe écrit dure éternellement.

« Le style, a dit Sainte-Beuve, justement à propos de Montaigne, est un sceptre d'or auquel appartient en définitive l'empire du monde. » Montaigne n'a point reconnu explicitement la puissance souveraine de ce sceptre d'or. Il n'a pas arboré, comme Alfred de Vigny, la plume de l'écrivain sur le cimier du gentilhomme. Regardant l'épée comme plus noble, comme seule noble, il a même affecté le mépris de son livre et des lettres en général.

C'est une affectation ; car il ne faudrait pas croire

1. Voir *Montaigne* (Collection des Grands Écrivains français), pages 125 et 128.

que sa bonne foi ait été absolument pure et sans mélange. « En un temps où le méchamment faire est si commun, de *ne faire qu'inutilement* il est comme louable. » L' « écrivaillerie » était, à ses yeux, un « embesoignement oisif », venant de ce qu'on s'adonnait avec lâcheté « à l'office de sa vacation ». Il a fait semblant d'oublier que l'écrivain qui pense et qui n'est pas un simple virtuose, un styliste, est, lui aussi, un acteur dans le drame de l'humanité, un combattant, un conquérant, armé d'un outil plus sérieux non seulement que l'épée de parade des gentilshommes, mais même que le glaive qui frappe et qui tue.

> O prose, mâle outil et bon aux fortes mains!
> Quand l'esprit veut marcher, tu lui fais des chemins!
> Vrai langage des rois et des maîtres du monde,
> Tu donnes à l'idée un corps ferme et vaillant....
> Tu vas droit à ton but....
> En prose l'on enseigne, et l'on prie, et l'on pense;
> En prose, l'on combat....
> Dans les nobles desseins dont l'âme est occupée,
> Les vers sont le clairon, mais la prose est l'épée [1]!

« Il est beau, s'écrie Flaubert enthousiasmé, d'être un grand écrivain, de tenir les hommes dans la poêle à frire de sa phrase et de les y faire sauter comme des marrons; il doit y avoir de délirants orgueils à sentir qu'on pèse sur l'humanité de tout le poids de son idée : mais il faut pour cela avoir quelque chose à dire. »

1. Louis Veuillot.

Pendant que l'orgueil de l'écrivain ne perce chez Montaigne qu'à la dérobée, la vanité du gentil-homme ou du bourgeois anobli s'étale complaisamment, et cette faiblesse humaine, redisons-le, est loin de nous déplaire.

Mais, ce qui est plus aimable encore, c'est qu'elle se connaît dans une certaine mesure, se juge et se moque d'elle-même avec bonne grâce et bonne humeur. Montaigne se souvient qu'il est homme; voilà sans doute le profond secret de son charme.

Voulez-vous, bonnes gens, un très sûr principe de classification pour diviser les écrivains en deux grandes familles : d'une part, ceux que vous avez pu admirer un jour, mais que vous n'aimez pas et ne relisez guère? d'autre part, les préférés, dont le commerce ne vous lasse jamais? Les premiers sont les pontifes et les oracles de la littérature, si pleins d'assurance et d'autorité, si empesés, si roides, qu'on dirait qu'ils ont avalé leur porte-plume; les seconds sont des hommes, d'aimables compagnons qui, en causant familièrement avec vous, sont gais ou tristes, mais ne croient pas remplir un sacerdoce. Et vous pouvez appliquer le même principe à la division en deux familles de vos amis et connaissances : d'une part, les gens que vous estimez et honorez, mais qui vous ennuient ferme, que vous voyez non par plaisir, mais par devoir, une fois par an, pas plus, au mois de janvier; d'autre part, ceux dont vous recherchez en tout temps la compagnie. Les uns sont les personnages gourmés, hommes ou femmes, dont on dit en langage trivial mais énergique qu'ils se gobent eux-mêmes, ou encore qu'ils ont avalé leur canne ou leur ombrelle; absolument sûrs de tout ce qu'ils disent; parlant avec une gravité qui fait peur; sérieux, dirait Rabelais, comme des ânes qu'on a sanglés trop fort. Les autres, ce sont les natures que Montaigne appelait « de riche composition », non faites, par conséquent, d'une seule pièce, mais capables de « se détendre » et de « se démonter »; les simples et bons enfants, qui ne s'imposent pas, ne se font point accroire, s'abstiennent de trancher dans les choses qu'ils savent (car que savons-nous?) et consentent à ignorer ce qu'ils ignorent.

Montaigne a été l'un de ces bons diables. Il ne s'est point *gobé*, il ne s'est point surfait. Il a connu une partie de ses défauts et les a franchement avoués. Si de sa propre vanité il n'a pas une conscience assez pleine et entière, il l'a sentie pourtant jusqu'à un certain point. Il a presque dit, avant Molière, et (nous pouvons le supposer) avec un secret retour sur lui-même et un fin sourire à son adresse:

> Je sais un paysan qu'on appelait Gros-Pierre,
> Qui, n'ayant pour tout bien qu'un seul quartier de terre,
> Y fit tout à l'entour faire un fossé bourbeux
> Et de Monsieur de l'Isle en prit le nom pompeux.

C'est un vilain usage et de très mauvaise conséquence, en notre France, d'appeler chacun par le nom de sa terre et de sa seigneurie.... De mon temps, je n'ai vu personne,

élevé par la fortune à quelque grandeur extraordinaire, à
qui on n'ait attaché incontinent des titres généalogiques
nouveaux et ignorés à son père, et qu'on n'ait enté en
quelque illustre tige; et, de bonne fortune, les plus obscures familles sont plus idoines à falsification. Combien
avons-nous de gentilshommes en France qui sont de race
royale, selon leurs comptes?... Contentons-nous, de par
Dieu! de ce quoi nos pères se sont contentés, et de ce que
nous sommes. Nous sommes assez, si nous le savons bien
maintenir; ne désavouons pas la fortune et condition de
nos aïeux, et ôtons ces sottes imaginations qui ne peuvent
faillir à quiconque a l'impudence de les alléguer (I, 46).

Un chapitre fort long du IIIᵉ livre des *Essais* est
consacré expressément à *la Vanité*. Selon son habitude, Montaigne y divague de toute chose, et c'est
un labyrinthe inextricable où la découverte du fil
conducteur lasserait l'analyse la plus patiente. Car,
« qui ne voit que j'ai pris une route par laquelle,
sans cesse et sans travail, j'irai autant qu'il y aura
d'encre et de papier au monde? Je ne puis tenir
registre de ma vie par mes actions : fortune les met
trop bas; je le tiens par mes fantaisies. » Dans ce
chapitre cependant Montaigne, par aventure, cause
çà et là de la chose que le titre annonce, et c'est à
la fin de cet incohérent bavardage qu'il insère *in
extenso* le texte de la bulle pontificale qui lui avait
conféré le titre, souhaité passionnément par sa
vanité, de bourgeois de Rome. « Faveur vaine »,
écrit-il, « venteuse, honoraire et titulaire, sans substance »; offerte à qui? « Dieu sait! à moi qui suis
tout matériel, qui ne me paie que de la réalité massive. » Toutefois il cite la bulle, non sans rougir un

peu de cette « niaise humeur », non sans demander pardon au lecteur indulgent, si par hasard il s'en trouve un « malade de pareille curiosité à la mienne ». Puis il ajoute :

Si les autres se regardaient attentivement, comme je fais, ils se trouveraient, comme je fais, pleins d'inanité et de fadaise. De m'en défaire, je ne puis, sans me défaire moi-même. Nous en sommes tous confits, tant les uns que les autres ; mais ceux qui ne le sentent en ont un peu meilleur compte ; encore, ne sais-je.

C'est-à-dire : nous sommes tous vains, tous vaniteux. « Vanité des vanités ! » s'écrie l'Ecclésiaste. « Force vent, dira Saint-Simon, et parfait vide ! » Les uns le savent, les autres ne le savent pas. Ceux-ci, les naïfs, sont-ils plus heureux? C'est une question. En tout cas, il faut qu'il y ait des naïfs, qu'il y en ait une foule innombrable. Le commandement de l'oracle de Delphes : « Connais-toi toi-même », s'il était donné à la masse des hommes, serait absurde. Il faut que le monde marche, que la machine roule, et elle ne peut être poussée en avant que par un immense concours de forces inconscientes et aveugles, par des millions et des millions de bras qui n'ont pas besoin d'être dirigés par autant de cerveaux. Si tous les hommes étaient dans le secret de la comédie que le créateur du monde offre aux anges, il n'y aurait plus de comédie. Mais une petite aristocratie intellectuelle, tout en jouant son rôle dans la farce, devine ce rôle, soupçonne la farce, et se connaît elle-même.

Montaigne appartenait à cette élite. Il aimait mieux sentir qu'ignorer sa propre vanité, malgré le sentiment amer ou mélancolique dont l'âme est envahie, à travers tous les sourires d'une humeur qui veut rester gaie, au moindre regard jeté sur les abîmes de notre pauvre cœur.

Le célèbre professeur italien Rossi avait coutume de dire : « Il faut faire *oune* leçon avec *oune* idée ». On le voit, je n'ai garde d'oublier un si sage conseil. Nous nous sommes uniquement occupés aujourd'hui du vieux Ramon Eyquem, l'arrière-grand-père de Michel de Montaigne; pendant une heure j'ai tenu vos regards fixés sur ce bonhomme, et j'espère vous l'avoir distinctement montré débitant ses harengs et sa morue derrière son comptoir de la rue de la Rousselle.

C'est avec la même unité rectiligne que je compte vous entretenir, dans nos prochaines causeries, d'abord de la mère et de la femme, ensuite de la fille de notre philosophe.

III

SA MÈRE ET SA FEMME

Le père de Montaigne, ayant abandonné le commerce pour le noble métier des armes, suivit François Ier en Italie. A son retour de la guerre, il épousa Antoinette de Louppes, ou Lopès, d'origine espagnole et juive.

Montaigne ne nous dit absolument rien de sa mère, avec laquelle pourtant il passa presque toute sa vie et qui lui survécut. On a considéré cet oubli comme plus grave encore que celui qui lui a fait passer sous silence le commerce de ses aïeux. « Son affection avait-elle conscience de ne lui rien devoir? demande M. Lanson; ou bien sa vanité le détournait-elle d'en parler, si cette mère était d'origine juive, d'une famille portugaise de nouveaux chrétiens? »

Je ne crois pas qu'il y ait rien de très grave à conclure contre Montaigne du silence qu'il a gardé sur sa mère; j'attribue cette singularité moins à

4

quelque vanité nouvelle ou à l'absence d'une dose
ordinaire de piété filiale qu'à l'ensemble de sa philosophie, qui, dans la formation morale et intellectuelle de l'homme, lui faisait attacher fort peu d'importance au rôle et à l'influence de la femme.

Il n'y a vraiment aucune raison pour que les
femmes se plaisent à la lecture de Montaigne; car
il n'a guère dit sur leur compte que des imperti-
nences, beaucoup d'incongruités et quelques sottises. Il a mal parlé de l'amour, qu'il n'a jamais
envisagé par le grand côté de la passion, mais toujours par le petit côté du plaisir et de la bagatelle.
Sa seule passion fut l'amitié; son seul culte, avec
celui qu'il avait voué à la mémoire de La Boétie, a
été pour son père.

Selon Schopenhauer, le père transmet à sa descendance ses qualités morales, la mère ses qualités
intellectuelles. Que cette observation soit juste ou
non en général, elle ne s'applique pas au cas particulier de Montaigne. Notre philosophe n'est qu'en
partie l'héritier *moral* de son père, qui valait assurément beaucoup mieux que lui : il lui doit son
horreur du mensonge, son honnêteté, sa bonté, ses
sentiments miséricordieux et humains; c'est quelque
chose; mais il n'avait ni sa chasteté, ni ce sentiment
héroïque du devoir qui fait que l'individu appelé à
l'honneur de rendre un service public ne marchande
pas, ne raisonne pas, ne se prête pas seulement, mais
se donne et devient capable de se sacrifier. Dans
l'ordre *intellectuel*, au contraire, Montaigne doit

presque tout à son père, esprit d'une originalité rare,
éducateur ingénieux, entreprenant, hardi, le moins
banal et le moins routinier des hommes dans la façon
dont il éleva son fils.

Cependant la religion ou, pour mieux dire, la
situation religieuse de Mme de Montaigne la mère
ne doit pas avoir été sans influence sur la direction
qu'ont prise les idées du philosophe dans le sens
d'une largeur tolérante et de ce qu'on a appelé son
scepticisme.

L'auteur d'un gros et docte ouvrage sur *Michel de
Montaigne, son origine, sa famille*, M. Théophile Mal-
vezin, écrit :

Il paraît probable que la famille Lopès, composée de
médecins et de marchands, venue en France à la fin du
XVe siècle ou au commencement du XVIe, appartenait à
cette catégorie d'Espagnols qui était désignée sous le nom
de nouveaux chrétiens et qui était de race juive.... Certains
auteurs ont prétendu qu'Antoinette de Louppes était protestante, et qu'après avoir embrassé les principes de la
Réforme, elle avait essayé de les transmettre à ses enfants.
Ce qui est certain, c'est que deux de ses enfants, un frère
et une sœur de Michel de Montaigne, étaient protestants.

Ce frère s'appelait Thomas, seigneur de Beauregard. Cette sœur s'appelait Jeanne ; elle épousa le
conseiller Richard de Lestonna. On raconte qu'elle
fit tous ses efforts pour inculquer sa religion à
l'une de ses filles, Jeanne de Lestonna, qui épousa
M. de Montferrand et qui, devenue veuve, fonda à
Bordeaux le couvent de Notre-Dame.

Les « nouveaux chrétiens », c'est-à-dire les juifs

convertis par force, élevés dans les exercices extérieurs de la religion de l'État et n'ayant abjuré leur
croyance que parce qu'ils ne pouvaient pas faire
autrement, ne devaient pas éprouver pour la doctrine catholique un bien fervent amour; mais il
est vraisemblable que beaucoup de conversions,
obligatoires pour les pères, devinrent sincères chez
les enfants; car, comme Montaigne le remarque, « à
telles mutations la coutume et longueur de temps
sont plus fortes conseillères que toute autre contrainte ».

Le fait est que les termes du testament de « damoiselle Antoinette de Louppes » d'origine juive, veuve
de Pierre Eyquem de Montaigne et mère de Michel,
sont remplis de la plus édifiante piété chrétienne.
Elle mourut en 1601, très âgée, puisque son mariage
remontait à l'année 1528, un an après avoir sanc-
tionné par sa présence et son consentement l'union
de son arrière-petite-fille, Françoise de la Tour.
avec Honoré de Lur-Saluces :

Au nom du Père, du Fils et du Saint-Esprit, Amen! Je,
Antoinette de Louppes, me reconnaissant mortelle, chargée
d'années, près la fin de mes jours, ai fait ce mien présent
testament solennel en la forme que s'ensuit : Premièrement, je supplie mon bon Dieu et Créateur, par l'interces-
sion de notre Seigneur Jésus-Christ, de recevoir mon âme
lorsqu'elle sera séparée de mon corps et me donner lieu
en son Paradis et la vie éternelle.... Il est notoire que j'ai
travaillé l'espace de quarante ans en la maison de Montaigne avec mon mari, en manière que par mon travail, soin
et ménagerie, ladite maison a été grandement évaluée,
bonifiée et augmentée; de quoi et de ce que dessus feu

Michel de Montaigne, mon fils aîné, a joui paisiblement par mon octroi et permission, et, depuis son décès, Léonor de Montaigne, fille dudit feu Michel de Montaigne, mon fils, tient et possède presque tous les biens délaissés par ledit feu sieur de Montaigne, mon mari, étant très riche et opulente. Par ainsi ne doit rien prétendre de mes biens et hérédité.

Elle ne laissait en effet à Léonor que peu de chose, et, faisant divers legs à ses enfants et petits-enfants, elle instituait pour héritiers ses deux fils alors survivants : Thomas, seigneur de Beauregard, et Bertrand de Montaigne.

Ainsi Montaigne avait des hérétiques dans sa famille : un frère protestant, une sœur protestante, une mère devenue protestante peut-être elle aussi, mais qui descendait en tout cas de parents israé-lites. Cette diversité de croyances chez des personnes qui l'entouraient, le touchaient de si près, a dû, par un effet naturel, incliner son esprit vers un certain scepticisme, si par ce mot on veut bien entendre simplement le contraire de l'intransigeance en matières de dogmes et de foi.

Une remarque intéressante à faire, à ce propos, c'est que Rabelais et Montaigne ayant eu, tous les deux, leur heure, leur velléité de protestantisme, ce n'est point par les mêmes attraits que la Réforme les séduisit d'abord l'un et l'autre, et ce n'est pas pour les mêmes motifs qu'ils l'ont, en définitive, rejetée.

La Réforme avait, au commencement, paru sym-pathique à Montaigne par une séduction d'ordre sentimental. Si quelque chose « eût dû tenter ma jeunesse, écrit-il, l'ambition du hasard et de la difficulté qui suivaient cette récente entreprise y eût eu bonne part ». C'est donc ce qu'il y avait de hardi et d'aventureux dans la Réforme qui fut sur le point de sourire un jour à son jeune courage, à son imagination éprise du péril. Constatation inattendue et vraiment surprenante, qui, une fois de plus, nous empêche d'accepter sans de fortes réserves la traditionnelle image d'un Montaigne égoïste, sceptique, paresseux jusque dans la moelle, et qui, à tout le moins, établit une séparation nette entre le jeune homme et le « vieillard », comme Montaigne s'appelle lui-même avant sa quarantième année, le vieillard prématurément assagi par l'expérience et la réflexion.

Mais si, dans le principe, Rabelais se sentit attiré vers la Réforme, ce fut par des attraits d'ordre intellectuel, par la haute curiosité de penser et de savoir, par la promesse d'affranchissement que l'hérésie protestante fit briller une minute devant l'esprit humain. Cela était beaucoup trop fort pour Montaigne, qui ne demandait pas tant à la raison. Il n'espérait point d'elle les ambitieux résultats qu'avait rêvés Rabelais dans son ivresse scientifique et philosophique; il regardait cette pauvre raison humaine comme un outil impuissant et même dangereux, plus propre à ébranler qu'à solidement asseoir les vérités utiles. Il considérait non la « raison », mais la « coutume », comme le meilleur et le seul fondement de la foi.

Aussi, quand Rabelais s'aperçut que l'émancipation promise n'était qu'un leurre et que le nouveau pape de Genève comprimait étroitement, dans son lac d'eau glacée, les poissons ingénus qui s'étaient laissés prendre, il entra en fureur et passa tout d'un coup d'une certaine amitié philosophique, qui avait senti le fagot, aux imprécations et aux injures.

Mais Montaigne n'a jamais eu de vraie colère contre les protestants, parce qu'ils ne lui firent point éprouver l'amertume des espérances déçues ni cette espèce particulière de haine qui n'est qu'un amour retourné. Les protestants l'ont impatienté seulement et ont un peu étonné sa sagesse de philosophe pratique. Tenant pour de simples hypothèses les convictions ardentes qui leur faisaient mettre le monde à l'envers et la vie humaine à l'abandon, il ne pouvait comprendre qu'on mît « à si haut prix » des idées purement conjecturales, qu'on perdît la paix, la sécurité, la concorde, ces biens inestimables, pour le triomphe de prétendues vérités dont on ne saurait être certain, et, conjecture pour conjecture, il préférait l'ancienne, la vieille, la « coutumière »; il aimait mieux reposer sa tête ignorante et incurieuse sur l'oreiller commode que lui tendait sa bonne mère, l'Église catholique, apostolique et romaine, pour y vivre tranquille et pour y mourir.

Le 23 septembre 1565, Montaigne, âgé de trente-trois ans, se maria ou, plus exactement, prit la femme que ses parents choisirent pour lui ; car il était d'hu-

meur plutôt célibataire, autrement dit, indépendante, et, de son propre dessein, il eût « fui
d'épouser la Sagesse même si elle eût voulu de lui ».
Mais il considérait objectivement le mariage comme
« une des plus belles pièces de notre société », comme
un bon conseil que « la coutume » donne à l'homme,
et il laissa cette sage coutume régler son propre
sort. « On ne se marie pas pour soi, quoi qu'on die :
on se marie autant, ou plus, pour sa postérité, pour
sa famille. L'usage et l'intérêt du mariage touche
notre race, bien loin par delà nous. »

Le mariage est une institution divine et humaine,
une loi de Dieu et de la philosophie. En se mariant,
Montaigne, héritier de l'antique sagesse, chrétien de
la tradition catholique, exemplaire de l'humanité
moyenne, obéit purement et simplement à l'ordre
éternel répété d'âge en âge par le chœur trente fois
séculaire de toutes les vénérables barbes blanches.

Conduis une femme à ta maison en temps opportun, a
dit le vieil Hésiode, quand tu n'auras ni beaucoup moins
ni beaucoup plus de trente ans; c'est l'âge convenable
pour se marier.... Prends de préférence celle qui demeure
près de toi, et considère bien toutes choses pour ne pas
épouser la risée de tes voisins. Car l'homme ne peut rien
obtenir de meilleur qu'une bonne femme, ni de pire qu'une
mauvaise, qui ne sait que manger et conduit son mari à
une vieillesse précoce....

Les lois de Manou, c'est-à-dire de l'Inde, ordon-
nent non moins judicieusement :

Que le jeune homme n'épouse pas une femme difforme,
ou souvent malade, ou insupportable par son bavardage,

ou ayant les cheveux ou les yeux rouges, ou portant un
nom désagréable.... Qu'il prenne une femme bien faite,
dont le nom soit agréable, qui ait la démarche gracieuse
d'un cygne ou d'un jeune éléphant, dont les cheveux soient
fins, les dents petites et les membres d'une douceur charmante.

Aristote fixe l'âge du mariage à dix-sept ans pour
les femmes, à trente-sept ans ou un peu moins pour
les hommes, et conseille l'hiver. Pourquoi l'hiver?
Montaigne paraît penser qu'il s'était marié un peu
trop tôt, aux termes du programme d'Aristote.
L'âge idéal pour les hommes serait, d'ailleurs, bien
incertain, momentané et fugitif, si l'on devait en
croire je ne sais quel vieux bonze qui mérita l'honneur d'être compté au nombre des sept sages de la
Grèce parce que, à un jeune homme qui lui demandait : Quel âge faut-il que j'aie pour me marier?
il répondit cette bêtise salée et profonde comme la
mer : « Tu es jeune aujourd'hui, n'y pense pas
encore; demain tu seras vieux, tu n'y dois plus
songer ».

Assurément, Montaigne aurait pu rester célibataire. Son optimisme pratique, résolu par hygiène
à prendre toute chose par le bon côté, aurait distingué les précieux avantages de cette situation, s'y
serait attaché sagement, et il aurait déduit, avec sa
sérénité habituelle, tous les motifs d'être content de
son sort. Seulement, j'aurais craint que, célibataire,
il n'eût donné encore bien plus de prise au reproche
qu'on lui adresse d'avoir été un affreux égoïste;
j'aurais eu grand'peur que le fameux discours du

pharmacien d'*Hermann et Dorothée*, vieux garçon
endurci, ne se trouvât tout au long dans les *Essais*,
et que notre moraliste bavard ne se fût trop complaisamment amusé à développer cette platitude
horrible d'Euripide : « Heureux celui qui a eu le
bonheur d'épouser une honnête femme! mais plus
heureux celui qui n'en a pas épousé du tout! »

Montaigne pensait, en bon philosophe, en bon
catholique, en bon citoyen, ce que les lois de Manou
proclament, d'accord avec l'Évangile : « Celui-là
seul est un homme parfait, qui se compose de trois
personnes réunies, savoir : sa femme, lui-même et
son fils, et les brahmanes ont déclaré cette maxime :
Le mari ne fait qu'un avec son épouse ». S'il n'avait
point de fils (ce qu'il regrettait), il nous a du moins
offert, par la présence d'une femme et d'une fille
dans sa maison, un type de l'humanité plus approchant de l'idéal qu'un être incomplet et solitaire qui
n'eût pas été du tout chef de famille.

Le célibataire François Bacon, grand penseur,
très grand écrivain, mais moins grand honnête
homme et qui s'est rendu coupable des fautes les
plus graves, de véritables crimes, que la douce
influence d'une femme lui aurait peut-être fait éviter,
a prononcé cette belle parole, à laquelle la possibi-
lité d'un retour sur lui-même donne une saveur profonde : *Sunt certe porro uxor et liberi disciplina
quaedam humanitatis*, « une femme et des enfants
sont pour l'homme une école d'humanité ».

Shakespeare a dit poétiquement : « De même

qu'une ville crénelée est plus majestueuse qu'un
village, de même le chef d'un homme marié est
plus honorable que le front uni d'un célibataire. »

« A un certain âge de la vie, avouait Sainte-
Beuve, si notre maison ne se peuple point d'enfants,
elle se remplit de manies ou de vices » ; et Béranger,
autre vieux garçon, écrivait à son jeune ami,
Édouard Charton, pour le féliciter de son mariage,
une lettre paternelle et pleine de gravité qui vous
étonnera peut-être sous la plume du chantre de
Lisette :

Vous avez désormais de grands engagements à remplir,
mais vous en serez bien récompensé par la stabilité qu'ils
vont donner à votre vie et à vos pensées. Quand on a le
bonheur des autres pour but, on cesse de flotter au hasard.
C'est un lest qui maintient notre ballon dans la région la
plus calme. On prétend qu'elle est la moins poétique ;
moquez-vous de ceux qui mettent la poésie à toute sauce
et qui laissent la morale et le bonheur pendus au croc.
Vous voilà dans le vrai ; soyez heureux en faisant des heureux ; vous méritez un pareil sort ; tous vos amis s'en féli-
citeront, et les vieux garçons comme moi, en voyant votre
bonheur, regretteront de n'avoir pas su prendre la même
route.

Montaigne se laissa donc marier, par raison, par
un sentiment juste de ce qu'il faut à l'homme, animal sociable, pour achever et perfectionner son
être, parce que le mariage est une vieille et sainte
« coutume », une « pièce » nécessaire dans l'édifice
de notre société, et parce qu'une valeur de tout
repos doit être préférée aux aventures. Mais,
d'amour, il n'en avait pas pour un sou. Si le roman-

lisme consiste, comme l'enseigne Hegel, dans l'exaltation maladive des prétendus droits de la passion et de la personne humaine en conflit avec les institutions sacrées de la famille ou de l'État (par exemple le jeune Montaigu et la belle Capulet s'aimant et voulant s'épouser contre la volonté de leurs parents), jamais mariage ne fut moins *romantique* que celui de Montaigne, plus solidement et raisonnablement *classique*. Il estimait que la passion n'a rien à faire dans ce « sage marché ».

Je ne vois point de mariages qui faillent plus tôt et se troublent que ceux qui s'acheminent par la beauté et désirs amoureux. Il y faut des fondements plus solides et plus constants, et y marcher d'aguet : cette bouillante allégresse n'y vaut rien.... Un bon mariage, s'il en est, refuse la compagnie et condition de l'amour : il tâche à représenter celles de l'amitié. C'est une douce société de vie, pleine de constance, de fiance, et d'un nombre infini d'utiles et solides offices et obligations mutuelles. Aucune femme qui en savoure le goût ne voudrait tenir lieu de maîtresse à son mari. Si elle est logée en son affection, comme femme, elle y est bien plus honorablement et sûrement logée (III, 5).

Il est piquant de voir Montaigne se rencontrer ici avec le plus déconcertant des poètes nébuleux, avec Ibsen lui-même! qui n'a pas toujours offert des hiéroglyphes à ses admirateurs éblouis, puisque, dans sa *Comédie de l'Amour*, pièce écrite en 1862, il développe, comme un talon rouge d'ancien régime, cette idée toute française : « L'amour est impossible dans le mariage; mais, d'autre part, le mariage est possible et supportable si on y arrive sans aspirations sentimentales, si l'on n'en fait qu'une association affectueuse ».

Les mariages d'amour ou d'inclination étant condamnés comme des folies, comme de simples feux de paille qui flambent et s'éteignent aussitôt, Montaigne ne pouvait approuver que les mariages à la vieille mode de France, où l'initiative appartient à des « mains tierces » et non aux principaux intéressés. Il avait l'âme trop antique pour ne pas se ranger à l'avis d'Hermione, la fille d'Hélène et de Ménélas, disant modestement dans une tragédie grecque, avant que Racine l'eût changée en furie romantique : « Pour ce qui est de mon hymen, ce soin regarde mon père, et ce n'est point à moi qu'il appartient d'en décider ».

La jeune fille donnée pour femme à Michel de Montaigne par son père et sa mère s'appelait Françoise de la Chassaigne, un nom « agréable » qui eût fait plaisir au vieux législateur de l'Inde; mais je ne sais pas si elle avait « la démarche gracieuse d'un cygne ou d'un jeune éléphant ». Elle était d'une vieille famille parlementaire, avec laquelle les Eyquem avaient déjà des alliances, et elle apportait à son mari 7000 livres tournois, soit environ 300000 francs. Pourquoi répète-t-on toujours que Montaigne avait une fortune médiocre[1]? C'est aussi une légende, une idée *a priori* qui dure et prévaut contre les faits, parce qu'elle convient bien à l'image

---

1. « C'était un gentilhomme gascon, de très bonne famille et de médiocre fortune. » Faguet, *Seizième siècle*, première ligne de l'article sur Montaigne.

préconçue et traditionnelle du philosophe de la
mesure et du juste milieu. La vérité est que, sans
nager dans l'opulence qui n'a pas besoin de compter,
Montaigne était riche et plus qu'à son aise.

Naturellement on a pensé que Michel et Françoise
devaient avoir fait mauvais ménage. Cette charitable supposition était à prévoir, à cause de la
malignité humaine en général et de la prise particulière que Montaigne offrait au soupçon, un peu par
ses défauts réels, beaucoup par tous ceux qu'on lui
prête. Or, voici ce qu' « à grand renfort de bésicles »
l'érudition a pu découvrir dans les *Essais* de plus
significatif et de plus précis sur le mauvais ménage
du nouveau Socrate.

Au chapitre ix du livre III, le philosophe, énu-
mérant les menus ennuis qui viennent assaillir
dans sa maison un homme d'ailleurs heureux et
tranquille, mentionne « le soulier neuf et bien
formé de cet homme du temps passé, qui vous
blesse le pied ». Vous demandez où est l'allusion à
Mme Montaigne? Il faut savoir que « l'homme du
temps passé », c'est un certain Romain, dont Plutarque nous raconte ceci dans sa *Vie de Paul Émile* :

Un Romain ayant répudié sa femme, ses amis l'en tancè-
rent, en lui demandant : Que trouves-tu à redire en elle?
N'est-elle pas femme de bien de son corps? n'est-elle pas
belle? ne porte-t-elle pas de beaux enfants? Et lui, éten-
dant son pied, leur montra son soulier et leur répondit :
Ce soulier n'est-il pas beau? n'est-il pas bien fait? n'est-il
pas tout neuf? Toutefois il n'y a personne de vous qui
sache où il me blesse le pied.

A présent, vous comprenez la similitude. Le soulier, si bien fait en apparence, c'est la femme charmante qui sourit à tous les étrangers; le point sensible où il blesse l'orteil, c'est la femme acariâtre
que son mari est seul à connaître. Il faut convenir
que, si l'allusion existe, elle est passablement obscure
et voilée, et que Montaigne ne nous a pas habitués
à tant de discrétion.

Un peu plus que de sa mère, dont il ne dit rien
du tout, mais encore bien peu, Montaigne nous
parle de sa femme ou y fait allusion. Sans oublier de
faire la part d'une réserve qu'imposait la pudeur ou
que la prudence conseillait, je crois toujours que
ce silence doit être attribué d'abord au peu de considération que notre philosophe avait pour la femme
en général comme être sensible, moral et intelligent.

Parmi les autres importunes conditions qui se trouvent au mariage, celle-ci, à un homme langagier (bavard)
comme je suis, est des principales, que la coutume rende
indécent et nuisible qu'on communique à personne tout
ce qu'on en sait et qu'on en sent.

Il a toutefois assez explicitement reconnu les qualités de Françoise de la Chassaigne en tant que ménagère [1]. Comme lui-même n'entendait rien de rien au
ménage, il était bien nécessaire que sa femme sût
tenir à sa place les rênes du gouvernement domestique.

1. Voir *Montaigne* (Collection des Grands Écrivains français), p. 35.

Seulement, il y a ici un point qui m'embarrasse. La mère de Montaigne s'applaudit dans son testament, nous l'avons vu, d'avoir « par son travail, soin et ménagerie, grandement évalué, bonifié et augmenté » la maison de Montaigne. Or, comme Pierre Eyquem, père de Michel, est mort après le mariage de son fils, et comme ce n'est certainement pas avant la mort de son mari, qui s'entendait admirablement bien à l'administration des affaires, qu'Antoinette de Louppes put avoir besoin de s'occuper de la maison, il en résulte que la belle-mère et la bru ont collaboré au gouvernement intérieur. Cette collaboration pacifique vous paraît-elle concevable, mesdames? Vit-on jamais une belle-mère et sa bru non seulement vivre ensemble sous le même toit en bonne intelligence, mais pousser l'harmonie jusqu'à se partager sans tirage l'administration domestique?

Problème vraiment délicat, difficulté réelle, dont l'explication doit sans doute être cherchée dans le fait qu'en ce temps-là l'inimitié entre les belles-mères et leurs brus n'était pas encore une tradition ancienne et comme une institution nationale entrée dans le sang et dans les mœurs du pays. Il pouvait y avoir alors des froissements et même des querelles, sans que cela tirât à conséquence; on se raccommodait. Mais à partir du jour où il a été bien établi que ces deux autorités domestiques, la bru et la belle-mère, étaient ennemies mortelles par situation, les moindres malentendus se sont envenimés et

exaspérés; le premier éclat est devenu désastreux,
et l'on s'y est attendu, de part et d'autre, comme
au signal, inévitable tôt ou tard, d'une guerre nécessaire et inextinguible.

Admirons ici l'action réciproque de la société et
de la littérature, s'influençant l'une l'autre si bien
qu'il est impossible de dire d'où l'exemple est parti.
L'opinion n'admet plus qu'une jeune femme puisse
faire longtemps bon ménage avec la mère de son
mari; gens cultivés, honnêtes gens, tout subit universellement la loi de l'opinion, reine du monde. Mais
la littérature, qui contribue tant à former l'opinion,
n'est-elle pas responsable de cet état moral? Image
ou expression de la société, comme on disait autrefois, elle a singulièrement forcé les termes de sa
définition; elle-même est devenue un modèle qu'on
imite. N'est-ce pas une chose plaisante qu'une
société qui se pique de mal faire pour mieux suivre
sa littérature, qu'un homme qui s'applique à ressembler à son portrait, quand ce portrait n'est pas
flatté?

Pascal, qui n'a pas toujours été si généreux pour
Montaigne, lui prête, je crois, plus de vertu qu'il
ne prétendait en avoir lui-même, lorsqu'il dit :
« Montaigne se fait quelque violence pour éviter
certains vices; et même il a gardé la fidélité au
mariage, à cause de la peine qui suit les désor-
dres ». L'honorable affirmation de Pascal dépasse
d'un degré, j'en ai peur, les termes un peu moins
nets de l'hommage que s'est rendu Montaigne. Non.

5

pas qu'il y ait lieu d'alléguer à sa charge certaine
escapade où il chercha philosophiquement, après la
mort de La Boétie, une diversion à son violent
chagrin. Je me suis trompé (et je ne sais par quelle
étrange distraction j'ai pu commettre cette erreur)
en écrivant que Montaigne était marié alors [1]. Les
dates sont formelles : La Boétie mourut en 1563,
Montaigne s'est marié en 1565, et bien que sa douleur ait eu une durée inusitée, il n'y a aucune raison
pour placer *après* son mariage la fredaine qu'il
confesse.

Mais il déclare aussi qu'il a « *plus* sévèrement
observé les lois du mariage » qu'il ne l'avait ni promis
ni espéré, et, si ce comparatif a un sens, il dit moins
que le positif. L'auteur des *Essais* tient beaucoup à
établir que les défaillances auxquelles notre faiblesse
succombe ne doivent pas nous empêcher de reconnaître que le devoir existe; il partageait l'avis de je
ne sais quelle grande pécheresse, la marquise de
Pompadour ou Mme de Montespan, qu'on s'étonnait
de voir faire maigre en carême et qui répondit à
l'impertinent : « Parce que j'ai fait une faute, est-ce
que c'est une raison pour les commettre toutes? »
Dans ses réflexions sur le mariage, au chapitre v du
livre III, il écrit ces lignes pleines de sous-entendus :

Depuis qu'on s'est soumis à l'obligation, il s'y faut tenir
sous les lois du devoir commun, *au moins s'en efforcer....*
A dire vrai, je ne suis pas encore arrivé à cette perfection

---

1. Voir *Montaigne* (Collection des Grands Écrivains français), p. 21.

d'habileté et gentillesse d'esprit que de confondre la raison avec l'injustice, et mettre en risée tout ordre et règle qui n'accorde à mon appétit.... *Si on ne fait toujours son devoir, au moins le faut-il toujours aimer et reconnaître. C'est trahison de se marier sans s'épouser. Passons outre.*

Ce *Passons outre* ne vous a-t-il pas tout l'air du mouvement impatient d'une conscience qui n'est pas entièrement à son aise et qui chasse un souvenir importun?

« C'est trahison de se marier sans s'épouser. » Très différent des maris légers du xviiie siècle qui érigeaient l'infidélité conjugale en règle d'élégance et de bon goût, Montaigne avait prétendu, comme un bon bourgeois, *épouser* sa femme, c'est-à-dire unir par son mariage avec Mlle de la Chassaigne non seulement les noms et les intérêts de deux familles, mais les corps et les âmes de deux personnes.

Il est, d'ailleurs, plus que douteux que l'intelligente ménagère ait été associée aux travaux et à la pensée de son mari. Le philosophe entendait garder « la domination pure » de sa *librairie*, et « soustraire ce seul coin à la communauté *et conjugale* et filiale et civile ». L'indépendance de son esprit était trop grande, il estimait trop peu le jugement du sexe aimable et faible, pour que l'idée eût jamais pu lui venir de prendre pour conseillère intellectuelle une femme, cette femme aurait-elle eu tout l'esprit des belles dames auxquelles il adresse des lettres et des compliments, Mme de Duras, la comtesse de Grammont, ou toute la culture de Mlle de Gournay.

Cependant il a dédié à sa femme la traduction française, faite par La Boétie, d'un opuscule de Plutarque.

Il faut citer, en la commentant, l'épître dédicatoire; car elle nous présente notre homme tout entier, sous les espèces du mari. Cette petite lettre est datée du 10 septembre 1570. Montaigne est donc marié depuis cinq ans moins treize jours, et il a juste trente-sept ans et demi :

Ma femme, vous entendez bien que ce n'est pas le tour d'un galant homme, aux règles de ce temps ici, de vous courtiser et caresser encore. Car ils disent qu'un habile homme peut bien prendre femme; mais que, de l'épouser, c'est à faire à un sot. Laissons-les dire. Je me tiens, de ma part, à la simple façon du vieil âge ; aussi en porté-je tantôt le poil.... Vivons, ma femme, vous et moi, à la vieille française. Or, il vous peut souvenir comme feu monsieur de la Boétie, ce mien cher frère et compagnon inviolable, me donna, mourant, ses papiers et ses livres, qui m'ont été, depuis, le plus favori meuble des miens. Je ne veux pas chichement en user moi seul, ni ne mérite qu'ils ne servent qu'à moi. A cette cause, il m'a pris envie d'en faire part à mes amis. Et parce que je n'en ai, ce crois-je, nul plus privé que vous, je vous envoie la lettre consolatoire de Plutarque à sa femme, traduite par lui en français, etc.

C'est-à-dire : d'amour proprement dit, il ne saurait plus être question entre nous; nous sommes de si vieux mariés! (cinq ans déjà!) Mais l'ancienne mode de France, c'est d'aimer sa femme de bonne amitié, et c'est de cette manière que, sans écouter la jeunesse délicate qui trouve ces mœurs ridicules et surannées, je veux continuer de vous aimer, chère amie, d'autant plus que je suis devenu un bien vieux bonhomme (trente-sept ans! songez donc!). Oui, vous avez mon amitié tout entière, je fais de vous un cas particulier, et je le prouve assez en vous dédiant une relique de la seule personne au monde que j'aie chérie vraiment, mon bien-aimé Étienne de la Boétie.

« Mlle de Montaigne » a rendu à son mari deux grands services, plus incontestables et plus précieux que ceux d'une collaboration intellectuelle trop inégale : elle l'a déchargé des ennuis du ménage et elle a pris soin de ses manuscrits. Je crois, d'ailleurs, qu'il ne l'a pas aimée seulement comme ménagère utile; il l'a aimée aussi comme compagne agréable; il a eu pour elle du goût, de l'estime, une amitié calme et reposée, une affection sans passion, bien autrement constante et solide que l'amour.

La raison seule est capable de donner de la constance à nos sentiments, et c'est probablement parce que la raison avait à ses yeux plus d'empire sur l'homme que sur la femme, que le philosophe a laissé les fantaisies de sa logique s'égarer jusqu'à cet insoutenable paradoxe : « L'inconstance, aux femmes, est à l'aventure aucunement plus pardonnable qu'à nous ». Schopenhauer, une fois plus sensé que Montaigne, s'est mis en frais, d'ailleurs bien inutiles, pour démontrer que la faute de la femme est beaucoup plus grave que celle du mari. Cela crève les yeux. Il

est clair que la polygamie est conforme à la bonne
loi naturelle, et qu'au lieu de s'exercer clandésti-
nement dans la peur et la honte, elle se développe-
rait sans crime au grand jour, si la civilisation et
la morale n'avaient pas précisément pour fonction
de vexer la nature de toutes les manières.

La pluralité des femmes serait évidemment au
grand profit numérique de l'espèce. Mais la fidélité
de l'épouse au père de ses enfants ne fait aucun tort
à la nature; la femme pèche donc davantage quand
elle y manque, si l'on est plus coupable d'enfreindre
l'ordre naturel appris sans leçons et suivi sans peine
que d'oublier les règles difficiles d'une vertu étu-
diée et factice comme l'est chez les hommes la fidélité. Ils n'avaient pas contrarié l'appel de la nature
par les exigences raffinées de notre morale artifi-
cielle, ces Bakouains ingénus disant à Livingstone
qu'en général ils appelaient péché tout ce que nous-
mêmes nous appelons ainsi, à l'exception d'avoir
plusieurs femmes; ni ces bons nègres de Cuba, qui
donnaient à un missionnaire ébahi cette définition
fraîche et neuve du mal et du bien : le mal, c'est
quand nos voisins nous prennent nos femmes; le
bien, c'est quand nous enlevons les leurs.

Michel et Françoise jouirent, pendant vingt-sept
ans, d'une union harmonieuse en somme, malgré
les petits nuages accoutumés qui naturellement passèrent çà et là dans un ciel d'ailleurs pur. Car le
mariage, ce « sage marché », est aussi un « marché
plein d'épineuses circonstances »; il y survient

« mille fusées », suffisantes parfois « à rompre le
fil et troubler le cours d'une vive affection ». « Les
aigreurs comme les douceurs du mariage se tiennent secrètes par les sages. » Mais « la touche
d'un bon mariage, et sa vraie preuve, regarde le
temps que la société dure : si elle a été constamment douce, loyale et commode ». La société conjugale de Montaigne a été douce, loyale et commode; elle a été durable. Son mariage fut donc bon,
sa femme aussi fut bonne, et « il n'en est pas à
douzaines, comme chacun sait ».

Il y a dans les *Essais* un passage bien intéressant
qui nous montre, d'une façon indirecte mais frap-
pante, la place qu'occupait la femme de Montaigne
dans la pensée et dans la tendresse de son mari.

Un jour qu'il se promenait à cheval à une lieue de
chez lui, ayant pris pour cette promenade une jeune
bête de son écurie, docile, mais peu solide encore,
un de ses gens, grand et fort, monté sur un puissant roussin, voulant faire le hardi et devancer ses
compagnons, vint pousser à toute bride droit dans
sa route, « et fondre comme un colosse sur le petit
homme et petit cheval, et le foudroyer de sa roideur
et pesanteur ». Si bien que le cheval et l'homme
tombèrent, Montaigne à dix ou douze pas au delà
de sa monture, étendu à la renverse, le visage tout
meurtri et tout écorché, son épée, qu'il avait à la
main, à plus de dix pas au delà, sa ceinture en
pièces, « n'ayant ni mouvement ni sentiment non
plus qu'une souche ».

Le pauvre Montaigne fut à deux doigts de la mort, et l'analyse de toutes les sensations, de tous les sentiments qu'il éprouva dans cette agonie constitue une suite de pages qui sont parmi les mieux étudiées, les mieux écrites, les plus savoureuses des *Essais*. Mais je n'ai à en détacher que l'endroit où il parle de sa femme :

Comme j'approchai de chez moi, où l'alarme de ma chute avait déjà couru, et que ceux de ma famille m'eurent rencontré avec les cris accoutumés en telles choses, non seulement je répondais quelque mot à ce qu'on me demandait, mais encore ils disent que je m'avisai de commander qu'on donnât un cheval à ma femme, que je voyais s'empêcher et se tracasser dans le chemin, qui est montueux et malaisé.

Il me semble que voilà de l'*altruisme* chez cet *égoïste*, un certain sentiment conjugal dans ce cœur de célibataire par goût, qui ne s'était marié que par raison.

Il semble que cette considération dût partir d'une âme éveillée ; si est-ce que je n'y étais aucunement : c'étaient des pensements vains, en nue, qui étaient émus par les sens des yeux et des oreilles ; ils ne venaient pas de chez moi.

Ainsi, Montaigne n'avait pas conscience d'avoir montré cet intérêt pour sa femme ; c'est machinalement qu'il donna l'ordre qui la concernait. Mais, pour être instinctif, le mouvement de sa tendresse n'en est que plus remarquable ; il atteste en lui l'habitude de se préoccuper de sa femme, de ses

aises et de son bien-être. Car ne sont-ce pas les choses
auxquelles nous pensons le plus souvent ou que nous
avons coutume de faire quand nous sommes éveillés,
qui se trahissent chez nous par des signes extérieurs
dans le sommeil et dans l'inconscience ?

Je n'y étais aucunement.... Je ne savais ni d'où je venais,
ni où j'allais, ni ne pouvais peser et considérer ce qu'on
me demandait.... Je n'avais affliction ni pour autrui ni pour
moi; c'était une langueur et une extrême faiblesse sans
aucune douleur. Je vis ma maison sans la reconnaître
(II, 6).

La femme de Montaigne ferma les yeux à son
mari, le 13 septembre 1592. Elle vécut trente-cinq
ans encore et mourut en 1627, âgée de quatre-
vingt-trois ans. Elle put donc voir s'établir et se
consolider une grande gloire littéraire, unique au
monde par la singulière facilité avec laquelle elle
a été obtenue, les *Essais*, après tout, n'étant que la
causerie, à bâtons rompus, pleine d'imperfections
et de fautes de toutes sortes, d'un oisif de beaucoup
de lecture et d'esprit, qui n'était, malgré la confuse
richesse de ses vues ingénieuses et fécondes, ni un
penseur de première force et de très haute volée,
ni un artiste créateur de formes, ni, à coup sûr, un
maître de la composition, ni même un modèle
impeccable de la langue et du style, mais qui a
miraculeusement réussi à séduire et à charmer les
hommes en s'amusant à écrire au jour le jour tout
ce qui lui passait par la tête.

La veuve du philosophe eut la satisfaction de

contribuer, pour sa part, à la fortune des *Essais*, en préparant la publication de l'édition posthume de 1595. Il nous est doux de penser qu'elle ne voulut point se séparer du précieux volume,. chargé de notes manuscrites, aujourd'hui conservé à la bibliothèque de Bordeaux, et que c'est pour cela qu'elle fit exécuter soigneusement par Pierre de Brach une copie de ces notes sur un autre exemplaire, envoyé ensuite à Mlle de Gournay pour être imprimé à Paris sous sa surveillance.

Elle a fait construire le tombeau de Montaigne en pierre de Taillebourg, ce monument qui, après diverses vicissitudes, orne aujourd'hui le vestibule de notre palais des Facultés et sur lequel, messieurs et mesdames, vos regards tomberont tout à l'heure avec plus d'intérêt en quittant cet amphithéâtre. Un sarcophage rectangulaire est posé sur un socle et supporte la statue de Montaigne, couché et revêtu d'une armure de chevalier. Les mains sont jointes pour la prière; le casque est posé derrière la tête; les gantelets sont à côté du corps; aux pieds, un. lion couché. Des deux côtés, les armoiries sont gravées; et, au-dessus, il y a deux épitaphes, l'une en vers grecs, l'autre en prose latine.

La fin de l'épitaphe latine dit avec plus de vérité qu'il n'y en a d'ordinaire dans les épitaphes :

N'ayant jamais blessé personne, incapable de flatter ou d'injurier, il reste cher à tous indistinctement; et comme, durant sa vie, il avait fait profession d'une sagesse à l'épreuve de toutes les menaces de la douleur, ainsi, arrivé

au combat suprême, après avoir longtemps et courageu-
sement lutté avec un mal qui le tourmenta sans relâche,
mettant d'accord ses actions et ses préceptes, il termina,
Dieu aidant, une belle vie par une belle fin.

Françoise de la Chassaigne, laissée en proie, hélas! à
un deuil perpétuel, a érigé ce monument à la mémoire
de ce mari regrettable et regretté. Il n'eut pas d'autre
épouse; elle n'aura pas eu d'autre époux.

Fixée au château de Montaigne, la bonne femme
termina sa vie dans la retraite et la piété. On a
retrouvé quelques-unes des lettres qu'elle écrivit à
son confesseur. C'est la correspondance d'une vieille
dévote :

La meilleure nouvelle que je vous puis mander, mon
cher Père, écrivait-elle en 1619, c'est que Dieu m'a fait la
grâce de tenir par sa main puissante mon âme en assez
tranquille état, et que, lorsque j'aurai cet heur de vous
voir, j'espère que je serai encore mieux. Continuez-moi en
vos prières et oraisons, lesquelles jusqu'ici m'ont grandement profité, ce me semble.

Elle avait perdu, après son mari, d'abord sa belle-
mère en 1601, puis son gendre, François de la Tour,
et sa fille unique, Léonor, enfin la petite-fille, unique
aussi, qui était issue de ce mariage, Françoise de
la Tour. Mais Léonor, après la mort de son premier
mari, ayant épousé Charles de Gamaches, une autre
petite-fille, Marie de Gamaches, née de ce second
mariage, survivait. Ce fut elle qui consola la vieillesse de l'aïeule, veilla sur ses derniers jours et lui
ferma les yeux.

Quand on dressa l'inventaire de la défunte, on

trouva, parmi les objets qu'elle conservait avec un culte pieux, le collier de l'ordre de Saint-Michel, ce joujou de la vanité de son mari, devenu pour elle une relique adorable et sacrée, comme le polichinelle d'un bébé qu'on a perdu.

IV

SA FILLE

1

Les châtiments corporels, les jeux, les lectures.

« J'en ai perdu en nourrice deux ou trois.... » Si
l'auteur des *Essais* affecte d'ignorer le nombre exact
de ses enfants, le chef de famille le savait bien :
dans son volume d'*Éphémérides*, il a énuméré ses
six filles, avec les dates de leur naissance et de leur
mort. Puisqu'on a fait un crime à Montaigne de sa
prétendue indifférence, comme père, il n'est pas
inutile pour l'honneur de sa mémoire de constater
que nous tenons de lui-même tous nos renseignements sur ses enfants, et qu'ils sont assez explicites.

De ses six filles, la seconde seulement, Léonor,
née le 9 septembre 1571, vécut.

« L'un de mes souhaits, avait écrit Montaigne

dans les *Essais*, serait de trouver un gendre qui sût
appâter commodément mes vieux ans, et les endor-
mir. » Il trouva, non point le gendre de ses rêves,
mais un gendre, et, le 27 mai 1590, il écrivait dans
ses *Éphémerides* : « Léonor, ma fille unique, épousa,
ce dimanche, François de la Tour, en présence de
son père, de moi et de ma femme ». Trois semaines
après, le 23 juin, nouvelle note : « Samedi, à la
pointe du jour, *les chaux* étant extrêmes, Mme de
la Tour, ma fille, partit de céans pour être conduite
en son nouveau ménage ».

Son premier mari, le chevalier de la Tour, étant
mort en 1594, Léonor épousa en secondes noces le
vicomte Charles de Gamaches. Elle mourut elle-
même en 1616, laissant une fille qui épousa le chevalier Louis de Lur-Saluces, baron de Fargues, et
qui eut une postérité.

De sa fille, Léonor, Montaigne nous a parlé quelque
peu. Ce qu'il en dit est utile pour jeter du jour sur
la partie de sa philosophie qui, à tort ou à raison, est
regardée aujourd'hui comme la plus solide et la plus
vivante des *Essais* : ses idées sur l'éducation des
enfants.

La première chose qu'à propos de Léonor je note
dans la pédagogie de Montaigne, c'est la douceur.

« Ma fille, écrit-il au chapitre viii du livre II, a
atteint six ans et plus, sans qu'on ait employé à sa
conduite et pour le châtiment de ses fautes puériles
(l'indulgence de sa mère s'y appliquant aisément)
autre chose que paroles et bien douces. »

Ce n'est pas parce que Léonor était une petite fille que ce bon père n'avait jamais souffert qu'elle fût fouettée. Car, poursuit-il, « j'eusse été beaucoup plus religieux encore en cela envers des mâles, moins nés à servir, et de condition plus libre : j'eusse aimé à leur grossir le cœur d'ingénuité et de franchise. Je n'ai vu autre effet aux verges, sinon de rendre les âmes plus lâches ou plus malicieusement opiniâtres. »

Il nous apprend qu'il avait été élevé avec la même douceur par son père, et que dans son enfance (à ce qu'on lui avait raconté) il n'avait « tâté des verges » qu'une ou deux fois « et bien mollement ».

Ainsi la douceur était chez Montaigne héréditaire et naturelle. Mais les principes d'éducation que cette disposition de nature lui a dictés n'en sont pas pour cela moins originaux ni moins intéressants. Dans la voie de la mansuétude et de la miséricorde il est allé jusqu'au bout de sa logique instinctive : il a condamné les supplices, la question, les tortures ; il a même souhaité l'abolition de la peine de mort, et ses idées se sont trouvées tellement en avance sur celles de son temps, que Rome les a censurées comme hérétiques.

Ne vous figurez point que l'humble question des châtiments corporels pour les enfants soit d'une solution si évidente, que tous les esprits justes, toutes les âmes débonnaires aient toujours nettement reconnu la sagesse d'une discipline douce. Le bon et judicieux Rollin hésitait à condamner l'em-

ploi des verges. Et savez-vous pourquoi? C'est parce
que la Bible les admet, les conseille même, puisqu'on lit au 24ᵉ verset du chapitre XIII des *Pro-
verbes* : « Celui qui épargne la verge, hait son fils;
mais celui qui l'aime s'applique à le corriger ».

Il est fort utile de connaître ces timidités, ces
aberrations d'excellents esprits, évidemment égarés
par une interprétation très étroite et tout à fait
inintelligente de l'Écriture sainte, pour apprécier à
leur vraie valeur des idées rares et courageuses,
quand elles furent avancées pour la première fois,
et dont les auteurs nous paraîtraient, sans cela, avoir
perdu leur temps à enfoncer des portes ouvertes.
Avec autant de nouveauté hardie que d'éloquence,
des philosophes comme Montaigne et Rabelais ont
protesté contre la discipline barbare qui régnait
depuis si longtemps et qui a trop longtemps encore,
après eux, régné dans les écoles.

Rabelais s'indigne contre l' « énorme cruauté et
vilenie » en usage « au collège de pouillerie qu'on
nomme Montagu ». Les forçats, dit-il, « sont mieux
traités entre les Maures et Tartares, les meurtriers
en la prison criminelle, voire certes les chiens en
votre maison, que ne sont les (écoliers) au dit collège. Et si j'étais roi de Paris, le diable m'emporte si
je ne mettais le feu dedans et faisais brûler le principal et régents, qui endurent cette inhumanité
devant leurs yeux être exercée. » Il s'attendrit sur
le sort des « pauvres petits enfants innocents »
fouettés par des pédagogues inhumains. Pierre

« Tempête », écrit-il encore (quel nom prédestiné!),
« fut un grand foueteur d'écoliers au collège de
Montagu » ; et, quand les pédagogues du pays des
Papimanes se mettent à foueter les enfants « magis-
tralement » devant Pantagruel, celui-ci, tout fâché,
leur dit : « Messieurs, si vous ne cessez de foueter
ces enfants, je m'en retourne ».

Écoutons, à son tour, Montaigne :

La police de la plupart de nos collèges m'a toujours
déplu. On eût failli, à l'aventure, moins dommageablement,
s'inclinant vers l'indulgence. C'est une vraie geôle de jeunesse captive : on la rend débauchée, l'en punissant avant
qu'elle le soit. Arrivez-y sur le point de leur office; vous
n'oyez que cris, et d'enfants suppliciés, et de maîtres eni-
vrés en leur colère. Quelle manière pour éveiller l'appétit
envers leur leçon, à ces tendres âmes et craintives, de les
y guider d'une trogne effroyable, les mains armées de
fouets!... Combien leurs classes seraient plus décemment
jonchées de fleurs et de feuilles, que de tronçons d'osier
sanglants (i, 25)!

Rabelais, plus grand que Montaigne par l'esprit
peut-être et par l'audace de l'esprit, par la science
assurément, et surtout par la foi en la science, était,
comme lui, bon; mais il avait l'imagination un peu
cruelle. Je veux dire que sa fantaisie s'est complue
dans des contes et dans des tableaux passablement
barbares. La bonté de Montaigne, moins fort physi-
quement que Rabelais, tenait en partie à une vive
sensibilité du système nerveux, qu'il s'efforçait de
maîtriser par les « discours » de la raison, mais sans
pouvoir obtenir une victoire complète sur sa nature.

S'il avait eu le goût des peintures atroces, rien ne lui aurait été plus facile que de trouver, soit dans les guerres civiles qui se passaient sous ses yeux, soit encore dans les récits de voyages lointains qui étaient pour lui un régal et un ragoût de prédilection, toutes sortes de scènes d'horreur à décrire; mais il est digne de remarque, qu'en s'amusant au plus haut point des absurdités, des étrangetés exotiques, il n'a jamais arrêté complaisamment sa pensée ni sa plume sur les excès et les raffinements de la sauvagerie. Lorsqu'il parle de la cruauté des Espagnols au Mexique, il se borne aux détails suffisants pour exciter l'indignation du lecteur, sans mentionner autrement qu'en termes sommaires et généraux les « âpres gênes » que les conquérants firent souffrir à leurs malheureuses victimes. Lorsqu'il raconte les repas humains des cannibales, ce n'est pas pour s'étendre, en dilettante du style et des couleurs sanglantes, sur un sujet de dégoût et d'effroi; c'est pour tirer aussitôt de cette coutume barbare une leçon morale à l'usage des civilisés :

Je pense qu'il y a plus de barbarie à manger un homme vivant qu'à le manger mort; à déchirer par tourments et par gehennes un corps plein de sentiment, le faire rôtir par le menu, le faire mordre et meurtrir aux chiens et aux pourceaux (comme nous l'avons non seulement lu, mais vu de fraîche mémoire, non entre des ennemis anciens, mais entre des voisins et concitoyens, et qui pis est, sous prétexte de piété et de religion), que de le rôtir et manger après qu'il est trépassé (I, 30).

Montaigne n'a donc pas la précision dans l'horrible où s'amusait la curiosité scientifique du médecin Rabelais; il ne pouvait comprendre qu'on se plût ni à la cruauté ni à sa description :

A peine me pouvais-je persuader avant que je l'eusse vu, qu'il se fût trouvé des âmes si farouches, qui, pour le seul plaisir du meurtre, le voulussent commettre; hacher et détrancher les membres d'autrui; aiguiser leur esprit à inventer des tourments inusités et des morts nouvelles, sans inimitié, sans profit, et pour cette seule fin de jouir du plaisant spectacle des gestes et mouvements pitoyables, des gémissements et voix lamentables d'un homme mourant en angoisse (II, 11).

Les exécutions mêmes de la justice, pour raisonnables qu'elles fussent, il ne les pouvait voir d'une vue ferme. Il n'est point douteux que son horreur pour les supplices, même pour la simple peine capitale, où il était obligé de participer en sa qualité de conseiller au parlement de Bordeaux, n'ait été pour beaucoup dans sa mollesse à remplir cette fonction et dans son empressement à se délivrer du terrible devoir d'exercer une justice parfois « plus criminelle que le crime ».

Je me compassionne fort tendrement des afflictions d'autrui.... La vue des angoisses d'autrui m'angoisse matériellement.... Il n'est rien qui tente mes larmes que les larmes, non vraies seulement, mais, comment que ce soit, ou feintes, ou peintes (*ibid.*).

Il ne pouvait pas voir égorger un poulet « sans déplaisir », ni entendre de sang-froid gémir un lièvre sous la dent des chiens, quoique ce fût pour lui un

plaisir violent que la chasse. « Je ne prends guère
bête en vie, à qui je ne redonne les champs. »
Impressionnable et nerveux au point que le moindre
bourdonnement de mouche « l'assassinait », mais
trop bon pour se venger sur une mouche, Montaigne
n'était pas sans quelque ressemblance avec ce héros
de la bonté, l'oncle Tobie, dont Sterne nous a laissé
la sublime image :

> Va, dit-il un jour à dîner, à une mouche énorme qui
> avait bourdonné autour de son visage, et l'avait tourmenté
> cruellement tout le temps qu'il était à table, et qu'avec une
> peine infinie il avait enfin attrapée au vol; je ne te ferai
> pas de mal, dit mon oncle Tobie, se levant de son fauteuil
> et traversant la salle, la mouche dans sa main; je ne tou-
> cherai pas un cheveu de ta tête; va, dit-il en levant le
> châssis, et en ouvrant la main pour la laisser échapper, va,
> pauvre diablesse, va-t'en; le monde est, ma foi! bien assez
> grand pour nous contenir tous les deux.

Dans son chapitre *De la Colère* (II ,31), Montaigne
traite assez pertinemment la question pédagogique
des châtiments corporels. Cependant il ne me semble
pas avoir tiré, des sages principes qu'il pose, toutes
leurs conclusions. Car, en condamnant la colère dans
les coups donnés aux enfants, il ne va pas (du moins
en cet endroit des *Essais*) jusqu'à condamner expressément les coups eux-mêmes. Je crois qu'il faut
aller ici plus loin que Montaigne et proscrire de
l'éducation les coups, les verges et le fouet, non pas,
peut-être, *absolument* (s'il n'y a pas, dans la pédagogie,
qui est un art plutôt qu'une science, de règle sans
aucune exception), mais d'une manière générale et

presque absolue, qui ne comporte que des exceptions très particulières et très rares.

Le grand et incontestable principe, c'est que la colère nuit au but moral que doit se proposer l'exécuteur des *basses* œuvres. Si vous frappez étant en colère, dit excellemment Montaigne, « ce n'est plus correction, c'est vengeance. Le châtiment tient lieu de médecine aux enfants : souffririons-nous un médecin qui fût animé et courroucé contre son patient? » Le jugement ne demeure pas intègre et sain dans la colère. « Au travers de la passion, les fautes nous apparaissent plus grandes, comme les corps au travers d'un brouillard. » L'enfant battu par une personne irritée n'aura jamais le sentiment que sa punition est juste, parce que la discrétion et la mesure y feront défaut, parce qu'un pédagogue en fureur est un personnage terrible peut-être, mais grotesque certainement, qui perd toute considération et tout prestige.

Cela posé, conclurons-nous, avec plusieurs moralistes, qu'il faut laisser passer la colère, et ensuite frapper? Montaigne lui-même semble admettre la légitimité des corrections corporelles à froid. Il raconte l'histoire, assurément fort piquante, de ce philosophe grec qui présidait au châtiment d'un de ses esclaves.

Celui-ci injuriait son maître, lui reprochant avec violence de donner par sa conduite un démenti à ses écrits contre la colère. Mais le philosophe répondit : A quoi juges-tu, rustre, que je sois courroucé?

Ma figure, ma voix, ma couleur, ma parole, sont-elles d'un homme tant soit peu ému? « Je ne pense avoir ni les yeux effarouchés, ni le visage troublé, ni un cri effroyable. Rougis-je? escumé-je?... tres-saulx-je? frémis-je de courroux? Car ce sont là les vrais signes de la colère. » Puis, se tournant vers le serviteur qui tenait le fouet : Continuez toujours votre besogne, lui dit-il, pendant que cet homme et moi, nous discutons.

Le sage Locke autorisait l'usage du fouet pour la punition de certaines fautes d'obstination et de révolte, mais par l'intermédiaire d'un domestique.

On peut, je crois, admettre, sinon dans la pratique journalière et courante, du moins en doctrine, en théorie, à titre d'exécutions judiciaires en règle et dûment entourées de toutes les formes requises, certaines volées de coups de bâton à l'usage des adultes, châtiment qui offre le sensible avantage d'être expéditif, et que des natures à la fois robustes et grossières ont bien le droit de préférer, après tout, au long ennui de l'emprisonnement dans un cachot obscur. Mais, quand il s'agit d'enfants, créatures chétives et délicates, pouvez-vous con-cevoir des coups qui leur seraient froidement admi-nistrés, sans être en quelque sorte justifiés par un peu de colère? Il me semble que la brutalité, insé-parable du mal physique infligé au faible par le fort, devient ainsi beaucoup plus odieuse, et que, si elle peut être excusée jusqu'à un certain point, ce n'est qu'autant qu'un échauffement subit y rend impossible tout soupçon de cruauté préméditée et froide.

Il y a de petites colères qui sortent tout de suite, qui se satisfont et s'apaisent par l'application d'une taloche : elles peuvent être assez bonnes hygiéniquement et moralement, pour celui qui les éprouve comme pour celui qui en subit les effets; elles sont bien moins mauvaises en tout cas que ces grandes colères rentrées, dont Montaigne dit qu'en les cachant on les « incorpore », et qu'il vaut mieux laisser agir au dehors la pointe de nos passions que de la « plier contre nous ». « Quand je me courrouce, c'est le plus vivement, mais aussi le plus brièvement que je puis. »

Une preuve que la colère en soi n'est pas absolument mauvaise, c'est qu'on est quelquefois obligé de la simuler, d'enfler et de grossir sa voix, de rouler des yeux furibonds, quand on est naturellement flegmatique et trop peu inflammable. Comique le plus souvent, par la disproportion qu'elle offre avec sa cause, la colère peut être belle et tragique, quand elle a un sujet sérieux, et Dieu ne serait pas représenté dans la Bible sous la figure d'un père irrité, si cette image rapetissait l'idée du Père céleste.

Montaigne, qui se fâchait, à l'occasion, comme tout le monde, avait parfois besoin d'appeler à son aide une colère feinte. « Parfois il m'advient aussi de représenter le courroucé pour le règlement de ma maison, sans aucune vraie émotion. »

Un enfant a-t-il dit une impertinence, ou désobéi, ou fait du mal, par méchanceté, à un être plus faible que lui? vous pouvez, si votre colère est modérée, régler son compte sur-le-champ par un bon soufflet; mais ce ne sera jamais, en pédagogie, qu'une permission, une tolérance, subordonnées à cette condition essentielle que la colère soit petite et courte, qu'elle ne vous emporte pas et qu'elle reste sous le contrôle de la raison. Or, il serait trop imprudent de compter toujours que l'on conservera dans la colère un empire sur soi, qui est contradictoire avec la définition de cette passion; le maintien d'un juste équilibre est une prétention chimérique dans un état violent qui vous met hors de vous.

Montaigne a fait sur lui-même cette curieuse observation psychologique, que les fautes graves de ses valets l'irritaient moins que les petites, parce que la raison se trouve plus surprise par les menus accidents auxquels elle n'est pas préparée.

Mes valets ont meilleur marché de moi aux grandes occasions qu'aux petites. Les petites me surprennent; et le malheur veut que, depuis que vous êtes dans le précipice, il n'importe qui vous ait donné le branle : vous allez toujours jusques au fond. La chute se presse, s'émeut et se hâte d'elle-même. Aux grandes occasions cela me paie, qu'elles sont si justes, que chacun s'attend d'en voir naître une raisonnable colère; je me glorifie à tromper leur attente; je me bande et prépare contre elles.... Aisément je me garde d'y entrer, et suis assez fort, si je l'attends, pour repousser l'impulsion de cette passion, quelque violente cause qu'elle ait. Mais si elle me préoccupe et saisit une fois, elle m'emporte, quelque vaine cause qu'elle ait.

Aristote ayant dit que la colère sert parfois d'arme à la vertu et à la vaillance, Montaigne réplique spirituellement : Singulière arme, si c'en est une! « Nous remuons les autres, celle-ci nous remue; notre main ne la guide pas, c'est elle qui guide notre main ; elle nous tient, nous ne la tenons pas. »

La colère est donc, comme conclusion dernière, une arme très dangereuse qui n'est... *presque jamais* assez nécessaire pour qu'il ne vaille pas beaucoup mieux s'en interdire l'emploi absolument que d'en user avec maladresse, et les coups sont... *presque toujours* mauvais, qu'ils soient administrés à froid ou dans la passion, parce que la violence excite la violence, comme la rage la rage, parce que c'est une punition de bête, non d'homme libre, qui fait momentanément deux brutes, celui qui brutalise et celui qui est brutalisé.

Les châtiments corporels étant difficiles à justifier en bonne philosophie morale, une chose intéressante à observer, d'un point de vue purement ethnographique, c'est que tous les peuples n'ont pas à en faire usage la même répugnance et qu'il y a, à cet égard, des degrés dans la civilisation.

« J'ai vu, écrit Montaigne (I, 25), des hommes, des femmes et des enfants ainsi nés, qu'une bastonnade leur est moins qu'à moi une chiquenaude. »

De ces gens-là on n'en trouverait plus en France aujourd'hui; toutes les âmes y sont devenues fières,

toutes les épidermes [1] chatouilleuses; nous entendons désormais ce cri, non de la chair effrayée, mais
de l'orgueil en révolte, s'échapper de toutes les
bouches, même de celles des enfants, devant la main
levée pour frapper : Ne me touchez pas!

Mais il reste, de ceux dont parle Montaigne, dans
certains pays où le point d'honneur chevaleresque
paraît être moins susceptible que chez nous, et où
l'habitude des violents exercices physiques au grand
air a probablement fort endurci la peau. Ici, per-
mettez-moi de vous raconter une histoire.

J'avais l'honneur, il y a un peu plus d'un quart
de siècle (cette confidence ne me rajeunit pas),
d'enseigner la grammaire française au collége royal
Élisabeth de l'île de Guernesey. A mon entrée en
fonctions, le Principal, M. Corfe, remit en mes
mains une baguette flexible, appelée *cane* en anglais,
que je pris d'abord pour un jonc à battre les habits.
Non, mesdames; c'est ce qui est sous la veste et
sous la culotte que ce mince bâton était destiné à
fustiger. Avec mes idées françaises, j'avais résolu
de ne m'en point servir et de remplacer les corrections corporelles par d'autres punitions, moins
brutales, quoique non moins bêtes, telles que les
pensums et les retenues. Eh bien! il y eut une pro-
testation des pères de famille, messieurs, et des
enfants eux-mêmes, qui préféraient le procédé vif et
sain des coups sur les jambes et sur la région voi-

1. Substantif féminin, si l'on veut. « *La* simple épiderme »
(Molière).

sino, à notre immobilisation anti-hygiénique du corps
privé de sortie, d'air libre et de jeux fortifiants,
penché sur une machinale et stupide écriture.

Je fis donc consciencieusement mes efforts. « On
apprend à hurler, dit l'autre, avec les loups. » Il faut
savoir, quand on est à l'étranger, selon le conseil de
Montaigne, « se détourner et se couler à la façon »
des autres pays. « Que voulez-vous? chaque peuple
a ses usages », comme le faisait remarquer, en
manière de consolation, un matelot à une pauvre
veuve dont le mari avait été mangé par les Cafres.

Mieux valent d'ailleurs, à mon humble avis, les
petits règlements de compte immédiats et tout
chauds que le prétendu progrès réalisé au collège
Élisabeth quelques années après ma sortie de cet
établissement. Certains maîtres ayant probablement fait abus de la *cane*, le Principal ordonna que
désormais les coups mérités par les élèves, au lieu
d'être distribués séparément par chaque professeur,
seraient centralisés dans son cabinet et qu'il les
administrerait lui-même, tous à la fois et à la file, le
lundi, à partir de deux heures, devant le personnel
entier du collège convié régulièrement pour cette
solennité.

Ne trouvez-vous pas cette mise en scène et ces
exécutions à froid encore bien plus sauvages et
plus barbares que les bastonnades spontanées?

Après la douceur, premier caractère de la pédagogie de Montaigne, j'arrive à ce qui en est un

second caractère non moins intéressant : le respect de la vérité.

Montaigne assistait et même se mêlait aux jeux de sa fille. C'est sans doute en voyant Léonor jouer avec des enfants du voisinage qu'il formula dans son esprit et qu'il fit prévaloir dans sa maison le principe sévère et profondément juste, qui me semble l'idée la plus originale de sa pédagogie : la parfaite loyauté du jeu.

Lorsque de grandes personnes jouent par condescendance avec des enfants, elles ne perdent pas un instant de vue le caractère purement imitatif et fictif des amusements auxquels elles ont la bonté de prendre part. Le jeu n'est pour elles qu'un jeu dans toute la force du terme et dans toute l'insignifiance de la chose. Elles n'attachent aucune importance à ce qu'elles font, ne donnant à cette comédie que ce qu'il faut d'attention et de soin apparent pour faire semblant de s'y intéresser. Si, par exemple, on joue au jeu d'oie, une grande personne feindra d'être désolée de tomber dans le puits ; mais, au fond, elle en sera bien aise, parce que cet accident la délivre d'un amusement qui ne l'amuse pas beaucoup. Elle sera contente aussi de perdre, de faire gagner la partie à l'un de ses jeunes adversaires, et, pour arriver à ce but, elle se permettra même de tricher un peu, à condition que les enfants ne s'aperçoivent pas de la fraude : ce qui n'est pas extraordinairement difficile au jeu de l'oie renouvelé des Grecs.

Mais les enfants sont profondément sérieux dans leurs jeux. Ils y apportent de la passion, à la différence des études, où ils n'apportent le plus souvent que la distraction ennuyée d'une pensée qui est toute ailleurs. Un enfant à qui l'on demandait : Mon petit, que fais-tu à l'école? répondit avec une naïveté adorable : « J'attends qu'on sorte ». C'est bien cela. Ils n'ont d'autre souci que d'abréger et de finir, afin de voler à leur principale affaire, à leur grande et centrale fonction de la journée, celle où va leur pensée le matin en se levant, le soir en se couchant, et dont ils rêvent la nuit : leurs jeux.

Partant de cette observation, Montaigne estime, avec une profonde sagesse, que l'éducation morale de l'enfance doit se placer, dans la question des jeux, non au point de vue des grandes personnes, qui n'y voient qu'une feinte et une ombre, mais au point de vue des enfants eux-mêmes qui y voient la plus sérieuse des occupations, la plus réelle des réalités. Aucune sorte de tromperie n'y doit donc être tolérée, sous prétexte que la chose n'a point d'importance. L'enfant tricheur deviendra une femme menteuse, un homme faux. Vous dites : Il ne s'agit que de billes, la belle affaire! il n'aurait garde de voler des écus. Mais moi, je dis : Gare aux écus plus tard, si ce drôle est capable de chiper des billes !

C'est une très dangereuse institution, d'excuser ces vilaines inclinations par la faiblesse de l'âge et légèreté du sujet.... La laideur de la piperie ne dépend pas de la diffé-

rence des écus aux épingles, elle dépend de soi.... Il faut
apprendre soigneusement aux enfants de haïr les vices de
leur propre contexture, et leur en faut apprendre la naturelle difformité, à ce qu'ils les fuient non en leur action
seulement, mais surtout en leur cœur; que la pensée
même leur en soit odieuse, quelque masque qu'ils portent
(I, 22).

Parmi les jeux de famille auxquels Montaigne
participait, il en mentionne un qui sans doute
exerçait le savoir et l'esprit; mais j'avoue que je ne
vois pas trop quelle riche matière il pouvait offrir
à l'amusement :

Nous venons présentement de nous jouer chez moi, à
qui pourrait trouver plus de choses qui se tinssent par les
deux bouts extrêmes : comme, *Sire*; c'est un titre qui se
donne à la plus élevée personne de notre État, qui est le
roi; et se donne aussi au vulgaire, comme aux marchands,
et ne touche point ceux d'entre deux. Les femmes de qualité, on les nomme *dames*; les moyennes, damoiselles; et
dames encore, celles de la plus basse marche. Les *dais*
qu'on étend sur les tables ne sont permis qu'aux maisons
des princes, et aux tavernes.... Les Romains portaient
même accoutrement les jours de deuil et les jours de fête...
(I, 54).

Montaigne n'aimait pas le jeu des échecs, parce
que c'est moins un jeu qui délasse qu'une laborieuse
étude. « Je le hais et le fuis, de ce qu'il n'est pas
assez jeu, et qu'il nous ébat trop sérieusement, ayant
honte d'y fournir l'attention qui suffirait à quelque
bonne chose. » En fait de jeux de hasard, purs ou
mêlés d'adresse, il avait joué aux dés et aux cartes
avec sa fille et sa femme, avec d'autres personnes

aussi probablement; un jour, il y avait renoncé, pour une raison qu'on peut trouver singulière, mais qui est bien humaine : c'est que, en véritable enfant, il prenait le jeu assez au sérieux pour être fâché de perdre. « J'aimais autrefois les jeux hasardeux des cartes et dés : je m'en suis défait il y a longtemps, pour cela seulement que, quelque bonne mine que je fisse en ma perte, je ne laissais pas d'en avoir, au dedans, de la piqûre. »

J'aurais aimé que Montaigne poussât ici plus loin son analyse auto-psychologique et qu'il nous dît si « la piqûre » venait d'avoir simplement perdu au jeu, abstraction faite de la somme perdue, ou bien d'y avoir perdu de l'argent. Ce sont deux « piqûres » très différentes.

L'enjeu n'est nullement nécessaire, *quoi qu'on die,* ni à l'idée du jeu en lui-même, ni à l'émotion *sui generis* qu'il procure, et je suis fort étonné de l'accord unanime avec lequel, d'une part, les auteurs qui ont traité de la question, d'autre part, la pratique la plus répandue dans nos mœurs, proclament une prétendue nécessité qui, très certainement, n'existe point. Oh! sans doute, le surcroît d'émotion apporté par la somme engagée ajoute au jeu un intérêt considérable et quelquefois immense; c'est le maximum de l'espérance et de la crainte qui se trouve atteint quand il s'agit de toute la fortune du joueur, et de sa vie. J'ai vu, dit Alfred de Musset,

J'ai vu les paysans, fils de la Forêt Noire,
Leurs bâtons à la main, entrer dans ce réduit:

Je les ai vus penchés sur la bille d'ivoire,
Ayant à travers champs couru toute la nuit,
Fuyards désespérés de quelque honnête lit;

Je les ai vus debout, sous la lampe enfumée,
Avec leur veste rouge et leurs souliers boueux,
Tournant leurs grands chapeaux entre leurs doigts calleux,
Poser sous les râteaux la sueur d'une année,
Et là, muets d'horreur devant la Destinée,
Suivre des yeux leur pain qui courait devant eux !

Mais, à ce tableau si pathétique et si éloquent du poète, je pourrais opposer ce que j'ai vu moi aussi. J'ai vu, autour d'une table de dominos, quatre joueurs (dont j'étais) non seulement s'intéresser à la partie, mais s'y passionner, enrager d'avoir toujours le double-six, reprocher aigrement à leurs partenaires d'avoir fermé le jeu avec trente-huit points en main, faire briller dans leurs regards et frémir dans leur voix la convoitise, l'ambition, la jalousie, l'orgueil du triomphe, la soif de la vengeance, tous les vices hideux du cœur humain, et cependant il n'y avait d'engagé que l'honneur et la honte d'avoir gagné ou perdu aux dominos!

Il n'est donc point nécessaire, l'expérience le prouve, d'ajouter à l'intérêt de la partie l'intérêt d'un enjeu, et Pascal est positivement dans l'erreur quand il dit : Faites jouer un homme pour rien, il ne s'y échauffera pas et s'y ennuiera. Si les gros enjeux, en dénaturant d'ailleurs l'émotion du jeu, ont en soi une importance énorme qui fait qu'on les comprend trop bien, nos petits enjeux de 10 et de 50 centimes sont absurdes, parce qu'ils sont parfaitement inutiles.

Le plaisir des jeux de hasard naît simplement de la curiosité qui tient l'esprit suspendu dans l'attente d'une combinaison extraordinaire qui est toujours possible. Ces combinaisons merveilleuses rompent l'étroit réseau de nécessités logiquement enchaînées où notre liberté se débat dans le cours ordinaire des choses, comme un pauvre poisson pris au filet, et ouvrent à nos imaginations délivrées l'espace infini de l'espérance.

Vous demandez comment il est possible d'être assez sot pour se sentir vexé d'avoir perdu à un jeu de hasard, lorsqu'on n'est intéressé à la partie par aucun enjeu ? c'est, je pense, parce que le perdant se regarde comme une victime du sort et qu'il a, en petit, l'image des adversités de la fortune. Les personnes destinées à la folie des persécutions en ont alors une espèce d'avant-goût amer et s'écrient avec l'air fatal d'Oreste : Ces choses-là n'arrivent qu'à moi ! je suis né pour toutes les déveines.

Les jeux les plus parfaits sont, d'ailleurs, les jeux mixtes, où à la liberté aveugle du hasard s'ajoute la liberté intelligente de l'esprit, pouvant, soit corriger jusqu'à un certain point les disgrâces de la première, soit, au contraire, user maladroitement de ses faveurs. Les jeux les plus parfaits ne sont donc ni les simples jeux de hasard ni les purs jeux d'adresse ; et, au-dessus du stupide jeu de loto, comme au-dessus du jeu difficile de dames, où la victoire humilie sans consolation celui qui perd, doivent ainsi prendre rang dans notre hiérarchie le noble jeu de dominos, déjà nommé, et la plupart des jeux de cartes.

La jeune Léonor, que nous ne perdons point de vue, va maintenant nous acheminer à l'étude du troisième caractère de la pédagogie de Montaigne : une liberté un peu trop grande (c'est du moins mon avis et ce sera, je n'en doute pas, celui de toutes les mères de famille) laissée aux demoiselles dans leurs lectures.

L'auteur des *Essais* raconte, dans le succulent chapitre v du livre III, qu'il assistait un jour à une leçon de lecture de sa fille. Dans la page que Léonor lisait, empruntée, semble-t-il, à quelque traité de botanique, se trouvait un mot à double sens, prêtant à une indécente équivoque. Sa gouvernante l'arrêta court sur ce mot, et lui ôta le livre des mains. C'était idiot, puisque, sans cette pudeur intempestive, jamais Léonor n'eût pris garde à un vocable indifférent pour elle, et Montaigne a raison d'en faire la remarque. Cette pauvre femme était une de ces bégueules qui voient du mal partout et que Molière a si vertement lancées dans *la Critique de l'École des Femmes* par la bouche de la sage Uranie rapportant sur leur compte ce propos d'un laquais : « Elles sont plus chastes des oreilles que de tout le reste du corps ». *Omnia munda mundis*, aux âmes pures tout est pur.

Mais Montaigne nous conte aussi qu'un autre jour il surprit par hasard, à travers une porte, des propos de jeunes filles d'une liberté à faire rougir un singe, suivant la gracieuse expression d'Octave

Feuillet, et il en conclut un peu trop vite que les petites demoiselles n'ayant rien à apprendre, il vaut mieux leur dire tout, « leur faire de bonne heure connaître le vif plutôt que de le leur laisser deviner ».

Principe imprudent et léger, qui nous conduirait loin si nous le suivions jusqu'au bout! Il n'y a rien de tel, pour réfuter une doctrine, que de la réduire à l'absurde en allant jusqu'à l'extrémité de sa conséquence logique. La réfutation par l'absurde du paradoxe de Montaigne se trouve dans la page où Diderot, nature franche mais grossière, se vante d'avoir appris à sa fille un tas d'horreurs, sous prétexte de l'instruire philosophiquement des choses qu'elle eût bientôt devinées elle-même, mais qu'elle aurait mal sues et mal comprises.

Il est fort possible que les jeunes filles soient beaucoup moins naïves que notre naïveté ne le croit; mais, comme la candeur de l'ignorance est un de leurs charmes les plus précieux, il faut toujours leur faire l'honneur de supposer qu'elles possèdent ce charme, et c'est au moins une faute de goût de sembler admettre qu'elles puissent savoir les choses qu'elles doivent ignorer.

Il arrive souvent, dans le monde, qu'on pose à brûle-pourpoint cette question à un monsieur grave qu'on veut honorer : Ma fille peut-elle lire tel livre? aller à tel spectacle? suivre le cours de tel professeur, qui, sous prétexte de littérature, touche témérairement à des sujets scabreux? Répondez toujours *non*, sans hésiter; l'austérité de votre caractère en sera plus considérée; et puis, comment pourriez-vous réunir tous les éléments d'information qui seraient nécessaires pour répondre *oui* avec assurance? Aucun principe certain ne règle la matière; c'est la confusion même, c'est l'empire de l'arbitraire et des plus étranges conventions.

Ainsi, il est généralement convenu, dans notre société française, que la musique, par exemple, ou encore la renommée classique d'un chef-d'œuvre suffit pour tout purifier. C'est pourquoi on assistera, sans péril, à un opéra-comique des plus licencieux, comme *Esclarmonde*; mais si la même pièce était sans musique, on la tiendrait pour une abomination. Les vers passent déjà pour un peu moins inquiétants que la prose; chantés, ils deviennent tout à fait inoffensifs. « Les lieux communs de morale lubrique » sont-ils donc aujourd'hui plus fades, quand ils sont « réchauffés des sons de la musique » ?

Bossuet recommande comme une excellente école pour la jeunesse les comédies voluptueuses de Térence, consacrées par vingt siècles de gloire, sanctifiées par le latin, et il condamne Molière au feu éternel, comme un corrupteur des mœurs publiques, sans s'apercevoir de la contradiction.

La *Phèdre* de Racine nous offre une des situations les plus choquantes qui soient au théâtre, et l'idée même de la pièce est d'une impudeur si hardie que les nouveaux *naturalistes* ne peuvent se flatter d'être que de petits polissons à côté du grand; mais son caractère de chef-d'œuvre classique rend cette tra-

gédie irréprochable et propre à l'instruction morale
des garçons et des filles. De toute la jeunesse de
nos écoles, l'héroïne du poète peut dire ce qu'elle
dit d'Hippolyte :

Elle sait mes ardeurs insensées.
De l'austère pudeur les bornes sont passées.
J'ai déclaré ma honte aux yeux de mon vainqueur.

Il est vrai que voilà un profond repentir, traduit
dans une langue admirable, et que nos réalistes ne
nous ont accoutumés ni à tant d'éloquence ni à tant
de conscience. Je serais donc tenté de dire qu'on
peut tout risquer devant de jeunes oreilles, à la seule
condition que la pensée reste sérieuse et digne, le
style noble et pur, et qu'aucun vilain mot ne les
offense, si je ne considérais aussitôt qu'une parole
cynique fait moins de mal qu'un langage aux
tendres caresses, que les belles Madeleines repenties
ne sont pas les moins trempées de molles séductions
et que M. Bourget, pour les âmes innocentes, est
plus à craindre que M. Zola.

Concluons très nettement. Le conseil qu'ose
donner Montaigne de ne rien laisser ignorer aux
jeunes filles n'a pas le sens commun, et nous n'aurons garde de le suivre dans la voie trop large qu'il
nous ouvre; mais nous n'en marcherons pas pour
cela plus droit, et nous continuerons de piétiner à
l'aveugle, sans règle et sans raison, dans les sentiers
obliques des conventions ·bizarres, des préjugés
extravagants, de patauger dans la bourbe de la
contradiction et de l'absurdité.

IV (SUITE ET FIN)

II

L'éducation intellectuelle des femmes.

Montaigne a dit :

Nous et la théologie ne requérons pas beaucoup de science aux femmes.... François, duc de Bretagne, fils de Jean V, comme on lui parla de son mariage avec Isabeau, fille d'Écosse, et qu'on lui ajouta qu'elle avait été nourrie simplement et sans aucune instruction de lettres, répondit qu'il l'en aimait mieux, et qu'une femme était assez savante quand elle savait mettre différence entre la chemise et le pourpoint de son mari (1, 24).

Vous reconnaissez ici l'espèce de sagesse du bonhomme Chrysale, qui, en effet, se souvenait de Montaigne quand il disait à sa sœur et à sa femme :

Il n'est pas bien honnête, et pour beaucoup de causes,
Qu'une femme étudie et sache tant de choses.
Former aux bonnes mœurs l'esprit de ses enfants,
Faire aller son ménage, avoir l'œil sur ses gens,
Et régler la dépense avec économie
Doit être son étude et sa philosophie.
Nos pères sur ce point étaient gens bien sensés,
Qui disaient qu'une femme en sait toujours assez

Quand la capacité de son esprit se hausse
A connaître un pourpoint d'avec un haut de chausse.
Les leurs ne lisaient point, mais elles vivaient bien ;
Leurs ménages étaient tout leur docte entretien,
Et leurs livres un dé, du fil et des aiguilles,
Dont elles travaillaient au trousseau de leurs filles.

Montaigne a dit aussi :

Il ne faut qu'éveiller un peu et réchauffer les facultés qui sont dans les femmes. Quand je les vois attachées à la rhétorique, à la judiciaire, à la logique, et semblables drogueries si vaines et si inutiles à leur besoin, j'entre en crainte que les hommes qui le leur conseillent le fassent pour avoir loi de les régenter sous ce titre.... Avec leur science (naturelle), elles peuvent commander à la baguette et régenter les régents de l'école. Si toutefois il leur fâche de nous céder en quoi que ce soit, et veulent par curiosité avoir part aux livres, la poésie est un amusement propre à leur besoin.... Elles tireront aussi diverses commodités de l'histoire. En la philosophie, de la part qui sert à la vie, elles prendront les discours qui les dressent à juger de nos humeurs et conditions, à régler la témérité de leurs propres désirs, à ménager leur liberté, allonger les plaisirs de la vie, et à porter humainement l'inconstance d'un serviteur, la rudesse d'un mari et l'importunité des ans et des rides, et choses semblables. Voilà, pour le plus, la part que je leur assignerais aux sciences (III, 1).

Ici, ce n'est plus Chrysale ; c'est Clitandre, disant à Henriette :

Je respecte beaucoup madame votre mère,
Mais je ne puis du tout approuver sa chimère....
Et les femmes docteurs ne sont point de mon goût.
Je consens qu'une femme ait des clartés de tout ;
Mais je ne lui veux point la passion choquante
De se rendre savante afin d'être savante.

Enfin, voici sur l'éducation intellectuelle des femmes une troisième doctrine, dont ni Montaigne ni Molière n'ont eu l'idée, la vanité ridicule d'un savoir pédantesque n'ayant rien de commun avec la noble ambition d'une science sérieuse.

La femme, comme ont fini par le découvrir en notre siècle de grands philosophes, tels que Stuart Mill, est une personne humaine, au même titre que l'homme; elle a donc des devoirs et des droits égaux aux nôtres. Au premier rang de ces devoirs et de ces droits figure celui de développer par l'étude toutes ses facultés, d'atteindre, par l'instruction et par la culture, le plus haut degré de perfection où il soit possible à la nature humaine d'aspirer. Il faut qu'elle s'instruise et qu'elle se forme, non pas *en vue d'un autre*, c'est-à-dire, pour mettre les points sur les i, non en vue du mari et des enfants qu'elle peut avoir, qu'elle espère avoir, mais *à cause d'elle-même*. Sa loi est de viser à l'idéal que toute créature intelligente doit se proposer pour objet, indépendamment des conditions particulières que créent le mariage et la famille, et n'y eût-il au monde aucun homme.

Voilà donc, en matière de pédagogie féminine, trois doctrines bien distinctes qui épuisent et résument toutes les opinions qu'on peut avoir sur ce grand sujet.

Ne rejetons pas tout d'abord, sans en rien retenir, celle du bonhomme Chrysale. Elle a du bon. Ce n'est pas peu de chose que de savoir faire aller le ménage, surveiller les domestiques et « régler la dépense avec économie ».

La plus utile et honorable science et occupation à une mère de famille, a dit Montaigne, c'est la science du ménage.... C'est sa maîtresse qualité, et qu'on doit chercher en mariage avant toute autre.... Selon que l'expérience m'en a appris, je requiers d'une femme mariée, au-dessus de toute autre vertu, la vertu économique (III, 9).

Et ce n'est pas peu de chose que de savoir manier habilement l'aiguille. « Qu'on ne me parle pas, s'écriait dans la chaire sacrée un éloquent prédicateur, d'une fille qui sait enlever tous les suffrages dans un concert et qui ne sait pas tenir une aiguille ni se rendre utile dans une maison! » Le charme poétique d'une jeune fille qui raccommode des bas, qui trempe ses blanches mains dans la pâte d'un gros pudding anglais ou de nos crêpes légères à la mode de France, ne peut être méconnu que par les pédants trois fois sots comme Trissotin. C'est dans l'emploi de ménagère faisant des tartines et les distribuant aux enfants dont elle avait la garde, que Charlotte est apparue à Werther, foudroyé d'admiration et d'amour par ce ravissant spectacle.

La culture moyenne que Montaigne offre aux femmes, les « clartés de tout » que Clitandre leur demande ou plutôt leur concède, se justifient aussi par de bonnes raisons. Évidemment, il est bon qu'une jeune fille ait des *clartés* de *tout*, c'est-à-dire des aperçus généraux sur les parties diverses de la science, pour sa propre gouverne et parce qu'elle ignore à quelle profession appartiendra son mari.

Si elle épouse un commerçant, il lui sera précieux d'avoir, sur la comptabilité et la tenue des livres, sur les lois économiques et sur la géographie, certaines notions qui la rendront apte à s'intéresser par l'intelligence aux affaires de la maison et, au besoin, à y apporter ses conseils et ses lumières. Si elle épouse un médecin, elle ne sera pas fâchée d'avoir suivi, dans quelque maison de santé, un cours d'hygiène et de petite chirurgie à l'usage des femmes. Si elle épouse un homme de lettres, elle sera bien aise d'en savoir un peu plus long que M. Jourdain sur la différence des vers et de la prose; l'étude de l'histoire, de la poésie, de la morale, conseillée par Montaigne, lui sera fort utile pour que son mari trouve en elle un critique un peu plus compétent que la pauvre servante de Molière, qui ne savait pas lire.

Il est superflu de multiplier les exemples. Pour la même raison que l'épouse, la mère de famille doit souhaiter d'avoir reçu une culture générale; car elle pourra, si elle a des clartés de tout, diriger les études de ses jeunes enfants; elle ne le pourra pas, si ces clartés lui font défaut.

Ce sont là des vérités de sens commun, que nous pouvons admettre sans nulle résistance, mais sans faire le moindre pas décisif dans la question, étrangement compliquée, amplifiée et grossie depuis Montaigne et depuis Molière, de l'éducation intellectuelle des filles.

Je me figure une femme, partisan de l'émancipation absolue du sexe, invitée à juger les doctrines de Chrysale et de Clitandre. Au bon sens épais du

bonhomme Chrysale elle ne daignerait pas même
accorder l'honneur d'un examen ni d'une réponse ;
mais la sagesse superficielle de l'élégant Clitandre
aurait le pouvoir de l'exaspérer, et voici, à peu près,
ce que la colère lui ferait dire :

« Vous êtes bien bon, ô Clitandre ! Vous permettez
aux femmes de s'instruire un peu. Grand merci de la
permission. Vous *consentez* : c'est sublime ! Ainsi,
c'est par la condescendance de l'homme que la femme
saura quelque petite chose ? Mais, monsieur, pour un
être humain doué, comme vous, de raison (car je
suppose que vous ne refusez aux femmes ni la raison
ni l'humanité), s'instruire n'est pas une tolérance,
une autorisation, une faveur ; c'est une obligation
sacrée. Avec votre orgueil naïf de maître et de roi de
la création, avec votre vanité de jeune premier qui
dit en frisant ses moustaches :

> Du côté de la barbe est la toute-puissance,

avec un excès de prétention qui serait la plus ridicule
des fatuités, si ce n'était pas la plus intolérable des
tyrannies, vous vous imaginez que nous ne saurions
avoir d'autre but ni d'autre rêve au monde que de
vous épouser ! C'est un peu fort. Mais, mon ami, si
par hasard nous ne voulions pas de vous, aurions-
nous donc manqué notre vocation ?

« Songez combien la plupart d'entre nous sont
malheureuses. L'homme est si matériel qu'il ne
poursuit, dans le mariage, que la dot : hélas, nous
ne sommes pas toutes riches ! Il est si superficiel

qu'il se laisse prendre par les avantages extérieurs, oubliant que

> La beauté du visage est un frêle ornement,
> Une fleur passagère, un éclat d'un moment,
> Et qui n'est attaché qu'à la simple épiderme....

Hélas, nous ne sommes pas toutes jolies! Nous pouvons donc avoir, soit par un choix libre et volontaire, soit par la disgrâce de notre destinée, autre chose à faire en ce monde que de vous aider à tenir vos livres de compte ou à corriger vos épreuves d'imprimerie, après avoir seriné à des morveux d'enfants leur leçon du lendemain.

« Nous avons besoin, nous aussi, de vivre. Dans la grande lutte pour l'existence, nous ne sommes pas de simples cantinières ou des gardes-malades à votre service; nous sommes des guerrières, et nous combattons. Sera-ce seulement pour vous être utiles qu'on nous donnera des outils et des armes?

« Autrefois, on faisait de nous de purs jouets, toujours à votre usage. On nous enseignait ce qu'on appelait les *arts d'agrément* : à chanter, à danser; ce qui, avec un peu d'anglais, de religion et de piano, constituait le cycle entier de l'instruction d'une femme, l'alpha et l'oméga de ses moyens de plaire et de ses talents de société, et Swift nous raillait en ces termes :

> Quand je réfléchis à cela, je ne puis pas, ô femmes ! vous considérer comme des créatures humaines; mais je suis forcé de voir en vous une espèce d'animal élevé à peine d'un degré au-dessus du singe. Et le singe sait bien plus

de tours que vous; il est plus amusant, moins malfaisant
et moins coûteux; je crois qu'il serait un critique passable
en matière de velours et de brocarts, et, autant que j'en
puis juger, cette parure lui siérait comme à vous.

« C'est pour nous une humiliation à peine moins
dégradante, maintenant qu'on veut bien instruire
un peu plus sérieusement les femmes, de subor-
donner toujours notre instruction au point de vue
du mariage et de la famille. Tout ce que le mot
liberté, pour une créature humaine, a de réel ou
d'illusoire, nous le revendiquons; si nous dépendons
de la société qui nous entoure, comme tout individu civilisé, c'est par un lien immédiat et direct
d'elle à nous, ce n'est point par l'intermédiaire d'un
mari, que, encore une fois, nous ne sommes pas sûres
de rencontrer, et dont nous pouvons nous passer
parfaitement, si nous n'en trouvons pas qui soit
digne de nous, ou si nous préférons au joug du
mariage notre chère liberté.

« L'insolent despotisme de l'homme ne s'étale
nulle part avec plus d'effronterie que dans les hypo-
crites consolations qu'il tient en réserve pour la
vieille fille. — Vous n'aurez pas manqué votre vie,
ma sœur, murmure-t-il tendrement à son oreille, si,
dans l'état solitaire auquel le bon Dieu vous condamne, vous restez fidèle à votre vocation, qui est
toujours de servir l'humanité. Désormais vous pouvez exercer la plus noble fonction qui soit sur la
terre : celle de sœur de charité. Allez donc et visitez
les pauvres, les malades, les prisonniers; soyez

l'ange béni de tous les misérables. — As-tu fini ton homélie, faux bonhomme? Oui, faisons la charité; mais pourquoi la vieille fille plus que le vieux garçon?

« Ainsi, pendant que l'un, enveloppé dans une robe de chambre bien chaude, les pieds sur les chenets, lira son journal en fumant des cigares exquis, l'autre, la vieille demoiselle, par le vent et le froid, par la pluie ou la neige, entrera dans tous les réduits de la misère, pour racheter, à force d'activité utile et de dévouement, l'opprobre de n'être point mariée! Et la société trouve cela juste! Elle honore le célibataire mâle qui n'est bon à rien! Quant à la pauvre fille, elle met à sa charge le soin des malheureux; et si la chère créature rêve aussi de se faire une petite existence à son idée, si elle s'enferme dans son boudoir, cherchant dans l'innocente affection de sa chatte ou de sa perruche une consolation mélancolique à ses peines de cœur, le triste amusement de quelque amour trompé, le monde cruel la raille; il siffle sous sa fenêtre des vers méchants qui sont aussi de fort méchants vers, ayant été commis, dit-on, par Vadius, le mauvais poète, un soir qu'il voulait se venger d'avoir fait à la fois une inutile cour à la beauté acide de la froide Armande et une cour officielle aux appas desséchés de sa tante Bélise, la vieille folle :

Je n'aime pas l'herbe stérile
Qui croît dans un champ de haut prix,
Nourrissant son corps inutile
Du suc de la terre fertile
Et volant leur sève aux épis;

Je n'aime pas l'orfraie affreuse
Ni la pie au bruyant caquet,
Qui de sa voix malencontreuse
Trouble la chanson amoureuse
Des rossignols dans la forêt;

Je n'aime pas les araignées,
Hideuses bêtes aux longs bras,
D'ombre et de haine accompagnées,
Qui dans leurs toiles rechignées
Préparent leurs maigres repas;

Je n'aime pas l'air vénérable
Du prudent et grave pingouin,
Et je trouve désagréable
L'aspect sans doute respectable
D'un balai debout dans un coin;

Mais rien ne me paraît plus triste,
O jeunes filles! que l'état
D'une créature égoïste
Qui vieillit seule et qui n'existe
Que pour elle-même et son chat. »

J'ai opposé, sur l'éducation intellectuelle des femmes, trois doctrines, une de juste milieu et deux doctrines extrêmes, et je me suis fait, pour un instant, l'avocat si consciencieux et si convaincu en apparence de l'émancipation du sexe féminin, que me voilà presque embarrassé de répondre à ma trop spécieuse plaidoirie. Aussi bien n'ai-je pas le dessein d'en faire une réfutation en bonne forme ni de traiter à fond la question; mais, estimant que le « mouvement féministe », comme on l'appelle aujourd'hui, si ardent depuis quelques années aux États-Unis, en Angleterre et ailleurs, s'appuie sur des raisons qui ne sont pas toutes sans réplique, je voudrais seulement proposer de simples questions, des doutes modestes, de timides réserves, afin d'attirer sur certaines difficultés du problème la réflexion des personnes plus habiles que moi qui se sentiront de force à clore le débat par une conclusion en règle.

Nous remarquions, dans notre première étude sur la fille de Montaigne, à propos de la question beaucoup moins ardue des châtiments corporels pour les enfants, que de bons esprits avaient hésité à condamner l'emploi des verges, parce que certains textes de la Bible semblent en autoriser et en approuver l'usage, et nous osions dire que c'était là un étrange abus de l'Écriture sainte. La Parole de Dieu nous a révélé aussi la pensée du Créateur sur la femme; mais ici il n'est plus possible d'écarter, avec un geste respectueux, sa divine autorité; car il ne s'agit point d'un détail plus ou moins bizarre qu'on peut aisément mettre sur le compte de quelque particularité historique et locale; il s'agit de la base même et de tout l'édifice de la théologie.

Bossuet dit, dans ses *Élévations sur les Mystères* (cinquième semaine, deuxième élévation) :

> Dieu tire la femme de l'homme même, et la forme d'une côte superflue qu'il lui avait mise exprès dans le côté.... Les femmes n'ont qu'à se souvenir de leur origine, et, sans trop vanter leur délicatesse, songer, après tout, qu'*elles viennent d'un os surnuméraire* où il n'y avait de beauté que celle que Dieu y voulut mettre.

Quand on part de ces notions-là d'histoire naturelle, la doctrine de la subordination du sexe faible au sexe fort s'ensuit comme une conséquence

logique. Saint Paul écrit : « L'homme est l'image
et la gloire de Dieu, mais la femme est la gloire de
l'homme; car l'homme n'a pas été créé pour la
femme, mais la femme pour l'homme ». Solidement
appuyé sur la double autorité de la Genèse et de
saint Paul, un grand prédicateur protestant qui,
dans ses plus beaux discours, a élevé l'éloquence de
la chaire à une hauteur qu'elle a rarement atteinte et
qui ne sera point surpassée, Adolphe Monod, prononce, sur *la Vie* et sur *la Mission de la Femme*,
deux sermons admirables où il définit ainsi son rôle
dans la société et dans la famille : « Une vocation
de *charité à l'égard de l'homme*, dans une position
d'*humilité auprès de l'homme* ».

Montaigne n'a donc point tort, dans le passage
des *Essais* que je citais au début de cet entretien, de
présenter la théologie comme chiche et peu galante
en ce qui touche les droits du beau sexe. Je ne dis
pas qu'il soit déraisonnable de préférer l'anthropo-
logie de Buffon ou de Darwin à celle de Moïse; mais
je dis que lorsqu'on fait bon marché du dogme
de la création humaine, on s'inscrit en faux contre
la Révélation, on est un *infidèle*; et il ne suffit peut-
être pas, pour se tirer d'affaire, de la spirituelle
explication par laquelle Mlle de Gournay, la fille
adoptive de Montaigne, dans son opuscule sur
l'*Égalité des hommes et des femmes*, essaie de mettre
la Bible d'accord avec ses sentiments de haute
estime pour ses charmantes et adorables sœurs.
L'apôtre saint Paul ayant défendu aux filles d'Ève

de parler et d'enseigner en public, la vaillante demoiselle ergote en ces termes :

Si saint Paul défend aux femmes le ministère et leur
commande le silence en l'Église, il est évident que ce n'est
point par aucun mépris; oui bien seulement, de crainte
qu'elles n'émeuvent les tentations par cette montre si claire
et si publique qu'il faudrait faire, en ministrant et en prê-
chant, *de ce qu'elles ont de grâce et de beauté plus que les
hommes.*

Cela est piquant; mais je crois que la vérité, à la
fois humaine et divine, n'est point dans cette bonne
plaisanterie et qu'elle se trouve bien plutôt dans une
pensée suave de Lamennais : « La femme est une
fleur qui ne donne son parfum qu'à l'ombre »; ou
dans une remarque très profonde de Blaze de Bury :
« Qui dit état, condition, profession, dit quelque
chose de borné, de mesquin, de nécessairement ridicule à un jour donné. *Les femmes doivent la moitié de
leur beauté et de leur charme à ce que leur sexe n'a
point d'état* »; ou, enfin, dans la sublime épitaphe
de la femme antique, idéal des Romains : « Elle
garda la maison, elle fila de la laine. J'ai dit. Adieu,
passant. »

Si la théologie contredit souvent la nature et ce
que nous appelons la raison, il lui arrive quelquefois
d'être d'accord avec elles et d'habiller seulement
d'images plus ou moins hétéroclites les leçons de
l'expérience. Je faisais, dans une précédente causerie, cette remarque, pour laquelle je ne réclame
pas un prix d'originalité : c'est que l'homme, sans

la femme, est incomplet. A plus forte raison, la femme est incomplète sans l'homme. Il est naturel et raisonnable de regarder toujours le célibat comme l'exception, le mariage comme la règle, et l'on ne doit point mettre au premier rang des soucis fémi-nins, dans la question de l'éducation intellectuelle du sexe, la triste nécessité qui peut parfois s'offrir d'épouser cette laide chose, plus vilaine encore qu'un mari, qui s'appelle une profession, un métier, à moins qu'on ne considère comme normal un état dont la funeste suite, s'il se généralisait, serait l'abolition du mariage et de la famille.

Il y a une vérité tellement primordiale qu'elle domine toute la question, et tellement évidente qu'on l'oublie, l'œil humain n'apercevant plus ce qui l'inonde de trop de lumière : c'est que la femme est destinée par la nature à certaines fonctions augustes, qui nécessairement impliquent une adaptation par-ticulière des moyens et de la fin. Supposer qu'à des fonctions spéciales ne correspondent pas des facultés spéciales propres à les remplir, ce serait, comme l'a dit Herbert Spencer avec force, un fait unique dans toute l'histoire de la nature. Prétendre que la femme, si différente de l'homme par son physique et par sa destinée, doive recevoir une édu-cation essentiellement masculine, et que les filles puissent être bien élevées en l'étant, à peu de chose près, comme les garçons, c'est donc, *a priori*, une absurdité.

L'humble sphère que nous assignons à la femme, dit avec autant de sagesse que de noblesse Adolphe Monod, n'est-ce pas celle pour laquelle tout son être est prédisposé et comme taillé d'avance? Cette conformation plus déliée, mais plus frêle, ce battement plus rapide de son cœur, cette sensibilité plus vive de ses nerfs, cette délicatesse de ses organes, et jusqu'à cette finesse de ses traits, tout fait d'elle, selon l'expression de saint Pierre,« un vaisseau plus fragile », et la rend constitutionnellement impropre aux soins permanents et inflexibles, aux affaires de l'État, aux veilles du cabinet, à tout ce qui donne du renom dans le monde.

Selon Spencer, cité par Guyau[1], des divers éléments qui se combinent dans le cœur de l'homme pour produire l'émotion complexe qu'on appelle *amour*, les plus puissants sont « ceux qui naissent des avantages extérieurs »; en seconde ligne, viennent « ceux que fournissent les qualités morales »; *les plus faibles* sont ceux qui sont produits par « les attraits intellectuels », et ceux-ci dépendent moins de l'instruction acquise que des facultés naturelles, telles que la vivacité d'esprit, la finesse, la pénétration, etc. Si cette curieuse analyse est exacte (et tous mes instincts me disent qu'elle est vraie), concluons qu'une demoiselle n'augmentera point ses chances de remplir la première loi de sa destinée et de se marier, si elle a remporté au lycée de jeunes filles le prix de « physiologie animale[2] », ou si elle est

1. *Éducation et hérédité*, p. 196.
2. « C'est la fille de France qui connaît le mieux le corps humain », disait à la duchesse du Maine l'anatomiste Duverney voulant louer les mérites de Mlle Delaunay.

capable de réciter sans broncher, comme s'exprime
avec orgueil un père de Labiche, « tous les rois de
France qui ont eu lieu ».

Je laisse de côté maintenant l'élément physiolo-
gique de la question, dont il suffit d'indiquer en deux
mots l'incommensurable importance : les généra
tions affaiblies et la natalité diminuée par l'excès de
l'usure cérébrale; les jeunes gens plus sensibles aux
grâces naturelles, aux joues fraîches, aux beaux
yeux, qu'à toute l'érudition des *lauréates* du pal-
marès.... Je reviens, pour m'y retrancher, aux considérations de l'ordre purement spirituel.

Le grand élan qui pousse aujourd'hui vers les
études tous les hommes et toutes les femmes, qui
nous fait multiplier les écoles, universaliser l'instruction rendue gratuite et obligatoire, suppose l'évidence d'une vérité qui, loin d'être évidente, aurait
besoin d'abord d'être démontrée : c'est que l'instruction est un bien.

Vraiment, on peut en douter. Je pense, avec Montaigne, que la santé est un bien naturel et divin, un
bien *en elle-même*, malgré l'affirmation contraire de
Pascal. Mais la richesse est-elle un bien? Non. Pas
absolument. Cela dépend de l'usage qu'on en fait.
N'en serait-il pas de même de l'instruction? Elle ne
paraît être un bien, ni en soi, ni pour tout le monde.

Elle ne rend pas l'homme meilleur, elle ne le rend
pas plus heureux. Il y a plus : en augmentant son
savoir, elle n'augmente pas de ce fait son talent
ni son esprit. Il peut même arriver qu'une organisa-

tion trop forte des études paralyse toute production
originale. N'est-ce pas ce que nous voyons en Chine,
où de la cuisine la plus active d'examens et de concours, de la fabrique de docteurs la plus florissante
qui soit au monde, résulte ce pot, le mandarin, qui
est sans doute un grand savant, mais qui est un
parfait imbécile?

Dans l'ancienne Athènes, au contraire, l'éducation publique de l'intelligence (je ne parle pas du
libre enseignement des philosophes) était, paraît-il,
presque aussi nulle qu'à Sparte : avez-vous entendu
dire que les Athéniens fussent des sots, ou que les
génies aient été rares parmi eux? Dans la moderne
Angleterre aussi l'organisation relativement faible
des études, bien loin d'empêcher, favorise l'éclo-
sion des talents originaux. Mais notre France uni-
versitaire, avec son luxe de programmes et de ré-
formes, avec ses baccalauréats innombrables, avec
ses licences et ses agrégations multipliées, divisées,
subdivisées, avec son étalage prestigieux d'instruction publique, primaire, secondaire et supérieure,
passant au crible des examens et des concours tout
ce qu'elle a de forces vives et libres, notre pauvre et
brave France s'applique consciencieusement à faire
ce qu'il faut pour ressembler de plus en plus à la
Chine plutôt qu'à l'Athènes de Platon.

Bienfait problématique en soi, l'instruction est-
elle désirable pour tout le monde indistinctement?
Est-elle bonne pour les paysans, qui n'en ont pas
besoin pour cultiver la terre, et chez qui elle éveille

l'attrait des grandes villes, au sérieux préjudice de
la campagne? Est-elle bonne pour les ouvriers, qui
ne peuvent naturellement saisir que des demi-lueurs,
beaucoup plus dangereuses que la nuit noire de
l'ignorance? Est-elle bonne pour les cuisinières, qui
laissent brûler le rôti de Chrysale en lisant le feuil-
leton de la *Petite Gironde* ou en écrivant à leurs
amoureux?... J'interroge; je n'affirme rien; car,
vraiment, je ne sais. La question est pleine de profondeurs redoutables. Quand l'instruction a fait du
mal, qui peut le réparer? c'est plus d'instruction. Il
en est comme des visites chez le dentiste, où l'on
pourrait n'aller jamais, mais où il faut retourner
toute sa vie quand on a commencé une fois.

Et surtout, ce qu'il y a de plus sérieux, c'est que
l'instruction se présente avec le caractère sacré d'un
droit, d'un devoir même, pour l'homme et pour la
femme. Dès lors, comment la refuser à qui que ce
soit?« Nos facultés doivent être développées à cause
de leur propre dignité, et non pas en vue seulement
de leur application extérieure », a dit je ne sais qui,
Channing ou Laboulaye; « l'homme doit être instruit parce qu'il est homme ». Or, *l'homme*, « terme
générique embrassant la femme », l'homme c'est la
femme aussi. Rien, dans l'œuvre entière de Renan,
n'est d'une beauté plus grave que cette sublime
pensée :

Oui, je l'avoue, les simples sont les plus heureux; est-ce
une raison pour ne pas s'élever? Oui, ces pauvres gens
seront plus malheureux quand leurs yeux seront ouverts.

Mais il ne s'agit pas d'être heureux, il s'agit d'être parfait. *Ils ont droit comme les autres à la noble souffrance....* Si la culture intellectuelle n'était qu'une jouissance, il ne faudrait pas trouver mauvais que plusieurs n'y eussent point de part, car l'homme n'a pas droit à la jouissance. Mais du moment où elle est une religion, et la religion la plus parfaite, il devient barbare d'en priver une seule âme [1].

Disons, sans crainte de nous tromper, que l'instruction est un bien infiniment précieux pour le sage, qui sait s'en servir et la corriger par elle-même, mais qu'elle peut être un mal et un très grand mal pour tous les êtres faibles, qu'elle accable par le poids et blesse avec le tranchant ou la pointe des armes qu'elle met entre leurs mains. Les jeunes filles, pour toutes sortes de raisons manifestes, doivent, moins que personne, manier sans discrétion un outil si dangereux. Les inconvénients divers que notre système d'études a pour les garçons, l'internat, les programmes, les examens, les concours, sont doublés ou triplés pour les filles, précisément à cause de leur facilité d'assimilation plus grande et plus prompte, de leur pouvoir moindre de réaction.

Le meilleur argument en faveur soit des lycées de filles, soit de la préparation des jeunes personnes aux brevets de capacité, c'est que, dans les conditions ordinaires de notre vie bourgeoise, il n'existe pas d'autre moyen de leur faire apprendre quelque chose. On ne travaille avec énergie et persévérance que pour atteindre un certain résultat tangible. Des

1. *L'Avenir de la science*, p. 324.

études si noblement aristocratiques que non seulement elles seraient entreprises et poursuivies sans aucune préoccupation de vie à gagner, de place à conquérir, mais qu'elles écarteraient avec dédain la récompense matérielle des prix et des diplômes, ne se rencontrent plus dans notre société qu'à l'état de rarissime exception. Si l'on pouvait espérer pour les jeunes filles une sérieuse éducation intellectuelle au foyer domestique, oh! c'est bien celle-là qui serait préférable à tout; malheureusement elles n'y reçoivent qu'une éducation de poupée savante ou, comme Swift s'exprimait, de singe.

J'appelle *poupée savante* une demoiselle qui sait autant d'arts d'agrément qu'on voudra, qui possède même plusieurs langues étrangères et diverses notions techniques, mais qui a eu l'esprit si peu développé par la culture des idées générales, des grands faits historiques et des belles formes littéraires, que, devenue épouse et mère, elle reste incapable toute sa vie de lire autre chose que des romans.

Je suis d'autant plus à mon aise pour parler ici de poupées, que, par le seul fait de leur présence à ces causeries, aucune des demoiselles ni des dames qui me font l'honneur de m'écouter ne peut prendre pour elle ce que je dis. Mais comptez, mesdames, parmi vos amies, celles qui ne lisent que des romans, qui n'ont pas même l'idée que, dans la revue que le courrier leur apporte, il puisse y avoir autre chose pour elles que le roman en cours de publication!... Décidément, il faudra que j'écrive un roman. C'est le seul travail de la plume qui soit rémunérateur; c'est un si joli métier, puisque les dames l'encouragent, et si facile ! à en juger par la dégoûtante abondance de cette marchandise littéraire, comparée à toutes les autres. Seulement, je craindrais de m'ennuyer; car il faudrait peut-être raconter une histoire, faire agir et parler des personnages, *décrire*, ô ennui des ennuis! et dans les livres qu'on fait, comme dans ceux qu'on lit, je ne sais rien de plus amusant que les idées, je n'imagine pas de conte plus agréable à lire ou à écrire que les *Essais de Montaigne*.

Il est difficile d'apporter continuellement dans le langage une propriété rigoureuse de termes; mais on doit toujours s'y appliquer, et de temps en temps c'est rendre un service vital à la pensée comme au style, de soigneusement définir et distinguer des mots que l'abus a faits synonymes. L'*instruction* et la *culture* ne sont pas précisément la même chose. La définition de ces termes est très utile ici, car elle jette une vive lumière sur l'éducation idéale des filles comparée à celle des garçons.

Non, la culture générale n'est point la même chose que l'instruction variée qu'on acquiert en parcourant le cercle d'un programme d'examens; or, la culture générale, très nécessaire à tous les hommes de condition libre, mais insuffisante pour eux, suffit à la plupart des femmes. Dans sa lettre au pasteur Gindroz [1], Alexandre Vinet dit avec une justesse

1. En tête du tome III de la Chrestomathie.

admirable : « La science enseigne, instruit; mais il n'y a que la littérature qui cultive ».

Une terre cultivée, ornée de fleurs, chargée de fruits délicieux, est la classique image d'un esprit cultivé, par opposition à des landes incultes, hérissées de chardons. La science, à elle seule, ne donne pas la culture; il n'est point rare de se heurter, dans les relations de la vie sociale, à de grands mathématiciens, à de grands chimistes, polis et gracieux comme des buissons d'épines. Qui de nous autres, bons humanistes, ne s'est égratigné plus ou moins à leur rude contact? Oh! la méchante bête et la laide chose qu'un pur savant! Les belles-lettres, les humanités, *humaniores litterae*, comme disaient les Latins : voilà l'influence douce qui civilise le monde.

Quant à l'*instruction*, il est conforme à l'étymologie de ce mot de nous la figurer sous l'aspect d'un équipement, d'une armure. Elle pourvoit l'homme de munitions pour le combat de la vie. Tous ceux qui, dans la concurrence vitale, ont une lutte à soutenir, ont besoin d'une forte instruction qui peut, d'ailleurs, ne faire d'eux que des barbares, si la *culture* ne les humanise en même temps. Ne voyons-nous pas aujourd'hui des brutes à face humaine, très savantes en chimie, mais incultes et sauvages, s'armer de leur science, en vraies ennemies du genre humain, contre l'homme, contre la société, contre la civilisation?

La plupart des jeunes filles ont-elles vraiment

besoin d'une instruction précise qui les munisse et les approvisionne très fortement sur certains points? ne peuvent-elles se contenter d'une culture générale propre à donner à leur esprit les qualités à la fois charmantes et solides des personnes dont on dit, quoiqu'elles n'aient peut-être approfondi aucune science, qu'elles ont reçu une excellente éducation? Oh! je n'ignore pas que rien n'est plus digne d'intérêt que les pauvres filles, disgraciées de la fortune, de la nature aussi, qui sont forcées de prendre un métier. Seulement, je voudrais qu'elles ne se fissent pas toutes institutrices. Un étrange vertige pousse aujourd'hui trop d'hommes et surtout trop de femmes dans la carrière du professorat, afin d'y former de nouveaux professeurs qui en formeront d'autres à leur tour; si bien que, tout le monde apprenant pour enseigner, il n'y a plus dans nos écoles que des maîtres et des maîtresses en activité ou en formation, et notre enseignement public ressemble à un grand serpent roulé sur lui-même qui dévore sa queue. C'est un effet de l'imitation chinoise, un pas vers l'idéal du mandarinat. Le 1er janvier 1887, il y avait en France 12741 jeunes filles aspirant aux fonctions d'institutrices; à Paris, 60 places seulement pouvaient être offertes à 4174 postulantes de la ville et de la banlieue. Et le mal n'a fait que croître et embellir depuis sept ans.

La même concurrence de deux cent soixante-dix-huit braves chiens autour d'une seule niche et d'une seule écuelle, existe chez les hommes.

Il semble qu'une corde tendue à ce point va nécessairement casser net, et que nous sommes à la veille d'une révolution de tout notre système d'études. Elle se fera, espérons-le, dans le sens d'un retour à l'ancienne culture générale et d'une réaction contre les excès de la moderne instruction encyclopédique, dont l'impossibilité et l'inutilité sont surabondamment démontrées. Le cercle des connaissances qu'il faudrait acquérir pour être universellement instruit étant devenu démesuré, sans que la capacité cérébrale de l'homme se soit accrue à proportion, le jour vient, s'il n'est pas encore venu, où personne ne pourra garder l'ambition téméraire de le parcourir tout entier; on renoncera alors aux programmes gigantesques, on n'entreprendra plus de faire le tour du monde, et l'on se remettra modestement à cultiver son jardin.

Avec cette culture générale de l'esprit, les hommes auront de plus en plus besoin, il est vrai, d'une instruction spéciale. S'il en faut une aussi à beaucoup de femmes, auxquelles la carrière du mariage est fermée ou insuffisante pour vivre, souhaitons très nettement, en dépit des vieux préjugés conservateurs, que cette instruction leur donne enfin accès aux quelques fonctions sociales que leur sexe peut honorablement et utilement remplir, au lieu de ne leur offrir à perpétuité que le stérile mirage d'un professorat éternel qui n'a d'autre fin que lui-même.

On raconte que lorsque Gambetta était président

du Conseil et qu'il avait la charge, parfois laborieuse, de constituer un ministère, ce cri du cœur lui
échappa : « Quel admirable ministre de l'instruction
publique aurait été Rabelais! »

Je ne suis pas de son avis. Rabelais me ferait un
peu peur; car il avait une soif effrayante d'encyclopédique savoir, beaucoup moins déraisonnable d'ailleurs à son époque que de nos jours. J'aimerais mieux
Montaigne.

Si Montaigne occupait aujourd'hui la place si
bien remplie du reste par M. Poincaré, il se rap-
pellerait d'abord ce qu'il a dit dans les *Essais*,
qu' « une tête bien faite vaut mieux qu'une tête bien
pleine »; mais, à la différence de nos ministres, il
ne se contenterait pas d'ajouter cette petite phrase
au programme des choses que les enfants doivent
savoir : il s'en inspirerait pour réduire ou pour
supprimer les programmes.

Montaigne conseille aux filles d'apprendre de la
poésie, de l'histoire et un peu de philosophie pratique. C'est admirable. La poésie leur ouvre le
monde idéal. L'histoire les ramène sur la terre
et les intéresse à la réalité, plus instructive que
les romans. La philosophie pratique, enfin, leur
enseigne la sagesse; elle leur apprend, entre autres
choses, que, dans le petit cercle de la ménagère et
de la mère de famille, si elles doivent et *si elles
peuvent* borner là leur ambition, elles auront de
quoi suffire à leur tâche et remplir toute leur destinée.

Nous voilà donc, en terminant, revenus, après bien des détours, à la pédagogie do Clitandro, presque à cello do Chrysalo, que jo croyais avoir écartées ou réfutées. C'est, Dieu merci, qu'à toutes les divagations et à tous les assauts d'une fantaisio aventureuso résisto l'indestructiblo bon sens, qui no perd point ses droits.

V

ÉTIENNE DE LA BOÉTIE

Un aimable anonyme m'a fait l'honneur de m'écrire pour me demander s'il fallait prononcer *Montagne* ou *Montègne*. Je lui conseille de dire Montagne, c'est la vieille et bonne prononciation; mais je dis Montègne. Voici pourquoi.

J'avais un oncle, représentant exquis de l'ancienne culture littéraire française, qui assista en 1859 à une conférence de J.-J. Weiss sur l'auteur des *Folies amoureuses*. Il me racontait plus tard que le conférencier avait été peut-être fort intéressant, mais qu'il lui avait été impossible de l'écouter, tant il avait été agacé par son affectation à prononcer *Régnard*. « Tout le monde dit *Renard*, m'affirmait mon oncle. Est-ce qu'on dit Règnault de Saint-Jean-d'Angely? On dit Renaut. Il faut dire : Renard. »

Je trouvai l'observation juste et je me promis de prononcer à la vieille mode, particulièrement dans

9

mes leçons de littérature, le nom de l'auteur du *Dis-
trait*. Mais je m'aperçus bientôt que les étudiants ne
me comprenaient pas, et qu'après avoir prononcé
Renard je devais toujours ajouter que c'était de
Règnard que j'entendais parler. Dès lors, je trouvai
plus court et plus simple de dire Règnard tout de
suite et comme « tout le monde ». Car, ce qu'un
vieux classique né au commencement du siècle
trouvait « affecté » en 1859, était devenu l'usage, et
c'est sa prononciation à lui qui était passée à l'état
d'affectation et d'archaïsme.

Notre habitude nouvelle d'articuler toutes les
lettres des mots, de dire scul-p-teur, le-g-s, aigû-
i-ser, ainsi que je l'ai entendu dire à M. Gû-i-zot (c'est
en trois syllabes qu'il prononçait lui-même son nom),
est déplorable; mais que voulez-vous? « il faut bien
marcher avec son époque », comme le disait, pour
s'excuser, un communard naïf pris les armes à la
main par les Versaillais, et voilà pour quelle mauvaise raison je prononce l'*ai* de Montaigne.

L'ancienne prononciation de La Boëtie était *La
Boithie*, le *t* étant dur et les deux voyelles *oë* formant
diphtongue, comme dans *poéle*, et comme de très
vieux cuistres prononcent encore le mot, bien plus
suave, à coup sûr, en deux syllabes, de : *poële*.

Il naquit à Sarlat, le 1er novembre 1530 [1], étant

---

1. Tous les faits biographiques et historiques de cette étude
sont pris dans l'excellente notice de M. Paul Bonnefon, en tête
de sa belle édition des œuvres de La Boétie. J'ai utilisé aussi
l'*Histoire du collège de Guyenne* par Gaullieur.

ainsi l'aîné de Montaigne d'un peu plus de deux ans.

Son père, lieutenant particulier du sénéchal de la province, mourut prématurément, laissant l'éducation d'Étienne à son frère, oncle et parrain de l'enfant, et « vraiment son autre père », à qui La Boétie rend grâce « de son institution et de tout ce qu'il est et pouvait être ».

Après avoir appris, sous la direction de ce bon oncle, les humanités et la philosophie, puis commencé l'étude du droit, il alla la terminer à Orléans, où il prit ses grades et où il compta parmi ses maîtres Anne du Bourg, victime illustre des persécutions religieuses.

En même temps qu'il approfondissait l'étude du droit, La Boétie, esprit précoce, passionné pour l'antiquité avec toute la jeunesse de la Renaissance, composait par récréation des vers latins et grecs aussi bien que français, et si l'on ne sait pas exactement l'année où il écrivit le fameux discours qui est son chef-d'œuvre, on sait du moins que ce fut de bonne heure.

L'âge requis par la loi pour être conseiller était de vingt-cinq ans; mais une de ces dispenses d'âge qui s'obtenaient facilement alors, et dont Montaigne bénéficia à son tour lorsqu'il devint à vingt et un ans conseiller à la cour des aides de Périgueux, ouvrit à La Boétie, âgé de vingt-deux ans, les portes du parlement de Bordeaux. « La suffisance » (capacité) du jeune homme, disaient les lettres de dispense du roi, « supplée l'âge qui lui pourrait défaillir ».

Peu de temps après avoir été pourvu de sa charge, il épousa Marguerite de Carle, sœur de l'évêque Lancelot de Carle et du président Pierre de Carle, et veuve du seigneur Jean d'Arsac. La lettre de Montaigne sur la mort de La Boétie, le testament de celui-ci, ses vers français et latins *Ad Carliam uxorem*, attestent les vertus domestiques de Marguerite de Carle et le bonheur qu'elle apporta au foyer conjugal.

La Boétie mettait une conscience scrupuleuse dans l'accomplissement de tous ses devoirs; à la différence de Montaigne, il se distinguait par son assiduité aux séances du parlement. C'est sur un rapport de lui que, le 3 février 1560, le parlement de Bordeaux rendit un arrêt, dont l'histoire est assez intéressante.

On donnait, au collège de Guyenne, des représentations de tragédies latines composées par les professeurs, jouées par les élèves. Montaigne, qui y remplit un rôle à l'âge de treize ans, rend témoignage dans les *Essais* et aux œuvres de ses maîtres et à son propre talent de très jeune comédien :

J'ai soutenu les premiers personnages ès tragédies latines de Buchanan, de Guerente et de Muret, qui se représentèrent en notre collège de Guyenne avec dignité. En cela, Andreas Goveanus, notre principal, comme en toutes autres parties de sa charge, fut sans comparaison le plus grand principal de France; et m'en tenait-on maître ouvrier.... J'avais une assurance de visage, et souplesse de voix et de geste à m'appliquer aux rôles que j'entreprenais (ı, 25).

Tant que les pièces de ce théâtre scolaire eurent pour auteurs des hommes aussi distingués que Muret et Buchanan, l'institution du « plus grand principal de France » fleurit, prospéra dans la paix, comme partie intégrante de l'éducation ou, au moins, comme complément sérieux des études classiques, et l'époque où Montaigne enfant brilla comme acteur fut son âge d'or.

Mais la décadence et l'abus commencèrent bientôt, quand maîtres et élèves furent tentés de substituer le français au latin, les farces et moralités allégoriques aux nobles tragédies. Les spectacles comiques en langue vulgaire étaient le grand souci des parlements, chargés de maintenir la paix publique, à cause des dangereuses allusions soit aux personnes, soit aux choses politiques et religieuses, qui risquaient à tout moment de mettre le feu aux esprits à cette époque d'universelle effervescence.

Voici, par exemple, ce qui arriva en l'année 1558. Le principal du collège de Guyenne était alors en querelle avec les jurats de Bordeaux. Quelques régents, pensant lui être agréables, imaginèrent de composer et de jouer une pièce où les magistrats municipaux étaient tournés en ridicule. Ceux-ci se plaignirent au parlement des « paroles diffamatoires » dirigées contre eux. La cour saisit avec empressement le prétexte que cette querelle lui fournissait d'étendre sa juridiction sur le collège de Guyenne : elle décida qu'à l'avenir aucune pièce n'y serait représentée sans lui avoir d'abord été soumise.

L'année suivante, après avoir essayé d'interdire absolument les représentations, elle recommanda au principal de veiller à ce que les écoliers ne fissent usage que de la langue latine.

En 1560, Jean Denisel, professeur de rhétorique au collège de Guyenne, voulant faire représenter une trilogie de sa façon, composée d'une comédie allégorique en latin, d'une moralité française et d'une farce, dut demander au préalable l'assentiment de la cour. Étienne de la Boétie, conseiller au parlement de Bordeaux, fut chargé du rapport. Il déclara n'avoir trouvé dans lesdites pièces « aucune chose scandaleuse ». La représentation eut donc lieu et réussit pleinement.

J'ai toujours accusé d'impertinence (écrit Montaigne un peu plus loin au lieu que j'ai cité) ceux qui condamnent ces ébatements; et d'injustice ceux qui refusent l'entrée de nos bonnes villes aux comédiens... et envient au peuple ces plaisirs publics. Les bonnes polices prennent soin d'assembler les citoyens et les rallier, comme aux offices sérieux de la dévotion, aussi aux exercices et jeux.

Montaigne en parle ici bien à son aise. Il ne devait pas ignorer qu'un an à peine après le rapport où son ami La Boétie avait généreusement conclu dans un sens libéral, la question des spectacles donna aux pouvoirs publics à Bordeaux terriblement de fil à retordre. Les prédications de deux pasteurs suisses avaient gagné à la Réforme de nombreux adhérents, parmi lesquels on comptait de grands personnages. Le gouverneur lui-même, M. de Burie, passait pour hérétique, simplement parce qu'il était, comme La Boétie et comme Montaigne, homme de conciliation. La culture littéraire donnée au collège de Guyenne rendait suspects écoliers et professeurs, et contre eux se dressaient, fougueux soldats du pape, les clercs de la Basoche. Ils avaient un roi. Le Collège eut quatre capitaines, commandant quatre *nations* : Gascogne, France, Navarre et Provence. Il y eut de véritables prises d'armes, des collisions, des émeutes, le tocsin fut sonné, et peu s'en fallut que le sang ne coulât.

Vers la fin de l'année 1560, La Boétie fut chargé par ses collègues d'aller à Paris solliciter du roi un meilleur mode du paiement des gages de la magistrature, qui étaient souvent en retard, l'arriéré comprenant parfois plusieurs années.

Le roi, qui était François II, mourut le 5 décembre, et Charles IX lui succéda.

La Boétie rentra à Bordeaux au mois de mars 1561, muni d'une promesse royale pour le paiement régulier des gages de la cour, et surtout de très sages recommandations que lui avait faites de vive voix Michel de l'Hôpital, chancelier de France. Elles étaient le commentaire de l'avis adressé par Charles IX au parlement de Bordeaux et aux jurats, lorsqu'en leur notifiant son avènement au trône le nouveau roi leur avait signifié de « faire vivre en paix la population bordelaise, évitant avec soin les occasions de querelle pour le fait de la religion ». Le parlement de Bordeaux était hostile à la politique de tolérance inaugurée par Michel de l'Hôpital. Il avait refusé d'enregistrer la publication de l'édit de Romorantin (mai 1560); il avait même adressé à François II des remontrances, que le roi n'écouta point. Voulant éviter un semblable retard aux or-donnances d'Orléans, qui confirmaient et élargis-saient l'édit de Romorantin, le chancelier profita de l'intermédiaire d'un homme de bon conseil tel que La Boétie et le chargea de transmettre à ses col-lègues les fermes instructions de sa haute et pro-fonde sagesse.

Nulle part la Réforme n'avait fait plus de prosé-lytes qu'en Guyenne; au centre de la Guyenne, le pays d'Agen était le principal foyer des passions religieuses. Burie, lieutenant du roi à Bordeaux, que la modération de ses idées recommandait à la politique conciliante de la cour de France, reçut, le 20 mai 1561, une lettre de Catherine de Médicis, qui lui écrivait : « Ceux d'Agen continuent toujours de faire les fols.... Il sera bon, n'étant loin de là, que vous y fassiez un tour, car votre présence y servira grandement et vous leur saurez aussi trop mieux faire entendre ce qu'ils auront à faire que autre qui y puisse aller. »

Burie partit donc pour Agen. Il réussit une pre-mière fois à calmer les esprits par quelques conces-sions, dont la principale fut d'accorder aux réformés certains locaux pour y tenir leurs assemblées. Mais à peine avait-il quitté la ville, que les querelles recommencèrent. Les réformés, non contents des

locaux qu'on leur avait assignés, s'emparèrent du
couvent des jacobins, dont ils brisèrent l'autel et
les statues. Dans d'autres villes de l'Agenais, ils
firent pis encore, chassant les moines, saccageant
les églises, jetant au feu les reliques des saints.
Naturellement il y eut des représailles de la part
des catholiques partout où ceux-ci étaient les plus
forts, tandis qu'ailleurs ce furent les huguenots qui
eurent à se plaindre les premiers des excès de leurs
adversaires.

Burie reçut du roi de nouvelles instructions qui,
toujours conçues dans un esprit de tolérance et de
paix, portent à chaque ligne la signature du grand
homme qui les rédigea, L'Hôpital :

Vous ferez bien entendre aux principaux que vous ne
venez point là pour les châtier, pour le fait de la religion
qu'ils tiennent, que vous n'êtes envoyé et n'avez commission
de moi que de punir ceux qui abusent du nom de la religion à une infinité de scandales, violences, meurtres et
séditions, qui ne sentent rien moins que la profession
qu'ils font et le nom de chrétiens qu'ils portent.... Qu'ils
soient certains et assurés que pour leur religion vous ne
les molesterez ni travaillerez aucunement, pourvu aussi
que de leur part ils se comportent avec discrétion et
modestie.

Cette lettre royale était adressée directement à
Burie. Dans une autre lettre à la cour de Bordeaux,
le roi ordonnait au parlement de commettre et
députer quelqu'un de son corps pour seconder Burie
dans sa mission de pacificateur.

D'un commun accord, Burie et le parlement élu-

rent pour ce rôle honorable et difficile Étienne de
la Boétie, que l'autorité de son caractère, la modération et la générosité de son esprit, sa valeur à la
fois personnelle et professionnelle, désignaient sans
doute à leur choix. En mandant au roi quel personnage il s'était associé, Burie disait : « J'ai ici avec
moi le conseiller que la cour m'a baillé, qui se
nomme *M. de la Boytye*, lequel est fort docte et
homme de bien ».

Le premier résultat du voyage de Burie et de
La Boétie dans l'Agenais fut la restitution aux religieux du couvent des jacobins, que les réformés
leur avaient pris. Comme compensation, les huguenots furent autorisés à célébrer leur culte dans
l'église de Sainte-Foy d'Agen. Dans les localités où
se trouvaient deux églises, il fut décidé que la moins
importante appartiendrait aux réformés, et, dans les
bourgs où il n'y avait qu'un temple, qu'il servirait
alternativement aux deux cultes.

Cette mesure, beaucoup trop libérale pour le
XVIe siècle, ne pouvait être longtemps observée, si
à aucun moment elle le fut, et les troubles, pour
recommencer, attendirent à peine le départ de nos
deux messagers de paix.

Cependant, la politique tolérante de L'Hôpital
continuant encore à prévaloir dans les conseils du
roi, le fameux édit de janvier fut signé le 17 de ce
mois 1562. Il reprenait aux huguenots les églises dont
ils s'étaient emparés, mais leur reconnaissait le droit
de s'assembler sous certaines conditions.

Le parlement de Paris, où dominait l'influence des Guises, se montra très hostile à l'édit de janvier. Le parlement de Bordeaux, un peu moins intolérant cette fois, l'enregistra sans trop de retard, et, le 6 février, lecture en fut faite à son de trompe parmi les carrefours de la ville.

Nous tenons de Montaigne que La Boétie avait laissé par écrit son jugement sur l'édit de janvier. Voici, en effet, l'« avertissement » que, le 10 août 1570, le futur auteur des *Essais* adressait au lecteur des ouvrages de La Boétie publiés par ses soins :

Lecteur, tu me dois tout ce dont tu jouis de feu M. Etienne de la Boétie.... Assure-toi que... depuis sept ans que nous l'avons perdu, je n'ai pu recouvrer que ce que tu en vois : sauf un discours de la Servitude volontaire et quelques mémoires de nos troubles sur l'édit de janvier 1562. Mais, quant à ces deux dernières pièces, je leur trouve la façon trop délicate et mignarde pour les abandonner au grossier et pesant air d'une si malplaisante saison.

A défaut de ses mémoires sur l'édit de janvier, nous connaissons les sentiments de La Boétie sur la Réforme, sur l'état moral de l'Église romaine et sur les maux que les guerres de religion faisaient à la France, par le beau et grave discours qu'il tint sur son lit de mort à Thomas de Montaigne, seigneur de Beauregard. Ce frère cadet de Michel était, on s'en souvient, huguenot. Il assistait, avec son frère aîné, aux derniers moments de La Boétie, et voici, d'après le récit de Montaigne, les paroles que le mourant lui adressa :

Appelant mon frère de Beauregard, « Monsieur de Beauregard, lui dit-il, vous voulez bien que je vous découvre quelque chose que j'ai sur le cœur à vous dire? » De quoi quand mon frère lui eut donné assurance, il suivit ainsi : « Je vous jure que de tous ceux qui se sont mis à la réformation de l'Église, je n'ai jamais pensé qu'il y en ait eu un seul qui s'y soit mis avec meilleur zèle, plus entière, sincère et simple affection que vous. Et crois certainement que les seuls vices de nos prélats, qui ont sans doute besoin d'une grande correction, et quelques imperfections que le cours du temps a apporté en notre Église, vous ont incité à cela : je ne vous en veux pour cette heure démouvoir : car aussi ne prié-je pas volontiers personne de faire quoi que ce soit contre sa conscience. Mais je vous veux bien avertir, qu'ayant respect à la bonne réputation qu'a acquis la maison de laquelle vous êtes, par une continuelle concorde : maison que j'ai autant chère que maison du monde : mon Dieu, quelle case, de laquelle il n'est jamais sorti acte que d'homme de bien! ayant respect à la volonté de votre père, ce bon père à qui vous devez tant, de votre oncle, à vos frères, vous fuyiez ces extrémités : ne soyez point si âpre et si violent : accommodez vous à eux. Ne faites point de bande et de corps à part; joignez vous ensemble. Vous voyez combien de ruines ces dissensions ont apporté en ce royaume; et vous réponds qu'elles en apporteront de bien plus grandes. Et comme vous êtes sage et bon, gardez de mettre ces inconvénients parmi votre famille, de peur de lui faire perdre la gloire et le bonheur duquel elle a joui jusques à cette heure. Prenez en bonne part, monsieur de Beauregard, ce que je vous en dis, et pour un certain témoignage de l'amitié que je vous porte. Car pour cet effet me suis-je réservé jusques à cette heure à vous le dire; et à l'aventure vous le disant en l'état auquel vous me voyez, vous donnerez plus de poids et d'autorité à mes paroles. » Mon frère le remercia bien fort.

Au mois de décembre 1562 se place le dernier acte de la vie publique de La Boétie, dont le souvenir nous ait été conservé. Les réformés avaient pris Bergerac et semé l'effroi dans toute la contrée environnante. Redoutant un coup de main contre Bordeaux, le parlement décida l'enrôlement de douze cents hommes « pour tenir la ville en plus grande assurance ». Douze conseillers furent désignés pour prendre chacun le commandement de cent soldats. Au nombre des conseillers chargés de ce devoir patriotique et militaire figure le nom d'Étienne de la Boétie.

Le 8 août 1563, il tomba malade. Sa maladie paraît avoir été assez semblable à la peste, qui sévissait fréquemment alors. Montaigne, qui ne le quitta point, a raconté sa mort et ses suprêmes entretiens dans une célèbre lettre à son père, le plus édifiant, le plus grave et peut-être le plus parfaitement beau de tous ses écrits. Nous possédons aussi le testament de La Boétie. Il avait auprès de son lit de mort, outre Michel de Montaigne, son oncle Étienne, sa tante, sa femme, sa belle-sœur et Thomas de Montaigne, seigneur de Beauregard.

Il mourut le 18 août 1563, âgé de trente-deux ans, neuf mois et dix-sept jours.

En 1570, Montaigne fit une publication partielle des œuvres posthumes de La Boétie, comprenant ses traductions de Xénophon et de Plutarque, ses vers latins et ses vers français.

De cette dernière production, la seule qui intéresse l'histoire de la littérature, Montaigne faisait un très grand cas. Il déclare les vers français de son ami « autant charnus, pleins et moelleux qu'il s'en soit encore vu en notre langue... La mignardise du langage, la douceur et la polissure reluisent à l'aventure plus en quelques autres (poètes); mais en gentillesse d'imagination, en nombre de saillies, pointes et traits, je ne pense point que nuls autres leur passent devant. »

Ce jugement, exagéré comme tous ceux que Montaigne, nature enthousiaste, porte sur les personnes et sur les auteurs qu'il aimait, cadre assez bien pourtant avec l'impression que nous laissent les vers français de La Boétie. Ils sont ingénieux et distingués, plutôt drus et forts de choses que vraiment agréables. Son chaste amour pour Marguerite de Carles, sa fiancée, lui a inspiré des vers nobles et purs,

> Tels qu'ils sont, ils sont tiens; tu m'as dicté mes vers,
> Tu les as faits en moi, et puis je te les donne...

et vingt-cinq sonnets, dont un, le vingt-quatrième, presque de tout point satisfaisant, est plein d'une profonde et charmante mélancolie :

> Ce jourd'huy du soleil la chaleur altérée
> A jauni le long poil de la belle Cérès :
> Ores il se retire; et nous gagnons le frais,
> Ma Marguerite et moi, de la douce serée;
>
> Nous traçons dans les bois quelque voie égarée :
> Amour marche devant et nous marchons après.
> Si le vert ne nous plaît des épaisses forêts,
> Nous descendons pour voir la couleur de la prée;

Nous vivons francs d'émoi, et n'avons point souci
Des rois, ni de la cour, ni des villes aussi.
O Médoc, mon pays solitaire et sauvage,

Il n'est point de pays plus plaisant à mes yeux :
Tu es au bout du monde, et je t'en aime mieux;
Nous savons, après tous, les malheurs de notre âge.

Montaigne prétend que vingt-neuf autres sonnets,
composés par La Boétie « en sa verte jeunesse »,
avant qu'il fût « à la poursuite de son mariage », et
transcrits tout au long dans les *Essais*, valent mieux
que ceux qu'il fit « en faveur de sa femme », parce
qu'ils sont « échauffés d'une plus belle et plus noble
ardeur », tandis que les sonnets du fiancé « sentent
déjà je ne sais quelle froideur maritale ». C'est une
impertinence. Les plus heureux sonnets de La Boétie
sont ceux que sa Marguerite lui a « dictés ». Des
autres, le meilleur est peut-être le quatrième, où
La Boétie, assez ingénieusement, compare les peines
d'amour qu'il endure avec l'opération de la vendange et avec le battage des blés, qui foulent et
malmènent les fruits de la terre pour en tirer les précieux produits du vin et du pain; mais la mise en
œuvre est inférieure à l'idée.

Moins jaloux de la mémoire littéraire de l'auteur
que du bon renom du citoyen, Montaigne refusa
de publier le chef-d'œuvre de La Boétie, son *Discours de la servitude volontaire*, qu'on appelle aussi
le *Contr'Un*.

Cette déclamation éloquente, parce qu'elle est sincère et naïve, de substance un peu maigre, quoique

la forme en soit assez belle, est tout simplement un appel à l'insurrection de la multitude opprimée, contre la tyrannie d'un seul :

Pauvres et misérables peuples insensés... celui qui vous maîtrise tant n'a que deux yeux, n'a que deux mains, n'a qu'un corps, et n'a autre chose que ce qu'a le moindre homme du grand et infini nombre de vos villes, sinon que l'avantage que vous lui faites pour vous détruire. D'où a-t-il pris tant d'yeux dont il vous épie, si vous ne les lui baillez? Comment a-t-il tant de mains pour vous frapper, s'il ne les prend de vous? Les pieds dont il foule vos cités, d'où les a-t-il, s'ils ne sont des vôtres? Comment a-t-il aucun pouvoir sur vous, que par vous? Comment vous oserait-il courir sus, s'il n'avait intelligence avec vous? Que vous pourrait-il faire, si vous n'étiez receleurs du larron qui vous pille, complices du meurtrier qui vous tue et traîtres à vous-mêmes? Vous semez vos fruits, afin qu'il en fasse le dégât; vous meublez et remplissez vos maisons, afin de fournir à ses pilleries; vous nourrissez vos filles, afin qu'il ait de quoi soûler sa luxure; vous nourrissez vos enfants, afin que, pour le mieux qu'il leur saurait faire, il les mène en ses guerres, qu'il les conduise à la boucherie, qu'il les fasse les ministres de ses convoitises et les exécuteurs de ses vengeances; vous rompez à la peine vos personnes, afin qu'il se puisse mignarder en ses délices et se vautrer dans les sales et vilains plaisirs; vous vous affaiblissez, afin de le rendre plus fort et roide à vous tenir plus courte la bride; et de tant d'indignités, que les bêtes mêmes ou ne les sentiraient point ou ne l'endureraient point, vous pouvez vous en délivrer, si vous l'essayez, non pas de vous en délivrer, mais seulement de le vouloir faire. Soyez résolus de ne servir plus, et vous voilà libres. Je ne veux pas que vous le poussiez ou l'ébranliez, mais seulement ne le soutenez plus, et vous le verrez, comme un grand colosse à qui on a dérobé la base, de son poids même fondre en bas et se rompre.

Voici, dans un autre genre, un passage intéressant par le souvenir qu'il suggère de l'amitié de Montaigne et de La Boétie, et par la comparaison qu'il provoque avec le fameux chapitre des *Essais* sur le même sujet :

Certainement le tyran n'est jamais aimé ni n'aime. L'amitié, c'est un nom sacré, c'est une chose sainte; elle ne se met jamais qu'entre gens de bien et ne se prend que par une mutuelle estime; elle s'entretient non tant par bienfaits que par la bonne vie. Ce qui rend un ami assuré de l'autre, c'est la connaissance qu'il a de son intégrité : les répondants qu'il en a, c'est son bon naturel, la foi et la constance. Il n'y peut avoir d'amitié là où est la cruauté, là où est la déloyauté, là où est l'injustice; et entre les méchants, quand ils s'assemblent, c'est un complot, non pas une compagnie; ils ne s'entr'aiment pas, mais ils s'entrecraignent; ils ne sont pas amis, mais ils sont complices.

Un petit problème assez amusant de littérature et d'histoire continue à se poser pour la critique au sujet du *Contr'Un*.

Ce discours vise-t-il un certain roi? Fut-il inspiré à son auteur par un sentiment d'indignation né du spectacle de quelque grand crime contemporain? Ou bien est-ce un simple exercice scolaire, un lieu commun de rhétorique?

D'après une version accréditée par un auteur grave, l'historien de Thou, l'occasion du *Contr'Un* aurait été la sanglante répression de la révolte de Bordeaux, en 1548, sous Henri II. Voici les faits.

François Ier, dans les dernières années de son règne, ayant mis un lourd impôt sur le sel, le

mécontentement fut grand parmi les habitants de
la Saintonge et du Bordelais; il éclata au mois de
juillet 1548, sous la forme d'une sédition violente, à
main armée. A Bordeaux, le peuple força l'hôtel de
ville, mit à mort M. de Moncins, lieutenant du roi
et gouverneur de la Guyenne, commit plusieurs
autres meurtres et pilla beaucoup de maisons particulières.

Le châtiment fut terrible. Deux armées, sous le
commandement du connétable de Montmorency et
du duc d'Aumale, accoururent à marches forcées;
malgré la soumission des révoltés et les supplications
du parlement, elles entrèrent à Bordeaux par la
brèche qu'ouvrit le canon. Un grand nombre d'exécutions capitales eurent lieu, cent cinquante, d'après
les *Annales d'Aquitaine*. Des contributions de guerre
furent levées sur les habitants. On brisa les cloches,
qui avaient servi à exciter la révolte. La cité perdit
ses antiques franchises municipales, et le parlement
fut dissous.

Un an après ces événements, Bordeaux présentait
encore l'aspect d'une ville désolée. Un contemporain,
Élie Vinet, qui plus tard fut principal du collège de
Guyenne pendant la mairie de Montaigne, écrit en
juillet 1549 : « Je trouvai Bordeaux moult triste et
un silence inaccoutumé en la pauvre ville. Les
malades qui ne peuvent dormir ni nuit ni jour,
n'avaient cause de se plaindre du bruit des cloches;
car, pour autant qu'aucunes d'elles n'avaient que
trop sonné, il n'en était demeuré une seule aux clo-

chers. Celles mêmes qui ne servaient qu'à sonner les heures, avaient été abattues, les pauvrettes, et cassées. » Rabelais fait allusion à ces pauvres cloches brutalement réduites au silence dans le prologue du IVᵉ livre de *Pantagruel*.

Tels étant les faits qui, d'après de Thou, auraient incité La Boétie à écrire son discours contre la tyrannie, l'historien donne à l'auteur l'âge de dix-neuf ans et, par conséquent, à l'ouvrage la date de 1549.

Mais Montaigne ne veut pas entendre parler d'une relation quelconque entre les horreurs de 1548 et le discours de son ami. A cet effet, il en rabaisse tant qu'il peut l'intérêt, même au préjudice de sa valeur comme œuvre littéraire, l'appelant un thème « vulgaire, tracassé en mille endroits des livres » et traité par La Boétie « *en son enfance*, par manière d'exercitation seulement ». Il rajeunit le plus possible l'auteur des ouvrages qu'il publie et du chef-d'œuvre qu'il ne publie pas. Il écrivait en 1580 et répétait encore en 1588 : « Oyons un peu parler ce garçon de dix-huit ans ». Plus tard, dans l'exemplaire chargé d'additions et de corrections manuscrites qui servit en 1595 à l'établissement du texte vulgaire des *Essais*, il efface *dix-huit*, rajeunit encore de deux ans son auteur contre toute vraisemblance, et écrit : « Oyons un peu parler ce garçon de *seize* ans », comme s'il s'était tout à coup aperçu que le chiffre 18, mis d'abord peut-être un peu au hasard, correspondait à l'année de la révolte et du châtiment de Bordeaux.

On se trompe, nous affirme-t-il, sur le vrai caractère du *Contr'Un*; « ceux qui cherchent à troubler et
changer l'état de notre police, sans se soucier s'ils
l'amenderont », en abusent « à mauvaise fin ».

Je ne fais nul doute qu'il ne crût ce qu'il écrivait; car il
était assez consciencieux pour ne mentir pas même en se
jouant : et sais davantage que, s'il eût eu à choisir, il eût
mieux aimé être né à Venise qu'à Sarlat, et avec raison.
Mais il avait une autre maxime souverainement empreinte
en son âme, d'obéir et de se soumettre très religieusement
aux lois sous lesquelles il était né. Il ne fut jamais un
meilleur citoyen, ni plus affectionné au repos de son pays,
ni plus ennemi des remuements et nouvelletés de son
temps; il eût bien plutôt employé sa suffisance à les
éteindre qu'à leur fournir de quoi les émouvoir davantage : il avait son esprit moulé au patron d'autres siècles
que ceux-ci (I, 27).

Quelle que soit la date de la première rédaction
du *Contr'Un*, il est incontestable que ce discours fut
remanié ultérieurement. Les allusions qu'on y trouve
à Ronsard, Baïf, Du Bellay, ne peuvent dater même
de 1549, qui est justement l'année du manifeste de
la Pléiade. Ce n'est qu'un peu plus tard qu'on put
dire que la poésie française était « refaite à neuf ».
Le projet de la *Franciade*, qui y est aussi mentionné,
ne fut pas conçu avant 1552.

Qu'on adopte maintenant sur l'origine et sur la
nature du chef-d'œuvre la version du président de
Thou ou celle de Montaigne, pamphlet politique
suivant l'un, déclamation scolaire suivant l'autre,
on se heurtera toujours à un sujet d'étonnement.

Si le *Discours de la servitude volontaire* est un

pamphlet amer et violent contre le tyran du jour,
comment concilier l'amertume et la violence de ce
cri de révolte avec le témoignage rendu par Montaigne aux sentiments de La Boétie, témoignage
confirmé de point en point par tout ce que nous
savons de la vie et de la mort de ce pieux et sage
jeune homme? Comment admettre et comment
comprendre, même en faisant la part des passions
mobiles de la jeunesse, du revirement qui suit
l'âge et la réflexion, que cet énergumène ait pu
devenir en si peu d'années ce qu'il est resté constamment jusqu'à la fin : un fidèle serviteur des lois
et de la royauté, tendrement affectionné au bien et
au repos de son pays, ami de l'ordre et de la paix,
ennemi des « remuements et nouvelletés » tant en
politique qu'en religion, s'acquittant de ses devoirs
publics avec un dévouement absolu, occupant les
loisirs que lui laissaient ses fonctions par de tran-
quilles travaux de philologie, par d'honnêtes vers
consacrés à l'amitié ou à l'amour, et regrettant sa
mort prématurée parce qu'il eût voulu rendre plus
de services à son pays?

Mais si le *Discours de la servitude volontaire* est
une simple déclamation de rhétorique, comment
expliquer sa valeur relative dans l'histoire de notre
littérature et surtout la puissance et la durée, attes-
tées par les faits, de l'action qu'il exerça sur les
hommes? Un devoir de collège serait bien plus
médiocre et plus banal, étant purement déclama-
toire; or on sent dans l'opuscule de La Boétie une

conviction, une émotion, une passion sincères, d'où jaillit l'éloquence, ce contraire de la déclamation. Où sont les amplifications d'écolier à ce point vibrantes, à ce point enflammées, qu'elles allument toutes les têtes chaudes, que les sages, comme Montaigne, s'en effraient et s'efforcent de les cacher soigneusement? Est-il concevable qu'un exercice scolaire ait eu la vertu de soulever contre leur évêque et seigneur les habitants de Sarlat, et qu'il soit resté en 1574 (deux ans après la Saint-Barthélemy), en 1789, en 1790, enfin en 1852, après le coup d'État de décembre, un vivant appel à l'insurrection?

Voilà l'impasse où nous enferment pareillement et la thèse de Montaigne et celle qu'avance de Thou. Si nous ne réussissons pas à briser tout à fait l'étreinte du dilemme, tâchons au moins d'entr'ouvrir ses cornes et d'apercevoir une issue.

Peut-être préférerais-je, comme un peu moins improbable, malgré la docte réfutation que M. Paul Bonnefon pense en avoir faite, la version accréditée par de Thou à celle que Montaigne a soutenue, s'il était absolument nécessaire de choisir l'une ou l'autre. Mais le *Contr'Un* ne pourrait-il pas être à la fois une œuvre de circonstance et une déclamation vague, émoussant l'actualité aiguë du pamphlet par les rondes banalités de la rhétorique?

Nous connaissons un homme qui possédait, à un invraisemblable degré, cette « riche composition » de nuances opposées, de traits plus ou moins contradictoires, où se dérobe et se dissipe l'unité superficielle de la personne morale. Il séparait dans son propre individu, avec une singulière aisance, l'esprit et la conduite, la spéculation et l'action, les idées et les faits. Pendant qu'il vivait et mourait en catholique correct, en chrétien passable, il a laissé sa raison se jouer sur le bord des abîmes où la foi devait bientôt sombrer et périr. Pendant qu'il vivait et mourait en sujet loyalement soumis et fermement décidé à rester soumis au roi et aux lois de sa patrie, il a laissé son imagination s'aventurer dans d'assez étranges rêves révolutionnaires et anarchistes. Cet homme, c'est Montaigne, et j'ai cru découvrir dans ce pouvoir extraordinaire qu'il avait de se dédoubler lui-même la clef de certaines inconséquences qui peuvent déconcerter chez lui [1].

Pourquoi La Boétie, son ami, n'aurait-il pas offert dans sa personne le même phénomène jusqu'à un certain point? Est-ce qu'il n'a pu, à l'âge de l'enthousiasme, dans la contagieuse émotion produite par un énorme et sanguinaire abus du pouvoir, mêler confusément en son âme de jeune homme la passion antique de la liberté, l'esprit des démocraties grecques et de la république romaine, des rhéteurs et des tyrannicides, de Caton et de Brutus, d'Harmodius et d'Aristogiton, écrire alors son naïf *Contr'Un* dans tout le feu d'une imagination surchauffée, sans que cette orgie momentanée de rhétorique classique

1. Voir *Montaigne* (Collection des Grands Écrivains français), p. 81 et suiv.

ait fait subir la plus légère atteinte à l'intègre et
fidèle obéissance ultérieure du sujet et du magistrat?

Le caractère excessivement abstrait et général du
Discours, d'où l'on tire un argument contre sa relation avec les faits de 1548, est explicable par
l'inexpérience juvénile de l'auteur et par l'exubérance de sa culture classique.

Un certain moule emprunté aux officines de l'antiquité s'imposait aux écrivains français de la Renaissance, d'autant plus obligatoire à leurs yeux qu'ils
étaient plus jeunes et plus fraîchement sortis du
collège. De même que la plupart des lettrés ne con-
cevaient pas alors d'autre langue littéraire que le
latin, de même aussi que le style épistolaire, n'ayant
pas encore pris conscience de ses qualités propres,
restait quelque chose d'artificiel et de convenu,
empêtré dans les entraves des périodes et des cérémonies, le jeune La Boétie, esprit cultivé et docte
plutôt qu'original et indépendant, a pu s'imaginer
qu'il n'y avait pas d'autre façon d'exprimer des idées
et des sentiments modernes que de prendre aux
anciens leurs phrases oratoires.

De là cette forme nue, qu'on peut critiquer
comme ennuyeuse et incolore, ou admirer comme
sobre et austère, selon qu'on est d'humeur à rabaisser
le *Contr' Un* avec Sainte-Beuve, qui l'appelle « un de
ces mille forfaits classiques commis au sortir de
Tite-Live et de Plutarque », ou à l'exalter avec
Villemain, qui le compare éloquemment à « un
manuscrit antique trouvé dans les ruines de

Rome sous la statue brisée du plus jeune des Grac-ques ».

Pour moi, je louerai bien volontiers le style, l'éloquence et tout ce qu'on voudra dans le *Discours de la servitude volontaire*; car, si haut que ses admi-rateurs le placent dans l'échelle de la littérature, il est impossible qu'ils ne reconnaissent pas en défini-tive qu'il y a une disproportion immense entre son mérite et sa gloire. Aucun ouvrage n'est plus propre à nous faire toucher du doigt la vérité de ce paradoxe, que, dans l'établissement des réputations littéraires, ce qui a peut-être le moins d'importance, c'est la valeur intrinsèque des œuvres.

Oh! comme il faut parfois peu de chose pour exciter les hommes! Comme il suffit de la moindre étincelle, dans certains états d'effervescence des esprits, pour mettre le feu à la poudre! Les temps voisins de la Saint-Barthélemy furent un de ces moments de l'histoire où une phrase est assez pour enflammer les passions. L'époque de la Révolution française en fut un autre. Rien n'avait plus de succès alors que les grands mots et les grands sen-timents empruntés à l'histoire des antiques répu-bliques. « Quand une fois, a dit Bossuet, on a trouvé le moyen de prendre la multitude par l'appât de la liberté, elle suit en aveugle, pourvu qu'elle en entende seulement le nom. »

Mais, sous Richelieu et sous Louis XIV, le *Contr'Un* ne trouvait pas dans l'état général de l'esprit public les conditions nécessaires pour le faire vivre ou revivre. C'est pourquoi, à ces deux époques-là, *il est mort*; il a disparu, il est rentré sous terre, on ne sait où il est ni ce que c'est. Tallemant des Réaux raconte que Richelieu voulut un jour lire l'opuscule vanté par Montaigne : en vain il le fit chercher chez tous les libraires de la rue Saint-Jacques, les mieux fournis de la ville en livres anciens et nouveaux : aucun ne possédait le petit discours, ou n'osa le montrer au cardinal.

Mélancolique abîme de méditations que cette destinée des livres qui, à certaines époques, tombent dans un profond oubli jusqu'à ce qu'un événement heureux les fasse revenir à la lumière! C'est une expression beaucoup trop faible, de dire que les circonstances donnent *leur prix* aux ouvrages; elles n'en conditionnent pas seulement la valeur, mais *l'existence même*, puisque, les circonstances venant à changer, nous voyons arriver aux chefs-d'œuvre un accident bien pire que celui de cesser d'être admirés : ils périssent, parfois pour toujours.

Le siècle de J.-J. Rousseau ressuscita le *Discours de la servitude volontaire*, et la génération issue de la Révolution française lui rendit beaucoup plus que son ancien lustre; lisant l'opuscule de La Boétie à la lueur de ses passions, elle y vit mille choses qui n'y étaient point, mille choses auxquelles l'auteur n'avait jamais songé. C'est l'imagination, la fantaisie, le goût changeant, mobile et passionné des hommes qui donne ainsi aux choses et aux œuvres du passé et leur prix, et leur sens, et *leur vie* et tout leur éclat.

Dans une lettre récente que m'écrivait le savant directeur de la *Revue historique*, M. Gabriel Monod, se trouve cette petite phrase, que je puis, je crois, citer sans violer outrageusement le secret de la correspondance privée : « Tout homme, toute chose, n'ont de valeur que par leur exposant. Leur valeur propre est impossible à déterminer. »

Peu familier avec la langue des mathématiques, je cherchai dans Littré le sens d'*exposant* : « Terme d'algèbre. Petit chiffre placé à droite et un peu au-dessus d'un nombre et qui en exprime la puissance. »

La Boétie a trois exposants auprès de la postérité :

1° Sa mort prématurée;

2° Le retentissement sonore de ce cri généreux : liberté, et le doux murmure de ce mot paisible : amitié;

3° Le patronage littéraire de Montaigne.

Premier exposant. Mourir jeune est, pour la gloire, un accident qui peut être heureux. L'imagination humaine, attendrie par ce triste spectacle, se montre d'une générosité magnifique. Devant les beaux arbrisseaux couchés par la tempête, elle ne rêve rien de moins qu'une cime montant jusqu'aux nues et des branches couvrant la terre de leur ombre.

Deuxième exposant. Prévost Paradol termine par ce brillant finale son étude sur La Boétie : « Le voilà immortel, car son nom est étroitement uni aux mots d'amitié et de liberté, mots divins que rien n'effacera du langage des hommes ».

Enfin (*troisième exposant*), si Étienne de la Boétie jouit pour l'éternité d'une mention dans toutes les histoires de la littérature française, s'il a des rues portant son nom dans plusieurs grandes villes et une statue sur la place publique de Sarlat, certes un tel honneur n'est point dû au mérite de ses vers ni de sa prose; il le doit surtout à sa bonne fortune d'avoir eu pour parrain littéraire un écrivain illustre qui, en s'envolant au séjour des Immortels, l'a pris en croupe et emporté dans un pli de son manteau.

VI

MADEMOISELLE DE GOURNAY

I

« Le promenoir de Montaigne » et la préface des « Essais ».

Quelques années après la publication des deux premiers livres des *Essais*, édités à Bordeaux en 1580, il y avait en France une jeune fille de dix-neuf à vingt ans, nommée Marie le Jars de Gournay, qui, les ayant lus par hasard, fut, pour répéter ses propres paroles, « transie d'admiration ».

Cela est assez extraordinaire. Car on ne voit pas bien par où la philosophie de Montaigne pouvait ravir une personne de son sexe et de son âge. Il semble que les *Essais* soient plutôt, comme les *Épitres* d'Horace, le régal des hommes mûrs et même des vieillards que des adolescents, des femmes et surtout des jeunes demoiselles. « Ce n'est pas ici,

comme l'a écrit Mlle de Gournay elle-même, le rudi-
ment des apprentis; c'est l'Alcoran des maîtres, la
quintessence de la philosophie; œuvre non à goûter
par une attention superficielle, mais à digérer et
chylifier avec une application profonde et de plus
par un très bon estomac; le dernier livre qu'on doit
prendre et le dernier qu'on doit quitter. »

Aussi encourut-elle le reproche d' « imprudence »
et de « bizarrerie », et sa mère, très peu curieuse
des choses de l'esprit, parlait-elle de lui faire prendre
de l' « ellébore » pour la guérir. Mais cette jeune fille
exceptionnelle éprouvait un attrait singulier pour la
littérature morale, pour *les idées*, pour ce qui, dans
les vers et dans la prose, *fait penser* et s'adresse
directement à l'intelligence.

Elle s'était instruite seule, consacrant à l'étude
les heures qu'elle pouvait « dérober »; elle avait
appris et très bien appris le latin sans aide et sans
grammaire, en comparant des traductions françaises
avec les originaux. Elle s'était même attaquée au
grec; elle en avait su assez pour citer Homère et
Pindare dans le texte et pour être capable de traduire Diogène Laërce, dont elle mit en français la
Vie de Socrate; mais elle avait fini par renoncer
aux études grecques, « trouvant le but de la perfection plus éloigné » qu'elle ne se l'était figuré d'abord.

Née en 1565, Marie le Jars de Gournay était
l'aînée d'une famille assez nombreuse. Son père,
gentilhomme campagnard, originaire du bourg de
Jars près de Sancerre, mourut jeune encore, et sa

mère, Jeanne de Hacqueville, de bonne noblesse
elle aussi, devenue veuve, se retira en Picardie
dans la petite ville de Gournay-sur-Aronde, à peu
de distance de Compiègne.

A l'époque où la jeune Marie s'éprenait d'un si
vif enthousiasme pour les *Essais*, ils n'avaient pas
encore une très grande renommée. La spontanéité
de son admiration n'en est que plus remarquable.
« Celui qui lit un livre, dit-elle quelque part fort
justement, se donne à l'épreuve plus qu'il ne l'y
met. La vraie touche des esprits, c'est l'examen
d'un ouvrage nouveau. » « Les *Essais*, écrit-elle
encore, m'ont toujours servi de touche pour éprouver les esprits, (estimant) selon le degré de bien
qu'ils en jugeaient le bien que je devais juger d'eux-
mêmes.... Le jugement élève les humains sur les
bêtes, Socrate sur eux, Dieu sur lui. »

Il n'est guère prudent de désirer connaître per-
sonnellement les hommes dont les écrits nous inspirent une grande admiration. La déception qu'on
éprouve presque toujours en les voyant de près peut
même faire redouter leur connaissance à une sagesse
expérimentée. Mais si ce désir n'est pas prudent, il
est naturel, particulièrement à la jeunesse et surtout
à l'imagination exaltée d'une jeune fille.

Mlle de Gournay rêvait de voir le grand homme
qui avait fait les *Essais*. Elle « commença de désirer
la connaissance, communication et bienveillance de
leur auteur plus que toutes les choses du monde ».
Le bruit de sa mort ayant couru, je ne sais à quel

propos, « elle en souffrit un déplaisir extrême, lui semblant que toute la gloire, la félicité et l'espérance d'enrichissement de son âme étaient fauchées en l'herbe, par la perte de la conversation et de la société qu'elle s'était promise d'un tel esprit ».

Heureusement la nouvelle était fausse, et bientôt elle apprit que le dieu lui-même approchait.

Elle se trouvait en 1588 à Paris avec sa mère, où ces dames étaient venues passer quelque temps. Montaigne s'y rendit la même année, afin de réimprimer son ouvrage, augmenté d'un troisième livre et de six cents additions aux deux premiers. La jeune fille « l'envoya saluer et lui déclarer l'estime qu'elle faisait de sa personne et de son livre. Il la vint voir et remercier dès le lendemain, lui présentant l'affection et alliance de père à fille. »

Montaigne avait alors cinquante-cinq ans; elle, vingt-deux. A partir de ce moment, elle ne parlera plus de lui que comme de son « second père »; voici, d'autre part, la note très affectueuse que le philosophe écrivit sur « sa fille » à la fin du chapitre xvii de son livre II.

Il vient de nous entretenir de La Boétie et de plusieurs hommes du siècle excellents en diverses qualités, le duc de Guise, le maréchal Strozzi, Aurat, Bèze, Buchanan, L'Hôpital, Mont-Doré, Ronsard, Du Bellay, Adrien Turnèbe, La Noue. Il ajoute :

J'ai pris plaisir à publier en plusieurs lieux l'espérance que j'ai de Marie de Gournay le Jars ma fille d'alliance; et certes aimée de moi beaucoup plus que paternellement, et enveloppée en ma retraite et solitude, comme l'une des meilleures parties de mon propre être. Je ne regarde plus qu'elle au monde. Si l'adolescence peut donner présage, cette âme sera quelque jour capable des plus belles choses, et entre autres de la perfection de cette très sainte amitié, où nous ne lisons point que son sexe ait pu monter encore. La sincérité et la solidité de ses mœurs y sont déjà bastantes (suffisantes), son affection vers moi plus que surabondante; et telle en somme qu'il n'y a rien à souhaiter, sinon que l'appréhension qu'elle a de ma fin, par les cinquante et cinq ans auxquels elle m'a rencontré, la travaillât moins cruellement. Le jugement qu'elle fit des premiers Essais, et femme, et en ce siècle, et si jeune, et seule en son quartier, et la véhémence fameuse dont elle m'aima et me désira longtemps sur la seule estime qu'elle en prit de moi, avant m'avoir vu, c'est un accident de très digne considération.

« De très digne considération », en effet. Touché et flatté au plus haut point de la passion qu'il avait inspirée à une jeune fille, Montaigne ne pouvait s'empêcher de trouver ce phénomène étonnant. Cela déroutait toutes ses idées sur les femmes, qu'il croyait incapables d'amitié vraie, parce que l'amitié est un sentiment raisonnable, et qu'il les tenait, l'impertinent! pour déraisonnables par essence, quels que pussent être, d'ailleurs, leur culture et leur esprit.

Dans la comparaison soutenue qu'il fait de l'amour avec l'amitié, c'est à celle-ci qu'il donne la supériorité sur tous les points. L'amour est « un feu téméraire et volage, ondoyant et divers, feu de fièvre, sujet à accès et remises, et qui ne nous tient qu'à un coin. En l'amitié, c'est une chaleur générale et universelle, tempérée au demeurant et égale; une chaleur constante et rassise, toute douceur et polissure, qui n'a rien d'àpre et de poignant. » A la différence de l'amour, l'amitié, sentiment tout spirituel, s'accroît par la jouissance et s'affine par l'usage. « La suffisance (capacité) ordinaire des femmes n'est pas pour répondre à cette conférence et communication, nourrice de cette sainte couture; ni leur âme ne semble assez ferme pour soutenir l'étreinte d'un nœud si pressé et si durable.... Ce sexe, par nul exemple, n'y a encore pu arriver, et, par le commun consentement des écoles anciennes, il en est rejeté. »

Mlle de Gournay, aux yeux de Montaigne, constituait donc dans son sexe, par l'amitié qu'elle avait pour lui, une exception rare et unique.

Elle-même nous a donné, du charme irrésistible qui l'attirait vers le philosophe, une explication très naturelle et que rien ne contredit, en somme, dans son image telle que ses écrits la reflètent : c'est, tout simplement, qu'elle lui ressemblait. Dans l'amour, il est aisé de concevoir que les contraires s'attirent : Alceste amoureux de Célimène, c'est l'eau éprise du feu, c'est Éloa séduite par l'ange déchu, et cela est dans la nature; mais, en fait d'amitié, il serait difficile de comprendre un attrait réciproque qui ne fût pas fondé sur la communion des idées et des sentiments.

« La nature, écrit Mlle de Gournay, m'a fait tant d'honneur que, sauf le plus et le moins, j'étais toute semblable à mon Père. Je ne puis faire un pas, soit écrivant ou parlant, que je ne me trouve sur ses traces »; aussi croit-on souvent que « je l'usurpe », autrement dit, que je le pille. Et encore : « Si je n'ai les vertus de mon second Père, j'ai quelques-uns des vices qu'il avoue, surtout celui-ci, de m'impatienter vivement d'une conférence confuse », c'est-à-dire, je crois, d'une discussion conduite sans ordre. Elle admire enfin « la sympathie fatale » de leurs deux « génies », mot qui n'avait pas dans l'ancienne langue le sens ambitieux qu'il a aujourd'hui, et cette expression rappelle « la force inexplicable et fatale », la sympathie préétablie, qui poussa La Boétie et Montaigne dans les bras l'un de l'autre.

Cette « généreuse et philosophique amitié » de la jeune fille et du vieux sage dura jusqu'à la mort de Montaigne, c'est-à-dire quatre ans, juste autant que la célèbre amitié des deux jeunes hommes, comme Mlle de Gournay en a fait mélancoliquement la remarque : « Il ne m'a duré que quatre ans, non plus qu'à lui La Boétie ».

Durant l'année 1588, Montaigne demeura à Paris sept mois environ, non sans quelques fugues à Chartres et à Rouen, à la suite de la cour. Mme de Gournay et sa fille l'invitèrent à venir les voir dans leur domaine de Gournay, en Picardie. Il y fit deux ou trois visites et un séjour, en tout, de trois mois.

Dans une des promenades que ce « bon père »

faisait avec « sa fille », elle lui conta une histoire romanesque dont Plutarque lui avait fourni l'idée, sur la funeste puissance de l'amour.

Elle mit ensuite ce conte par écrit, et quand Montaigne fut de retour dans son château du Périgord, elle lui envoya sa rédaction manuscrite, avec une traduction en vers du second livre de l'*Énéide* et diverses poésies de son invention; le tout formant un petit volume qui s'appelle *le Promenoir de Monsieur de Montaigne par sa fille d'alliance.*

Dans une épitre dédicatoire, Marie de Gournay explique ainsi le titre de l'ouvrage, l'ouvrage lui-même et le dessein qu'elle eut en l'écrivant :

Vous entendez bien, mon Père, que je nomme ceci votre *Promenoir,* parce qu'en nous promenant naguère ensemble, je vous contai l'histoire qui suit.... L'occasion qui m'émeut à la coucher maintenant par écrit, et l'envoyer, depuis votre partement, courir après vous, c'est afin que vous ayez plus de moyen d'y reconnaître les fautes de mon style.... Goûtez le donc et me corrigez.... Votre sentence m'ayant rendu ce témoignage honorable, que mon entendement était plus propre aux matières solides qu'aux légères, vous jugerez incontinent que, si je vous communique quelques vers qui sont au bout de cet écrit, ce n'est pas un trait d'ambition, mais de conscience....

Marie termine sa lettre en baisant les mains à Mme et à Mlle de Montaigne, qu'elle appelle « sa sœur », et elle conclut ainsi : « Mon père, recevez ici l'adieu de votre fille, glorifiée et béatifiée de ce titre.... A Gournay, le 26 de novembre 1588. »

Le Promenoir de Montaigne fut publié six ans
après chez Abel l'Angelier, à Paris (1594), avec cet
avis de *l'Imprimeur au Lecteur* :

Il y a quelques années que ce livret fut envoyé à feu
Monseigneur de Montaigne par sa fille d'alliance : dont
ayant été depuis son décès trouvé parmi ses papiers, messieurs ses parents me l'ont fait apporter, pour ce qu'ils
l'ont jugé digne d'être mis en lumière, et capable de faire
honneur du défunt : s'il se peut ajouter quelque chose à la
gloire d'un si grand et si divin personnage.

Le roman conté à Montaigne par Mlle de Gournay,
puis rédigé par elle en beau style, est mortellement
ennuyeux. Mais « qu'importe qu'on m'ennuie,
pourvu que je m'amuse? » disait des livres et des gens
une femme d'esprit du xviiie siècle. Pour qui sait
lire, il n'y a en littérature rien d'ennuyeux, au sens
absolu du mot. Ce qui n'est pas intéressant en soi
peut nous intéresser à titre de document sur une
époque, sur l'état des âmes ou des esprits, et il ne
saurait être sans aucun intérêt pour nous, lecteurs
de 1895, d'avoir un aperçu de l'idée que le public et
les auteurs français se faisaient du roman en l'an
de grâce 1588.

Le roi des Parthes a battu le roi des Perses.
Comme gage de la paix, le vainqueur a exigé la
main d'Alinda, fille du satrape Orondatès, qui était
l'oncle du roi de Perse et le second personnage du
royaume.

Alinda trouva fort dur qu'on l'allât faire renoncer au
doux air natal, au sein de sa mère et des siens, pour la
jeter comme confisquée par droit de victoire en la merci

d'un homme inconnu d'elle et d'une nation fière et barbare, où la seule douceur qui lui resterait désormais serait pleurer et regretter la Perse tout son soûl.

Mais elle se résigna, en considération du bien général, qui doit toujours être préféré au bien particulier, comme le lui démontra son père dans un discours très convaincant de huit pages.

Donc, le père et la fille partirent pour le pays des Parthes. En route ils s'arrêtèrent chez un vieux courtisan, père du beau Léontin, « les grâces duquel rendaient sa jeunesse et sa beauté si dangereuses, que les plus sages dames n'étaient pas celles qui lui faisaient tête, mais bien celles qui le fuyaient ». Vous entendez assez que Léontin et Alinda vont devenir follement amoureux. Leur passion fit des progrès d'autant plus rapides que les circonstances la favorisèrent d'abord, le satrape ayant attrapé (ce mal s'attrape) l'influenza, ce qui le contraignit à prolonger son séjour chez le père du jeune homme. Bref, la damoiselle consentit à s'enfuir avec le damoiseau, non sans avoir eu sa petite tempête sous un crâne :

Il est bien certain qu'elle ne se rendit point sans grand et âpre contraste et résistance, tant contre elle-même que contre le poursuivant. Sera-t-il dit que je trahisse mon père, moi fille, moi, dis-je, Alinda?... Est-il dit que ce soit à jamais sur l'horreur de mon exemple, que les mères instruiront leurs filles à fuir le mal?... N'est-il pas commandé de se tuer exprès, pour ne violer point le devoir? O grand Oromasdès! prête-moi secours; j'appelle la mort même secours et guérison, pourvu que tu me la donnes en mon innocence. Elle parlait de cette sorte, et ces consi-

dérations la remettaient parfois en bons termes. Mais
quoi? plus elle bande toutes ses forces pour s'arracher
Léontin de la fantaisie, et plus elle l'y engrave profondément, parce que, plus vivement elle le craint, et plus vivement elle se le représente.

Suivent des citations de Virgile. Elles abondent
sous la plume de cette jeune lettrée.

Fuite nocturne des amants. Départ en barque.
Orage. La tempête les jette sur une côte lointaine
de la Thrace, où l'un des grands du pays, nommé
Othalcus, offrit aux fugitifs une hospitalité qui leur
sera funeste. Le style de Mlle de Gournay est curieux
ici; c'est un échantillon accompli de la préciosité
qui allait universellement fleurir dans notre littérature :

Ils n'eurent pas encore joui de ce repos huit jours, que
les mêmes yeux qui avaient vaincu Léontin, n'ayant ni
dissipé leurs forces en ce premier effort, *ni détrempé leurs
vives flammes en la mer*, commencèrent d'allumer peu à peu
le rude sein du Thrace qui n'avait auparavant accoutumé
que la guerre et la chasse des bêtes sauvages.

Courons à la catastrophe, qu'on devine en gros,
mais dont les détails sont parfois inattendus.
Othalcus n'était pas un brutal; c'était un homme
assez galant, qui se sentait tenu à certains égards
envers Léontin, son hôte. Il résolut donc de le
dédommager, en lui donnant sa sœur, nommée
Ortalde, et il réussit dans ce dessein avec une facilité surprenante dont Mlle de Gournay a sans doute
voulu faire un trait de satire contre l'inconstance des
hommes.

La pauvre Alinda, instruite de la trahison de son amant (car elle avait surpris « par une fente assez capable » une tendre conversation d'Ortalde avec Léontin), feignit d'accueillir favorablement l'hommage du seigneur thrace. Elle le pria seulement de lui rendre un service : c'était de faire tuer dans son lit une certaine vieille, dont la langue, disait-elle, ne l'avait pas épargnée. Othalcus « lui octroya gaiement ce point ».

Écrire à Léontin une lettre d'adieu et de tendres reproches, prendre la place de l'horrible vieille et attendre la mort : voilà ce qui restait à faire à la sympathique héroïne. Mais une dissertation de trente-trois pages sur les souffrances et sur toutes les tragédies de l'amour interrompt ici le roman. Enfin voici venir les meurtriers dépêchés par Othalcus; ils égorgent Alinda, qui avait eu soin « de se tourner à bouchon sur l'oreiller, de peur que le trop différent lustre de ce visage à celui de la vieille ne découvrît la fourbe, à la faveur d'une lune entre-luisante ».

Survient Léontin, bourrelé de remords :

O terre! ô cieux! quel monstre te ressemble en cruauté? Les caresses de leur femelle amollissent le tigre et le lion; mais toi, tout au contraire, tu as fait passer les mers à cette chétive, tu lui as fait abandonner père et mère, la pourpre et les honneurs royaux, l'Empire, et presque encore l'autel et les sacrifices, pour la faire massacrer!

Il se tue.

Le corps tombe à côté d'Alinda, les plaies jointes, qui semblaient amoureusement s'entr'accueillir, et ce nouveau sang, chaud et bouillant, vouloir ranimer l'autre par son infusion. Or, la misère d'un tel spectacle tira des larmes à toute l'assistance, et, depuis, à plusieurs personnes qu'il ne toucha que par les oreilles.

Un tombeau, élevé par les soins du Thrace et de sa sœur, réunit les cendres des deux amants.

Il résulte de cette fidèle analyse qu'un roman, à la fin du xvie siècle, était une histoire romanesque et sentimentale, parsemée de citations classiques, de locutions précieuses et de dissertations morales assez lourdes. Si cette façon d'écrire plaisait aux auteurs, il fallait bien qu'elle amusât les lecteurs aussi. Le goût change, et peut-être nos arrière-neveux auront-ils une certaine peine à comprendre le genre d'intérêt qui nous passionne dans les romans d'aujourd'hui.

L'auteur de cet opuscule n'oublie pas un instant qu'elle s'adresse à Montaigne. Sa narration et surtout ses réflexions sont continuellement entrecoupées de ces mots entre deux virgules : « Mon Père ». Elle fait aussi plusieurs allusions aux *Essais*, qu'elle appelle « célestes », « la profonde épargne et réserve que Dieu faisait depuis quatorze cents ans de toute la sagesse humaine ».

Sa traduction du deuxième livre de l'*Énéide* est honorable comme celles du premier, du quatrième et du sixième, qu'elle entreprit plus tard. M. Léon Feugère, qui en cite de longs extraits, trouve le travail de la demoiselle supérieur à ce qu'ont tenté, dans le même genre, Bertaut et le cardinal Du

Perron. Mais, comme elle-même le remarque judicieusement, faites aussi bien que vous voudrez :
toujours les poètes « perdent au change de leur
langue ».

Le « Bouquet poétique » qui termine le petit
volume est composé de fleurs qui ne sont pas d'un
grand prix; l'auteur en a, par la suite, cueilli d'un
peu moins médiocres sur les sentiers du « Pinde ».
Un sonnet à Montaigne sur les *Essais* n'a rien de
notable que le dernier vers :

> Montaigne écrit ceci, Jupiter l'a dicté,

que Mlle de Gournay corrigea de la façon suivante
dans une nouvelle édition :

> Montaigne écrit ce livre, Apollon l'a conçu.

Apollon ou Jupiter, l'expression reste aussi emphatique que la pensée est nulle, et ce grand vers n'est
que du vent. Il y a aussi toute une série de qua-
trains pour la maison de Montaigne, pour « Mlle de
Montaigne », mère du philosophe, pour Mme de
Montaigne, sa femme, pour Mlle Léonor de Montaigne, depuis Mme de la Tour, pour les frères, les
neveux, etc., où rien ne me paraît digne de mention,
tout et cela se termine par une nouvelle louange du
nom de Montaigne :

> O nom! mon livre tu termine
> Et tu le commenças aussi;
> Par le grand Jupiter ainsi
> Toute chose commence et fine.

Quand, plus tard, Mlle de Gournay réimprima la pièce de résistance de son « Promenoir de Montaigne », l'histoire d'Alinda et de Léontin, elle répondit, de sa bonne encre, à certaines critiques qu'on s'était permis de lui faire, dans un *Avis sur la nouvelle édition*, plus amusant, à coup sûr, que le roman lui-même, comme tous ceux de ses écrits qui touchent à l'objet de sa grande passion, les idées littéraires et les disputes de goût.

Une des choses qu'on lui avait assez sottement reprochées, c'était d'avoir « traité un sujet amoureux ». Elle se justifie par l'exemple du « divin Virgile », d'Héliodore, évêque, de saint Augustin, que les amours de Didon faisaient pleurer, et du cardinal Du Perron, qui les avait traduits. Elle plaide ensuite pour les dissertations, pour les beaux et « florissants » discours qui interrompent la suite du récit ; mais ici peut-être elle a tort, bien qu'elle compare les lecteurs « sèchement » avides d'une « narration toute crue » à un paysan grossier qui préfère le lard à des mets délicats. Enfin, le goût nouveau reprenait son style, trop riche en métaphores : elle répond à ces « mômes » que leur critique la flatte, et qu'en voyant les platitudes, « la servitude niaise », « la pauvreté », « l'infâme sottise » des écrits et des esprits du jour, elle est fière et heureuse d'avoir l'honneur de leur déplaire.

Mme de Gournay étant morte en 1591, sa fille, âgée alors de vingt-six ans, se fixa désormais à Paris. C'est là qu'elle apprit, l'année suivante, « à son

incomparable regret », la mort du grand homme
qu'elle appelait son père. Montaigne, en mourant,
avait chargé son frère, le sieur de la Brousse, d'un
tendre adieu pour sa fille d'alliance.

En 1594, Mlle de Gournay recevait de Guyenne
un envoi d'un prix inestimable : celui du volume
auquel son nom demeure attaché et qui, bien plus
que ses propres écrits, lui assure une place dans
l'histoire de la littérature. C'était un exemplaire de la
dernière édition des *Essais* (1588), chargé de notes
et d'additions manuscrites, en vue d'une édition
nouvelle que l'auteur eût donnée lui-même s'il avait
vécu plus longtemps. La plupart des éditeurs et
des biographes de Montaigne attribuent à Mlle de
Gournay, dans cette circonstance, un rôle qui ne
fut pas exactement le sien, faute d'avoir lu avec
assez d'attention ce qu'elle nous apprend elle-même
à ce sujet. Voici, selon toute probabilité, comment
les choses se passèrent.

Montaigne, pendant les quatre dernières années
de sa vie, de 1588 à 1592, couvrit de notes et d'additions à la plume un exemplaire des *Essais* de l'édition de 1588, in-quarto, que tout le monde peut
demander à voir à la bibliothèque de Bordeaux où
il est conservé et serré précieusement dans un coffre-
fort. La reliure, en maroquin noir, est assez belle ;
malheureusement le relieur, artiste peu religieux,
a, d'une main sacrilège, rogné les marges, faisant
ainsi disparaître une partie des lignes écrites par
Montaigne. Beaucoup de marges sont tellement

couvertes d'écriture, qu'il est visible que l'auteur n'avait pas eu la place d'y tout mettre. Il a donc dû écrire aussi sur un autre exemplaire ou sur des feuilles volantes. Après sa mort, sa veuve, tenant à conserver l'exemplaire principal, et ne pouvant pas, d'ailleurs, le livrer tel quel à l'impression, en fit exécuter une copie sur l'autre exemplaire, celui qui était le moins chargé d'écriture, et nous savons par Mlle de Gournay que ce copiste diligent et soigneux fut le poète bordelais Pierre de Brach.

... Que je sais de gré au sieur de Brach de ce qu'il assista toujours soigneusement Mme de Montaigne au premier souci de *sa* fortune (l'adjectif possessif se rapporte non à Mme de Montaigne, mais à la copie des *Essais* mentionnée dix lignes plus haut), intermettant pour cet exercice la poésie dont il honore sa Gascogne, et ne se contentant pas d'emporter sur le siècle présent et le passé le titre d'unique mari, par la gloire qu'il prête au nom de sa femme défunte [1], s'il n'enviait encore celui de bon ami par tels offices et plus méritoires vers un mort.

Quand la copie exécutée si consciencieusement par Pierre de Brach fut prête (et ce ne dut pas être un petit travail), Mme de Montaigne l'adressa à Mlle de Gournay, afin qu'elle en surveillât l'impression, qui ne pouvait se faire qu'à Paris, l'imprimeur de l'édition de 1588, Abel l'Angelier, ayant un privilège de neuf ans.

La fameuse édition in-folio des *Essais* parut en 1595, précédée d'une préface de Mlle de Gournay,

---

1. Allusion aux vers consacrés par Pierre de Brach à la mémoire de sa femme.

qui est trop longue, mal écrite et obscure, mais qui mérite encore d'être lue, étant plus complète à certains égards et plus intéressante en sa première forme qu'en celle que la vieille fille lui donna, quarante ans après, dans sa nouvelle édition de 1635.

Elle s'y plaint du « froid accueil » que « nos hommes » firent d'abord aux *Essais*, et elle réfute les critiques adressées au chef-d'œuvre par les contemporains.

Sur ce prétendu froid accueil il y aurait peut-être une ou deux réserves à faire. D'abord, l'édition de 1595 était la *sixième*, s'il y en avait déjà quatre avant celle de 1588.

Je sais bien que rien n'est plus vague que ce mot : « édition ». Aujourd'hui, si vous tirez à cinq cents exemplaires, et si vous en distribuez quatre cent quatre-vingt-dix : 1° aux journalistes, qui, sans même couper la dédicace, *lavent* le volume chez le bouquiniste du coin; 2° à vos amis et connaissances, qui ne vous en disent pas un mot ou qui vous écrivent : « Merci, mon cher, pour votre nouvel ouvrage, dont l'aspect attrayant me *promet* une lecture des plus intéressantes », il ne restera pas grand' chose pour la vente, et vous pourrez, avec l'aide de Dieu, arriver assez vite à une seconde édition, qui s'écoulera de la même manière. Un tirage de deux mille exemplaires est fréquemment divisé, de nos jours, par des libraires sans scrupule, mais commerçants habiles et philosophes pleins d'expérience, qui connaissent la badauderie humaine, en quatre pseudo-éditions de cinq

cents exemplaires chacune : il n'y a, pour chaque
série, à renouveler que la couverture.

Il est vrai que ces trucs charlatanesques de la
réclame n'étaient pas connus au xvi⁰ siècle, et que
les journalistes, Dieu merci! n'ayant pas encore
commencé leur règne, Montaigne n'avait pas à
compter avec la capricieuse tyrannie d'une presse
toute-puissante, dont on oserait dire, si elle n'avait
pour excuse l'avalanche des livres dont elle est
submergée, que la justice est son moindre souci,
puisqu'il ne suffit pas de la servir régulièrement, et
qu'il faut la solliciter, l'obséder de visites, de lettres,
la flatter toujours et parfois la payer bien cher, pour
en obtenir un regard et un mot. Mais je ne sais pas
à quel chiffre notre philosophe avait tiré les cinq
premières éditions des *Essais*, ni combien il en avait
distribué d'exemplaires à ses bons amis.

Remarquons, en second lieu, que Mlle de Gournay n'admire pas Montaigne à demi, et que, pour
elle, louer son grand homme avec mesure, c'est ne
pas l'apprécier du tout. Elle le déclare expressément :

Il se voit une espèce d'impertinents juges des *Essais*,
entre ceux même qui les aiment; ce sont les *médiocres
loueurs....* Quiconque dit de Scipion que c'est un gentil
capitaine, et de Socrate un galant homme, leur fait plus
de tort que tel qui totalement ne parle point d'eux : à
cause que, si on ne leur donne tout, on leur ôte tout; *vous
ne sauriez louer telles gens en les mesurant.*

Louant donc les *Essais* sans aucune mesure, elle
appelle ce livre (mais ces termes hyperboliques ont

disparu de la préface de 1635) « le trône judicial de
la raison, l'ellébore de la folie humaine, le hors de
page des esprits, la résurrection de la vérité, le parfait en soi-même et la perfection des autres ». Quand
on s'exprime de la sorte sur les *Essais*, il est clair
qu'on doit être fort exigeant en fait d'enthousiasme
et taxer de froideur tout jugement sensé.

Les critiques que les contemporains de Montaigne faisaient de son ouvrage n'en sont pas moins
curieuses à connaître, et là est le principal intérêt
de la préface de 1595. Elles sont d'ordre surtout
littéraire et ne diffèrent pas essentiellement de celles
que nous lui adressons encore. Si le caractère moral
de l'homme se prêtait à une sorte de construction légendaire qui s'est assez lentement formée et
qu'on peut essayer de démolir aujourd'hui, l'écrivain a été très vite jugé d'une manière à peu près
définitive.

On lui a reproché de bonne heure l'abus des lati-
nismes, quelques néologismes aussi et « quelques
phrases nonchalantes ou gasconnes ».

Sur le premier grief, « l'usurpation du latin »,
Mlle de Gournay répond avec esprit et non sans
une certaine justesse que quiconque parle français
latinise, et qu'on ne peut pas seulement « dire père,
ni mère, frère, sœur, boire, manger, dormir, veiller,
aller, voir, sentir, ouïr et toucher, ni tout le reste
en somme des plus communs vocables qui tombent
en notre usage, sans parler latin ».

Cela est vrai; mais, ce qui est vrai aussi, c'est

que, outre la nécessité générale où nous sommes tous de parler latin en français, Montaigne, qui avait appris d'abord la langue latine dans son enfance, s'en était imbu si profondément que, dans les subites secousses de l'âme ou du corps, quand l'émotion chez lui trouvait son expression spontanée, c'est le latin qui naturellement sortait de ses lèvres; et, quant au style écrit, ses seuls maîtres, ses seuls modèles furent Sénèque et les grands poètes latins. Jamais éducation d'un grand écrivain français ne fut donc plus exclusivement latine que la sienne. Si les contemporains de Montaigne l'ont senti et l'en ont blâmé, il faut bien qu'il y ait eu chez lui quelque excès de culture et d'imitation latine.

Sur le second grief, les néologismes, Mlle de Gournay professait une doctrine très aristocratique, héritée de Ronsard et de la Pléiade. Pleine d'un mépris souverain pour le vulgaire et pour la façon commune de s'exprimer, elle estimait qu'à des pensées extraordinaires, il faut, pour être dignement rendues, des termes inusités.

Cela encore peut être vrai... jusqu'à un certain point et à condition qu'aussitôt après avoir recommandé la recherche et la rareté des expressions, on prêche exactement le contraire et qu'on mette le naturel et la simplicité au premier rang des qualités d'un bon écrivain. C'est dans cette contradiction que s'est complu Montaigne avec la plus souriante désinvolture, parce qu'il était un grand et libre esprit. Sa fine intelligence sentait que ces questions d'art

et de style sont d'une complexité très délicate qui
permet et même qui commande de faire et de dire
à la fois le oui et le non, le pour et le contre. Il
« crochète » donc et « furète », à l'exemple d'Horace, le magasin des mots et des images rares, et
cependant il écrit : « La recherche des phrases nouvelles et des mots peu connus vient d'une ambition
scolastique et puérile; puissé-je ne me servir que de
ceux qui servent aux halles à Paris ! » Mais sa fille
adoptive, esprit étroit, violent, passionné, s'est obstinément butée à l'orgueilleuse doctrine du dédain
pour le « vil populaire », et, devenue vieille fille,
elle a fini par se rendre ridicule en combattant avec
une véhémence enragée la réaction de l'esprit français et national contre les témérités de l'école de
Ronsard.

Les mots forgés par Montaigne sont, d'ailleurs, en
très petit nombre. M. Voizard, qui a soigneusement
anatomisé sa langue dans une étude spéciale, en
relève à peine vingt, parmi lesquels je citerai :
*emmaillotement, fainéance, néantise, savanteau, uberté,
affaireux, equable, instruisable, espérable, précipi-
teux, scéléré, enfiévré, profonder, artialiser, indiges-
tible.* Deux au moins de ces néologismes, *enfiévré* et
emmaillotement, étaient bons, puisqu'ils ont passé
dans la langue.

Il en est de même des mots gascons, que Montaigne avait paru appeler à la rescousse contre
l'insuffisance du français, quand il disait plaisamment : « Que le gascon y arrive, si le français n'y

peut aller! » En fait, il n'y a que trois mots purement gascons dans tout ce qu'il a écrit : *asture* pour
« à cette heure », *escarbillat* pour « pétulant », et
stropiat pour « estropié ». Mlle de Gournay a été
plus près de la vérité qu'elle ne croyait probablement l'être en avouant qu'il pouvait y avoir dans
les *Essais* « huit ou dix mots étrangers ou hardis,
et *trois* manières de parler gasconnes ».

Arrivons au dernier grief : les phrases nonchalantes. Il est très fondé. Montaigne avait bien pour
idéal un « parler difficile, nerveux, mâle et militaire, bref et brusque »; mais tel n'est point, en
général, son style.

Si l'expression chez lui est toujours curieuse et
souvent admirable, étant le reflet changeant d'une
âme très vivante et très personnelle, d'une pensée
merveilleusement nuancée, sa phrase, par affectation
de gentilhommerie, parti pris, négligence, plutôt
que par incapacité de mieux faire, est, sauf les
belles exceptions, molle, flasque, inorganique, désar-
ticulée, va-comme-je-le-pousse, chargée d'incidentes
et de parenthèses, sans muscles et sans os, sans
charpente, sans construction et sans nombre. Des
quatre grands prosateurs du xvie siècle, Rabelais,
Calvin, Amyot et Montaigne, les deux premiers seuls
sont des maîtres presque impeccables de la grammaire et de la syntaxe; ils ont déjà la précision,
la fermeté, la vigueur des classiques. Les deux
autres, Montaigne surtout, sont des artistes « non-
chalants »; poussant la langue française dans une

voie d'aimable et capricieux laisser aller, où elle aura besoin du sévère rappel à l'ordre de Malherbe.

Mlle de Gournay, qui écrivait elle-même à la diable, n'avait pas la moindre idée de ce qui, à cet égard, manquait à son idole, et ce n'est pas une exagération seulement, c'est une criante contre-vérité que sa réponse, sur ce point, aux censeurs des *Essais* : « Tout est parfait dans ce livre.... Les dieux et les déesses lui ont donné leur langue.... Un si glorieux langage devrait être assigné aux hommes par édit.... C'est *le clou qui fixera la volubilité* de notre idiome. »

On reprochait encore aux *Essais* leur licence. Mlle de Gournay répond par la distinction qu'on fait toujours, et qui n'est peut-être pas bien probante, entre la béguculerie et la véritable chasteté. Il est un peu plus intéressant de noter ici, non dans la préface de 1595, mais dans celle de 1635, la pudique raison qu'elle allègue pour n'avoir pas traduit en français certaines citations latines de Montaigne :

Je ne présente point d'excuse d'avoir laissé dormir les (textes) libertins sous le voile de leur langue étrangère, ou d'avoir tors le nez à quelque mot fripon de l'un d'entre eux, si ce mot a été le seul qui me pût empêcher d'en faire présent au lecteur.

Remarquons, à ce propos, que la langue de Mlle de Gournay est parfois assez crue, quoique sa pensée soit toujours très décente. Elle n'avait pas de fausse pruderie. Une de ses maximes était qu'il faut parler salement des ordures, comme il faut parler témérairement de la témérité, poétiquement de la poésie, etc.

De même, on peut et l'on doit parler des choses profondes avec quelque obscurité : c'est la justification que fait notre apologiste de ce que les contemporains trouvaient d'un peu obscur dans les *Essais*. Mais cette excuse n'est pas bonne. La pensée de Montaigne n'est jamais à tel point profonde qu'elle côtoie les abîmes où commence la mystique horreur des ténèbres. Son esprit, d'une netteté toute française, n'a que des horizons bien clairs. Si Montaigne est obscur (et il l'est), cela tient, d'une part, à l'absence totale de composition, de dessein et, peu s'en faut, d'objet même dans plusieurs de ses causeries ; d'autre part, à la fuyante imprécision de son style.

Ce que Pascal et le XVIIe siècle ont reproché le plus à Montaigne, c'est l'impertinence de sa confession personnelle. « Il parle trop de soi. » Cette critique n'a pas attendu, pour être formulée, l'avènement de la raison classique ; car, dès 1595, Mlle de Gournay avait à y répondre, comme à « la plus générale censure que l'on fit des *Essais* ». Elle riposte avec assez de rondeur :

Il n'était point avant lui de maître de cette leçon, si nécessaire néanmoins au service de la vie ; et la juge autant instructive par les moindres particularités de ses mœurs que par les traits les plus solennels : tant à cause que les grands effets dépendent ordinairement des petites actions, que d'autant aussi que la vie même n'est qu'une contexture de punctilles et de nigeries.... Il a vraiment eu raison de montrer comme il se gouvernait en l'amour, au devis, à la table, voire à la garde-robe, puisque tant d'hommes se sont perdus pour ne savoir pas se comporter à la table, au devis, en l'amour et à la garde-robe encore.

Enfin, l'auteur de la préface rend à la foi chrétienne de Montaigne un intéressant témoignage, un peu infirmé sans doute par la complaisance enthousiaste du témoin, mais qui ne doit pas être négligé tout à fait, venant d'une personne qui a eu l'honneur de s'entretenir familièrement avec le philosophe :

Moi seule avais la parfaite connaissance de cette grande âme.... Je dis donc, *avec vérité certaine*, que tout ainsi que jamais homme ne voulut plus de mal aux nulles et fausses religions que lui, de même il n'en fut onques un *plus ennemi de tout ce qui blessait le respect de la vraie....* Qui pourrait aussi supporter ces nouveaux Titans, écheleurs du ciel, qui pensent arriver à connaître Dieu par leur moyen et circonscrire ses œuvres aux limites de leur raison, ne voulant rien recevoir pour vrai s'il ne leur semble vraisemblable? Nous pensons, au contraire, que là où toutes choses sont plus immenses et plus incroyables, là sont plus certainement les faits de Dieu.

En terminant sa préface de 1595, Mlle de Gournay parle de ses devoirs d'éditeur et dit avec quelle conscience elle s'en est acquittée. Elle a secondé les intentions de Mme de Montaigne et de Pierre de Brach « jusques à l'extrême superstition », et elle appelle en témoignage de son exactitude l'exemplaire autographe des *Essais* resté au château de Montaigne. Un seul passage du texte est inintelligible pour elle; cependant elle ne s'est pas permis d'y toucher. Lequel est-ce? on serait curieux de le

savoir. Est-ce celui qu'elle a fini par corriger en 1635,
à la fin du chapitre xviii du livre I? Mais il n'était
pas inintelligible; il n'était que très mal écrit.

En 1595, la jeune Marie, un peu embarrassée du
grand éloge que Montaigne fait d'elle dans les *Essais*,
s'excuse, en ces termes, de le publier :

Lecteur, n'accuse pas de témérité le favorable jugement
qu'il a fait de moi, quand tu considéreras en cet écrit
combien je suis loin de le mériter. Lorsqu'il me louait, je
le possédais : moi avec lui, et moi sans lui, sommes absolument deux.

La paternelle affection du philosophe pour la
jeune fille fit beaucoup jaser les méchantes langues,
et le monde dit à ce sujet tant de sottises, que
l'honnête amie de Montaigne, dégoûtée, supprima
bravement de son édition de 1635 la page élogieuse
qui termine le chapitre xvii du livre II :

En ce seul point ai-je été assez hardie de retrancher
quelque chose d'un passage qui me regarde : à l'exemple
de celui qui mit sa belle maison par terre, afin d'y mettre
avec elle l'envie qu'on lui en portait. Joint que je veux
démentir maintenant et pour l'avenir, par cette voie, ceux
qui croient que, si ce livre me louait moins, je le chéri-
rais et servirais moins aussi.

La veuve et la fille de Montaigne avaient invité
Marie de Gournay à venir les voir, quand son travail
d'éditeur serait achevé, « afin de prendre entière et
mutuelle possession de l'amitié dont le défunt les
avait liées les unes aux autres ».

Elle accomplit ce voyage à la fin de 1595, aussitôt
après l'impression des *Essais*, et demeura quinze

mois avec les dames de Montaigne, entretenant,
depuis lors, « cette correspondance par lettres, surtout avec la fille, qui la chérissait plus que frater-
nellement et avait conçu quelque amour des Muses ».

Je me permets un doute sur cet « amour des
Muses », assez faiblement affirmé d'ailleurs, et je ne
sais pourquoi il m'est impossible d'avoir une bonne
opinion de Léonor, de sa culture littéraire et de sa
piété filiale : probablement parce qu'un curé prit
sur elle assez d'empire pour qu'elle lui cédât, après
la mort de son illustre père, toute sa précieuse bibliothèque.

VI (SUITE)

II

Les traités moraux.

L'œuvre de Mlle de Gournay consiste, outre sa préface aux *Essais* de Montaigne, en un gros volume in-quarto de plus de mille pages, intitulé *les Avis ou Présents de la demoiselle de Gournay* et comprenant toute sa prose et tous ses vers, ses traductions et ses écrits originaux.

Ce recueil fut publié par elle en 1641, lorsqu'elle avait soixante-seize ans, comme « troisième édition » de ses ouvrages, « augmentée, revue et corrigée ». Un portrait d'elle en ses jeunes années orne l'exemplaire : figure ronde, ni jolie ni laide, plutôt intelligente qu'aimable, yeux vifs et bien ouverts, nez un peu gros, bouche fine, menton résolu, cou trop court et trop fort pour être gracieux. Ces mots latins encadrent en ovale le médaillon : *Ipse pater famulam vovit*, et ces deux vers se lisent au-dessous :

Profane, ces écrits n'ont qu'un mot à te dire :
Tu n'auras chez Gournay que louer ni que lire.

Distique provocant, espèce de défi lancé au « vulgaire » : ce qui fut, durant tout le cours de sa
longue vie, l'attitude de cette vierge belliqueuse.

Un discours adressé à une personne imaginaire ou
réelle, qu'elle désigne sous le nom d' « illustre
Sophrosine », ouvre le volume. Elle y appelle son
livre un « ouvrage purement intellectuel » : qua-
lification très juste. Marie de Gournay est une
intelligence pure; ses amours et ses haines sont
des passions de l'esprit. Elle n'a pas les sensibilités
naturelles de cœur et de tempérament qui rendent
sympathique la personne des auteurs et qui consti-
tuent une partie si considérable du talent de tous
les grands écrivains. Elle n'a aimé que les belles-
lettres et ceux qui comprenaient la littérature comme
elle; elle n'a haï que ses ennemis littéraires.

Quel jugement va faire notre auteur des productions de son cerveau? « L'esprit, remarque-t-elle
avec une certaine profondeur, semble autant incapable de juger précisément le fruit qu'il a conçu,
puisque c'est, à vrai dire, une partie de sa propre
essence, que l'œil, quoiqu'il voie toutes choses, est
impuissant à se voir soi-même. »

Dès la page 2, ou plutôt avant même que les pages
soient numérotées (car le discours à Sophrosine n'est
pas compris dans la pagination du volume), Mlle de
Gournay entre en guerre. Notre xviie siècle, « saison
langagère et grimeline », a vu paraître certaines
gens qui se sont mêlés de « regratter » et de
« refripper » la langue française, qui rognent la

richesse de notre vieux vocabulaire et se font sottement gloire, au milieu d'une grande variété de
termes, de n'en choisir qu'un, toujours le même,
pour redire à satiété la même chose sous la même
forme. Faisant toutefois aux grammairiens nouveaux une petite concession, l'auteur convient qu'il
pouvait y avoir dans ses premiers écrits quelques
obscurités; mais elle en a corrigé « la plupart », et
c'est pour elle une occasion de définir son idéal en
matière de style.

Il ressemble à une partie de celui de Montaigne, à
une partie seulement; car, nous l'avons vu, la rhétorique de Montaigne, beaucoup plus complexe et
plus nuancée que celle de Mlle de Gournay,
embrasse, jusqu'à se contredire, des extrèmes qui
s'opposent.

Observons, écrit sa fille d'alliance, si le style est franc
comme le langage, s'il essaie d'éviter la confusion, le trop et
trop peu d'étendue en ses périodes, la bassesse inculte d'une
part, et de l'autre cette piaffe, ce fard d'une étude fantasque
et servile qu'on y recherche tant à cette heure. Regardons
s'il sait diversifier ses phrases comme ses fictions, et finalement rejeter le caquet lâche ou superflu.... L'ingénuité vaut
mieux que les grimaces serviles d'une suffisance affectée.

Les Avis ou Présents sont, nous apprend le discours
préliminaire, une réimpression. Il y a quinze ans,
en 1626, l'ouvrage avait paru sous ce titre : *l'Ombre
de la demoiselle de Gournay*, et avec cette épigraphe :
« L'homme est l'ombre d'un songe, et son œuvre
est son ombre ». Elle a changé ce titre, à cause de
son libraire « qui craignait les esprits »; mais elle

le regrette : quel nom plus heureux que celui d'*ombre*
pour désigner « l'image de mon esprit, maîtresse
pièce de mon être? »

Après un avis au lecteur de 1626, après la table
des matières et l'extrait du privilège du roi, vient,
comme dernière pièce du préambule précédant les
pages numérotées, un *errata* qui vaut bien qu'on y
jette un regard, car c'est peut-être ce que Mlle de
Gournay a écrit de plus touchant et de plus ingénu.

Vingt lignes de corrections sont suivies de cette
note : « Lecteur, ce n'est point tant la nonchalance
des imprimeurs qui te donne ici des fautes, ni celle
encore d'une pauvre vieille, qui, corrigeant son
propre ouvrage sur la presse, croit toujours lire ce
qu'elle a écrit, que c'est le destin de l'imprimerie,
qui ne s'en peut jamais exempter ». La « pauvre
vieille » nous prie alors, nous, ses lecteurs, de vouloir bien exécuter, chacun sur son exemplaire, les
plus importantes corrections, à l'aide de l'errata, et
elle nous avertit qu'on a eu soin de signaler les
grosses fautes à notre attention en les soulignant
d'un trait de plume. « Si tu prends la peine, lecteur,
d'appliquer nos corrections sur ton livre *avant* que
de lire, tu m'obligeras fort. »

L'exemplaire que j'ai emprunté à la bibliothèque
de la ville de Bordeaux contient, en effet, à toutes
les principales fautes marquées dans l'errata, la
trace légère d'une plume et les restes d'une encre
que le temps a jaunie.

Enfin, pour terminer cette description à vol d'oi-

seau de l'in-quarto de 1611, la dernière page nous
montre la vieille amazone toujours armée en guerre,
brandissant sa plume comme une épée au nez de la
postérité et lui criant cette espèce de cartel, de sa
voix la plus fière et la plus aigre :

Si ce livre me survit, je défends à toute personne, telle
qu'elle soit, d'y ajouter, diminuer, ni changer jamais
aucune chose, soit aux mots ou en la substance, sous
peine, à ceux qui l'entreprendraient, d'être tenus, aux yeux
des gens d'honneur, pour violateurs d'un sépulcre innocent.
Et je supprime même tout ce que je puis avoir écrit hors
ce livre, réservé la *Préface des Essais* en l'état que je la fis
réimprimer l'an 1635. Les insolences, voire les meurtres de
réputation que je vois tous les jours faire en cas pareil dans
cet impertinent siècle, me convient à lâcher cette impréca-
tion.

Voilà ce qui peut s'appeler une précaution inutile!
Pauvre vieux bouquin, tu es bien mort et personne
n'inquiétera ta cendre. Tu n'es plus qu'un squelette
conservé encore, comme une momie, pour une suite
de siècles plus ou moins longue, mais voué enfin à
une destruction totale, puisque tu ne seras jamais
réimprimé. La petite âme qui t'a fait vivre durant
une quarantaine d'années, je veux dire la passion
sincère qui t'animait pour les chères idoles, pour
Montaigne, pour Ronsard, cette petite âme s'est un
jour éteinte comme une chandelle qu'on souffle, et
voilà pourquoi tu n'es plus qu'un corps mort, moisi
et rongé par les vers. Il n'y a de vivants, il n'y a
d'immortels que les livres remplis d'une âme tellement puissante qu'elle se rit des formats variés où
l'impression l'enferme, comme des accidents divers

qui menacent toute matière périssable, étant vraiment affranchie de son enveloppe extérieure, passant
et repassant, par une série sans fin de faciles méta-
morphoses, à travers les in-folio, les in-quarto, les
in-octavo, les in-12, les in-16, les in-18, les in-32
et les in-64, de siècle en siècle et d'éternité en
éternité.

J'estime, d'ailleurs, que Marie de Gournay n'a
point à se plaindre de la postérité. Si son œuvre est
morte, son nom vit et vivra toujours, étroitement
associé, comme celui d'Étienne de la Boétie, au
grand nom de Montaigne. Heureuse destinée que
celle de ces réputations littéraires indirectes, déri-
vées, accrochées, comme de brillants satellites, au
cortège d'un astre qui seul est lumineux et dont ils
empruntent tout leur éclat!

La gloire littéraire est, décidément, une grande
loterie. Plus je scrute les profondeurs d'une question
pleine d'abîmes où la rêverie se perd, plus je me
sens attiré par cette conclusion déconcertante pour
l'humaine raison, qu'il ne se reconnaît point de vraie
justice distributive dans les places que le monde
assigne aux écrivains, que le mérite n'est pas le
grand facteur des renommées, et qu'il n'y a qu'heur
et malheur dans le destin des hommes de lettres.

Cette grande et absorbante gloire de Montaigne,
est-elle donc, elle-même, mesurée équitablement?
Quand je songe à tant de bonnes raisons qu'il y
avait pour qu'il ne survécût point tout entier, je ne
puis m'empêcher de trouver qu'il a eu, en définitive,

bien de la chance. Un homme aussi clairvoyant,
aussi modéré, aussi juste que lui, pénétré de la disproportion qui existe entre sa part de mérite réel et
l'immensité de son succès, doit avoir pour unique
emploi de ses loisirs, dans la béatitude glorieuse
dont il jouit, de faire éternellement fumer l'encens
sous les narines de la divinité païenne qu'il honorait
déjà presque à toutes les pages de sa bienheureuse
rapsodie : la FORTUNE.

Entrons maintenant dans l'étude intérieure de
notre in-quarto. Les œuvres de Mlle de Gournay,
outre son roman et ses traductions du latin, peuvent
se diviser en écrits officiels, en traités moraux et en
pamphlets littéraires; à quoi il faut ajouter, hors
classe, une curieuse *Apologie pour celle qui écrit*, formant la conclusion du premier de ses deux livres.

J'appelle « écrits officiels » certains morceaux
purement déclamatoires, tels que l'*Exclamation sur
le parricide déplorable de l'année 1610*, l'*Adieu de
l'âme du roi à la reine régente Marie de Médicis*, la
Prière pour l'âme du même roi, etc. Ce sont des
opuscules sans valeur et sans intérêt, et on peut en
dire autant du traité sur l'*Éducation des enfants de
France*, adressé à Henri IV.

J'aime à croire que le crime de Ravaillac n'a pas
laissé insensible le cœur de Marie de Gournay; mais
on en douterait, à son emphatique verbiage :

O meurtrier parricide! quelle fureur t'emporte? que
veux-tu faire? frapperas-tu l'oint du Seigneur, l'arrière-fils,
le fils, l'héritier et le père de mille oints du Seigneur avec

lui!... Mais où le veux-tu frapper? il est sacré partout, il est partout bienfaiteur et restaurateur de la France et de toi! Frapperas-tu la gorge, la tête, le sein? (Suit un développement sur ce que Henri IV a fait pour la France avec sa gorge ou sa parole, avec son cœur, avec sa tête; mais l'auteur écrit si vite, qu'elle oublie le paragraphe sur la tête, nécessaire pour la symétrie).... O Dieu! que vois-je à ce coup? Ah! monstre exécrable! tu le mires au sein! Je transis, je me pâme. O cieux! ô terre! etc., etc.

D'une façon générale, le grand défaut de Mlle de Gournay écrivain, c'est, dans tous ses ouvrages, dans les plus substantiels comme dans les plus vides, le torrent impétueux des paroles.

On peut se demander si c'est là une commune infirmité de son sexe et s'il faut croire, avec le préjugé vulgaire, que les femmes, aimant trop à babiller, sont incapables, par nature, d'une sobriété forte et calme et d'une éloquente concision? Montaigne prétend que les femmes sont « parlières »; Racine définit la corporation tout entière « un corps qui n'est que langues », et l'humoriste allemand Jean Paul a trouvé, pour cette vieille impertinence, une forme assez neuve, lorsqu'il a dit qu'une femme ne pourrait jamais faire un bon chef d'armée, non pas, comme vous l'accorderiez peut-être, mesdames, par défaut de vaillance et de force physique, de vues puissantes et vastes ou d'autorité, mais... parce qu'il serait impossible à une femme de donner à des troupes un commandement bref. Au lieu de dire : « Halte! » par exemple, voici ce qu'une *commandante* dirait à ses soldats : « Hé, vous tous,

écoutez-moi bien; quand j'aurai fini de parler, je
vous ordonnerai de rester en repos et de ne plus
bouger, sans marcher, sans faire un pas. Est-ce
bien compris? attention! plus un mouvement!
halte-là! halte, halte, vous dis-je.... » Infinie est la
queue où irait se perdant, par la volubilité prolixe
d'une femme, l'impérieuse netteté des monosyl-
labes militaires.

Faut-il donner un exemple de la prolixité de
Mlle de Gournay? Oui, parce que, s'il est bon d'étudier les modèles pour apprendre comment il faut
écrire, il ne saurait être inutile de voir quelquefois
dans les mauvais écrivains comment il ne faut pas
écrire, et puis, parce qu'il est historiquement très
instructif de connaître l'état de la langue française à
l'époque où « Malherbe vint ». Voici donc une phrase
de notre auteur, que je citerai jusqu'à ce que je sois
arrivé à un point; mais j'avoue que, si j'en comprends à peu près le sens général, je n'en saisis pas
bien la construction ni tous les termes :

On ne parle plus ainsi, dites-vous, la mode est changée :
oui, mais c'est par édit, Messieurs, savoir est, par le vôtre:
et le vôtre est celui d'une douzaine de cerveaux vagabonds,
qui veulent rendre *son* lustre et *sa* fortune arbitraires (*son*
et *sa* se rapportent à la langue française sous-entendue et
peut-être mentionnée quelque vingt lignes plus haut), et
qui, par un exemple inouï dans les siècles, s'avisent
d'étouffer violemment une langue vivante, et de lui défendre,
sous peine des brocards injurieux du mépris, une infinité
de manières de parler et autant de termes utiles, agréables,
nécessaires pour la plupart, et si pleins de vie et de vigueur,
qu'eux-mêmes qui les proscrivent sont forcés d'avouer que

le vulgaire les emploie, les Conseils du Roi, les Prédicateurs,
le Parlement, la Cour même, excepté quelque petit nombre
d'esprits essorés, féminins surtout, qu'ils ont recordés à
leur mode, tant pour les flatter après d'une bonne opinion
de leur capacité sur le babil, que pour en faire leur massue
contre les autres, ou bien qui diraient plus et mieux, si
plus et mieux ils savaient.

Ouf! c'est fini; mais je ne sais pas pourquoi c'est
fini. Quand on va de ce train, il n'y a nulle raison
pour s'arrêter.

Dans un de ses meilleurs écrits, Mlle de Gournay
voulant dire que la vraie valeur d'une langue réside
non dans la douceur superficielle des sons, mais dans
ce qui se trouve en elle de suc et de saveur intime,
commence par rendre cette idée avec autant de
grâce que de force, avec la plus heureuse verdeur
d'images; puis surviennent, pour tout gâter, ses cou-
tumiers défauts, diffusion de la phrase et impropriété
des termes :

On rejette la moitié du langage ordinaire, et généralement tous mots et toutes phrases qui semblent porter la
moindre âpreté, le moindre choc de voyelles ou de consonnes, afin de préférer à tout cela des paroles et des
façons de parler graissées d'huile, pour couler avec plus
de douceur.... Il faut casser un noyau avec effort, il faut
briser un os et mordre vertement une pomme, non pas
la lécher ou mordiller doucettement, qui veut extraire
l'amande, la moelle et la bonne substance qu'ils recèlent.

Optime! mais pourquoi, après avoir dit : « Que
d'autres cherchent dans les langues le lait et le
miel, nous y cherchons ce qui s'appelle l'esprit et
la vie », ne s'arrête-t-elle pas sur cette excellente

conclusion? pourquoi définit-elle la vie, qui n'en a
aucun besoin, et pourquoi surtout la définit-elle en
termes aussi peu justes que ceux-ci :

La vie, dirai-je avec raison, puisque toute langue qui
manque en son débit de ce rayon céleste, qu'on appelle
puissante dextérité, souple, agile, affilée, est morte.

Stérile abondance de paroles non seulement inutiles, mais inexactes; car la vie est fort mal définie
par des qualités aussi secondaires que l'*agilité*, la
dextérité puissante (?), etc., et le « rayon céleste du
débit d'une langue » est galimatias pur.

Malgré le caractère libéral et généreux de ses doctrines, Mlle de Gournay n'est pas un bon professeur
de rhétorique ni de grammaire. Elle se récrie
quelque part sur « la profusion de temps » qu'on
exige désormais pour composer en prose et surtout
en vers. Elle déclare « ridicule » l'opinion qui estime
que « l'écriture est autre chose qu'un registre de la
parole ». A ces allégations imprudentes il est bon,
aujourd'hui surtout, d'opposer la règle éternelle du
style. La voici : entre toutes les différentes expressions qui peuvent rendre notre pensée, *il n'y en a
qu'une qui soit la bonne*, écrit La Bruyère; et un autre
vieux classique, Victor Hugo, a dit également bien
qu' « *une idée n'a jamais qu'une forme* », qui est « sa
forme excellente », « complète », « rigoureuse »,
« essentielle », « jaillissant toujours en bloc avec elle
du cerveau de l'homme de génie ». Si elle ne jaillit
pas, il faut la chercher et suer d'angoisse, comme
Flaubert, *jusqu'à ce qu'on l'ait trouvée.*

Montaigne aimait « un parler simple et naïf, tel sur le papier qu'à la bouche ». Heureusement qu'il en a aimé d'autres aussi, et qu'il n'a pas toujours écrit comme il parlait! Il est faux qu'on doive écrire comme on parle, puisqu'il est universellement reconnu qu'on ne doit pas parler comme on écrit. Rédiger une note de blanchisseuse, un article de journal, un rapport administratif, et graver sa pensée pour l'éternité dans le granit du style, sont deux opérations différentes. Celui qui ne sent pas quelle distance « infiniment infinie » il y a entre *écrire* et *écrire*, entre l'expression quelconque des choses et l'art de les dire bien, que celui-là gribouille et barbouille à son aise, mais, pour Dieu! qu'il s'abstienne de toucher à la littérature!

Il n'est que juste, après avoir critiqué la tendance générale du style de Mlle de Gournay, de signaler dans ses ouvrages un certain nombre de belles pensées rendues en perfection.

« L'homme est bon ou n'est pas grand », dit-elle dans l'essai moral intitulé *Que l'intégrité suit la vraie suffisance*. Le traité *Des vertus vicieuses* se termine par cette conclusion, qui est déjà presque du La Rochefoucauld : « Pour conclure ce traité, quiconque retrancherait de l'homme toutes les vertus qu'il pratique par force, par intérêt, par hasard et par inadvertance... logerait le genre humain plus près des bêtes que je n'ose dire ». « Certes il ne faut point, écrit-elle ailleurs, qu'un esprit et moins un poème muguette la faveur, il faut qu'il la ravisse », et c'est

un hémistiche de Boileau, si l'on remplace, au profit
de la noblesse de l'idée, le baiser d'Iris par celui de
la Muse. Voici encore deux pensées qui seraient
dignes d'être de Montaigne et qui orneraient les
Essais :

La vertu est une habitude formée, universelle, constante
et concordante au bien.... Ni Dieu ni l'équité ne veulent être
servis par parenthèse.

Le soleil, tout grand qu'il est, paraît entier en une
simple goutte d'eau : l'homme, souvent en un seul trait,
et des moments brillants de sa vie.

Partout où le style de notre écrivain est bon, ses
maîtresses qualités sont la verve et la couleur. On
sait que c'était un héritage du xvie siècle, et que
la langue française, sous les règnes de Henri IV et
de Louis XIII, était beaucoup plus pittoresque
qu'elle ne l'est devenue bientôt sous l'influence de
la raison abstraite et de l'esprit classique. La fille
d'alliance de Montaigne étincelle encore, dans tous
ses écrits, d'images vives et originales; nous l'avons
déjà constaté; voici deux autres spécimens assez
amusants de style haut en couleur :

Les disciples (de Malherbe) sont semblables au singe du
lyrique latin, qui saute sur une table pour arborer, avec
l'orgueil d'un monarque d'outre-mer, une coiffe de velours
pelé qu'un goinfre lui a plantée sur la tête, sans songer
qu'il montre à nu par même moyen la laideur de son derrière.

Parlant, dans son traité *de la Témérité*, de l'outre-
cuidance des hérétiques illettrés, de ceux que Montaigne appelait des « garçons de boutique », qui se

font forts de comprendre la Bible avec leurs seules
lumières :

> O Dieu! s'écrie-t-elle, quel prodige! Depuis la naissance
> de l'Église chrétienne, il s'est élevé cent diverses sectes de
> l'interprétation de ce livre; et l'on prêche à des artisans, à
> des femmelettes, que, pour trouver le vrai nœud de la
> matière, *ils n'ont qu'à planter les coudes sur la table pour*
> *l'étudier tout leur soûl!*

Un peu plus intéressants que ses écrits officiels,
les traités moraux de Mlle de Gournay ont moins
d'intérêt que ses pamphlets littéraires. Ce sont des
essais de philosophie pratique sur les sujets suivants : La médisance. — Les fausses dévotions. —
Si la vengeance est licite. — L'antipathie des âmes
basses et hautes. — Les grimaces mondaines. —
L'impertinente amitié. — Les sottes finesses. —
Les broquarts et les brocardeurs, etc.

Le grand nombre des traités dirigés contre la
moquerie nous ferait deviner, si nous ne le savions
historiquement par la vie de Marie de Gournay,
que la pauvre fille qui, d'ailleurs, avait bec et ongles
pour se défendre, a eu fort à se plaindre des rail-
leurs et des médisants.

> Un Laconien, enquis si son épée qu'il affilait était bien
> aiguë, ne sut trouver de plus sortable comparaison à repré-
> senter le fil mortel de sa pointe, que celle-ci : Elle perce,
> répliqua-t-il, comme une calomnie.

Cette anecdote antique rappelle la manière de
Montaigne; mais c'est parce que l'auteur des *Avis*
et Présents, comme celui des *Essais*, avait la mé-

moire pleine de l'antiquité : ce n'est point qu'elle
l'imite. Mlle de Gournay n'est jamais le singe de
Montaigne, et c'est un très sérieux compliment à lui
faire. Montaigne est inimitable ou fort dangereux à
imiter : car, ce que l'on imite, évidemment ce ne
peut être les qualités originales de la nature; ce sont
de séduisants défauts, qui ont bien pu, lorsqu'ils
étaient naturels eux aussi, réussir une fois, mais
par une fortune rare dont il serait trop absurde d'espérer le retour et surtout de l'appeler à l'aide d'ingénieux artifices.

L'essai moral le plus curieux de la docte demoiselle est son traité sur l'*Égalité des hommes et des
femmes*; à quoi l'on peut ajouter l'opuscule de cinq
pages intitulé *Grief des dames*.

Par une condescendance dont je lui sais gré, le
vaillant champion du sexe réputé faible consent à
ne pas revendiquer pour les femmes la supériorité
sur les hommes : « Fuyant toute extrémité, *je me
contente* de les égaler aux hommes ». Mais cette
concession lui coûte visiblement, et l'on sent que si
elle avait jusqu'au bout le courage de son opinion,
elle ferait sur toute la ligne triompher le sexe admirable qui a produit non seulement Corinne, victo-
rieuse émule de Pindare, non seulement Cornelia,
mère des Gracques, mais les Amazones, mais Debora,
mais Marie, sœur de Moïse, et Anne, fille de Phanuël,
juges, institutrices et conductrices du peuple de Dieu
dans la guerre comme dans la paix.

Elle exulte de montrer leur bec jaune et leur

« néantise » à ces « docteurs en moustaches », à
ces ressasseurs de fades lieux communs pareils à
une « glaire d'œufs battue », qui, sans savoir pourquoi, méprisent les exploits comme les écrits des
femmes, voyant « plus clair en l'anatomie de leur
barbe qu'en celle de leurs raisons ».

Esprit généreux, mais précipité et confus, Mlle de
Gournay a méconnu, par un aveuglement volontaire, les différences naturelles qui interdisent peut-
être aux femmes de suivre les mêmes carrières que
les hommes, et qui, à tout le moins, soulèvent des
objections assez sérieuses pour valoir une réponse
et un examen. Elle nie formellement ces différences :

L'animal humain n'est ni homme ni femme, les sexes
étant faits pour la seule propagation.... Il n'est rien plus
semblable au chat, sur une fenêtre, que la chatte.

Évidemment, la nature s'est trompée en ne faisant point d'elle un garçon, et de cette erreur de la
nature il est résulté, non une fille, mais une *virago*.

Bien heureux es-tu, lecteur, si tu n'es point de ce sexe
qu'on interdit de tous les biens, le privant de la liberté :
oui même, qu'on interdit encore à peu près de toutes les
vertus, lui soustrayant les charges, les offices et fonctions
publiques; en un mot, lui retranchant le pouvoir, en la
modération duquel la plupart des vertus se forment; afin
de lui constituer pour seule félicité, pour vertus souve-
raines et seules, l'ignorance, la servitude et la faculté de
faire le sot si ce jeu lui plaît.

A travers le fatras du discours sur l'*Égalité des
hommes et des femmes*, il y a cependant une idée juste
et de grande conséquence : c'est que les femmes

sont ce que les a faites leur éducation intellectuelle, et que les contempteurs de ce sexe ne peuvent avoir aucune idée de ce qu'il serait devenu avec une instruction plus digne de créatures humaines et de personnes libres :

> Si les femmes arrivent moins souvent que les hommes aux degrés de l'excellence, c'est merveille que ce défaut de bonne éducation ne fasse pis…. Se trouve-t-il plus de différence des hommes à elles que d'elles à elles-mêmes, selon l'institution qu'elles ont reçue, selon qu'elles ont été élevées en ville ou village, et selon les natures? Et conséquemment, pourquoi leur institution aux affaires et aux lettres, à l'égal des hommes, ne remplirait-elle pas la distance qui paraît d'ordinaire entre les têtes d'eux et d'elles?… Pourquoi la bonne façon de les nourrir (élever) ne pourrait-elle arriver à remplir l'intervalle qui se trouve entre les entendements des hommes et les leurs?

Stuart Mill, qui très probablement n'avait point lu les œuvres de Mlle de Gournay, se rencontre avec elle dans son livre fameux sur l'*Assujettissement des femmes*. La thèse du philosophe anglais est celle-ci : nous ne connaissons point les qualités ni les défauts du génie féminin; nous ne pouvons absolument pas savoir de quoi les femmes sont capables ou incapables, par la raison que le despotisme des hommes ayant fait d'elles de bonne heure tantôt d'humbles servantes, tantôt des singes sacrés qu'on adore, mais qu'on ne prend pas au sérieux, leur vraie nature est faussée à jamais par leur éducation séculaire de joujoux ou d'esclaves, et toutes nos insolentes comparaisons entre l'homme et la femme sont viciées d'avance par l'iniquité des conditions du parallèle.

Je nie, écrit Stuart Mill, qu'on puisse savoir quelle est la nature des deux sexes, tant qu'on ne les observera que dans les rapports réciproques où ils sont aujourd'hui... tant que les différences, qu'on croit naturelles et qui sont peut-être artificielles, pourront s'expliquer par l'éducation.... Personne ne peut décider pertinemment que, s'il était permis à la femme comme à l'homme de choisir sa voie, si on ne cherchait à lui donner que la tournure exigée par les conditions de la vie humaine et nécessaire aux deux sexes, il y eût une différence essentielle ou même une différence quelconque dans le caractère et les aptitudes qui viendraient à se développer.

La question du génie des femmes est, comme les autres thèmes de la pédagogie, un champ largement ouvert à la danse joyeuse de toutes les idées usées et banales, de toutes les vieilles phrases rances lâchées en liberté, parce qu'il est à peu près impossible d'y procéder avec méthode et dans un esprit d'investigation vraiment scientifique. Le plus suranné de ces sempiternels lieux communs consiste dans un « rabaissement niais », qui faisait perdre patience au philosophe Mill, « des facultés intellectuelles de la femme, et dans un fade panégyrique de sa nature sensible et morale ».

On enrichit le cœur et la sensibilité passionnée du sexe de tout ce qu'on ôte à sa raison. On vous refuse, mesdames, la grande imagination créatrice, l'aptitude à la métaphysique et à la haute poésie, à ce que l'ancienne rhétorique appelait les *grands genres*, tels que le drame et l'épopée, pour vous confiner dans l'élégie, le roman et le style épistolaire. On vous refuse le génie des affaires et de la politique...

à tort, manifestement; car il est trop facile d'alléguer ici d'illustres exemples, la reine Élisabeth,
Mme Boucicaut, etc., et un exemple commun :
votre souveraine autorité dans le ménage.

Mais n'en est-il pas ainsi de tout le reste? Les
observations qu'on a faites sur les bornes du génie
des femmes n'ont pas de valeur universelle et absolue;
elles consistent en remarques d'une plus ou moins
grande généralité, auxquelles on peut toujours
opposer des exceptions, dont on dira, si l'on veut,
qu'elles « confirment la règle » : seulement, quand
la règle est trop souvent *confirmée* de cette manière,
le plaisant appui qu'on lui prête devient semblable à
un rempart qui monte plus haut qu'elle et l'écrase,
à un tuteur qui prend racine, pousse des branches,
des fleurs, des feuilles et des fruits, et supplante
l'arbrisseau.

S'il était vrai que le cerveau des femmes fût
rebelle, comme le préjugé commun le prétend, aux
raisonnements généraux et abstraits, mais très hos-
pitalier à tous les riants caprices de la fantaisie, les
compositions littéraires des jeunes filles se distin-
gueraient moins par la solidité que par la grâce. Or,
c'est le contraire qui arrive le plus ordinairement.
Ce qu'on loue en général dans les travaux scolaires
des demoiselles, quand tout n'y est pas mauvais (ce
qui s'est vu quelquefois), c'est la logique et le bon
sens plutôt que l'imagination. Nous en avons tous lu
de ces sages compositions de jeunes filles, habituel-
lement plus ternes et plus plates que celles des

garçons. Vous êtes, mesdemoiselles, judicieuses sans
beaucoup d'éclat, souvent avec une certaine lourdeur
qui, chez vous, affecte la forme d'une mollesse un
peu nonchalante dans la pensée et dans le style. La
poésie est moins cultivée par vous que la muse pratique du calcul et que la muse austère des sciences
exactes. Les raisonneuses sensées, les bonnes mathé-
maticiennes, surtout les personnes expertes dans l'art
utile de compter (vos pauvres soupirants s'en plai-
gnent aux étoiles), ne sont pas aussi rares parmi vous
que les artistes brillantes de l'invention et de la forme.

S'il était vrai que chez les femmes, comme le
prétend le préjugé commun, les facultés affectives et
sensibles eussent la prépondérance sur l'intellect pur,
comment se fait-il que la musique, ce langage par
excellence du sentiment et de l'âme, compte parmi
elles si peu de grands compositeurs? Beaucoup de
femmes chantent comme des rossignols et jouent
du piano à ravir, la musique faisant, à titre d'art
d'agrément, une partie essentielle de leur éducation;
mais pendant que les arts du dessin, la peinture et
même la sculpture, ont dans le beau sexe un assez
grand nombre de représentants distingués, où sont
donc les musiciennes éminentes?

Un philosophe très ours et très grognon est même
allé jusqu'à prétendre que les femmes ne sentent pas
la musique : la preuve qu'il en donne, c'est le sans-
gêne irrespectueux avec lequel elles assistent à la
représentation des chefs-d'œuvre, considérant les
salles de spectacle et de concert comme des rendez-

vous mondains où elles viennent exhiber leurs toi-
lettes et continuer leur caquetage, pour ne pas
laisser un seul instant mentir la définition fameuse :
« La femme est un animal qui s'habille, babille et se
déshabille ».

Ce philosophe approuve le législateur grec qui
interdisait aux femmes l'entrée des théâtres, et il
réclame avec fureur le rétablissement de cette loi
sainte contre un sexe sacrilège. Je suis absolument
de son avis. Seulement je voudrais que la mesure
fût plus radicale, et qu'avec les femmes bavardes on
exclût des théâtres tous les hommes bavards, qui
sont nombreux aussi et qui, ne sachant pas comme
elles échanger à voix basse des paroles rapides, sont
encore bien plus insupportables.

Je comprends la fantaisie du roi de Bavière qui
faisait jouer pour lui tout seul les opéras de Wagner
dans une salle noire, silencieuse et vide, et, quand
je serai roi de France, c'est de cette façon-là que je
ferai exécuter pour moi les grandes symphonies de
Beethoven.

L'opinion universellement admise que les femmes
sont plus sensibles que les hommes, a été contestée
par un savant italien, M. Cesare Lombroso, que
j'allègue, non que je croie ses conclusions sans
réplique (je sais au contraire combien les paradoxes
de M. Lombroso sont à bon droit suspects), mais
parce que, après tout, il a peut-être un peu raison et
que c'est toujours un plaisir de voir battre en brèche
la muraille ennuyeuse des antiques lieux communs.

Ce savant estime que la sensibilité physique de l'homme est beaucoup plus grande que celle de la femme. L'odorat, par exemple, serait deux fois plus fin dans le sexe qui passe pour le plus grossier. L'essence de citron dissoute dans l'eau est perçue par les hommes dans une solution de deux cent cinquante millièmes, tandis qu'elle n'est sentie par les femmes que dans une solution deux fois plus forte. De là viendrait que tant de femmes peuvent se parfumer outrageusement, elles-mêmes et leur papier à lettres, sans en être incommodées. Montaigne avait le nez très fin. Il n'usait pas de parfums, mais il sentait de plus loin que personne les bonnes et les mauvaises odeurs, qui s'attachaient à ses moustaches. « Quelque odeur que ce soit, c'est merveille combien elle s'attache à moi, et combien j'ai la peau propre à s'en abreuver. »

Si les femmes, généralement, supportent mieux la douleur que les hommes, ce n'est pas, affirme M. Lombroso, qu'elles soient plus patientes; c'est, tout simplement, qu'elles souffrent moins. J'en doute jusqu'à preuve décisive, et je veux continuer à croire que la nature ayant réservé aux femmes les plus grandes douleurs physiques, leur force morale les a armées, pour les endurer, d'un courage digne de toute notre admiration. Je les prierai seulement d'admettre que nous pouvons être sensibles, nous aussi, et de ne pas nous traiter toujours de poules mouillées, quand la douleur nous arrache de sourds gémissements, comme à Montaigne, qui ne pleurait pas, qui ne criait pas, mais qui « gémissait sans brailler ».

En résumé, les différences que des préjugés traditionnels supposent entre les femmes et les hommes sont fort difficiles à préciser rigoureusement. Quand on les serre de près, elles fondent toutes, et l'on est tenté de conclure non seulement à l'égalité des droits, mais à la très grande ressemblance des natures physiques, à l'identité des natures morales et intellectuelles. On sent d'instinct, on juge par raison qu'une différence fondamentale doit exister entre les natures comme entre les fonctions des deux sexes; mais on ne sait où la saisir, parce que l'éducation ou l'absence d'éducation suffit pour expliquer, comme Stuart Mill et Mlle de Gournay avant lui en ont fait la juste remarque, presque toutes les disparités qu'on croit naturelles.

Voici, je crois (car c'est opinion plutôt que science), les qualités qui appartiennent en propre à la femme : une intuition rapide et un coup d'œil net; le sens pratique; la présence d'esprit; l'art de lire dans les cœurs et de découvrir en un instant le fond des caractères; la sagesse conservatrice, et le goût.

L'intelligence de l'homme, observe M. Fouillée, va d'elle-même à la variation et à la nouveauté : la femme, avec son esprit conservateur et stable, utilise les effets des variations passées plus qu'elle n'aspire à des modifications nouvelles; elle représente la part de raison et de sagesse déjà acquise, intégrée, fixée dans l'espèce; elle a donc, en général, plus de sens commun. En matière d'esthétique,

elle sera moins portée aux innovations et aux excentricités
du génie; elle aura du goût. Une originalité puissante est
chose rare, jusqu'à présent, dans les œuvres des femmes,
qu'il s'agisse de la littérature ou des arts, et, parmi les
arts, de celui même qu'elles cultivent le plus, la musique[1].

Telles seraient donc, dans l'ordre esthétique, les
qualités, ainsi que les défauts, de la femme. Quant
aux défauts de sa nature morale... (si elle a des
défauts, et s'il ne vaut pas mieux dire avec le marquis galant du *Misanthrope* :

> De grâces et d'attraits je vois qu'elle est pourvue,
> Mais les défauts qu'elle a ne frappent point ma vue....

il en est un qu'on a souvent reproché aux femmes :
l'*injustice*. « L'injustice les allèche », écrit Montaigne. Et Proud'hon : « La femme est la désolation
du juste ». Et M. Victor Cherbuliez : « En matière
de haine, l'homme a des pudeurs que la femme
ignore. Ses iniquités lui inspirent une confusion
secrète qui le porte à les colorer, à sauver les appa-
rences. La femme qu'une mouche a piquée se sent
à l'aise dans l'injustice, elle y prend un plaisir
extrême. » Et le philosophe suisse Amiel : « La
femme n'a nul besoin d'être perfide, car elle est le
mystère. La femme est ce qui échappe, c'est l'irra-
tionnel, l'indéterminable, l'illogique, la contradiction.... Capable de tous les dévouements et de toutes
les trahisons, monstre incompréhensible, elle fait
les délices de l'homme et son effroi. » Et enfin

1. *Revue des Deux Mondes*, 15 septembre 1893.

Mrs Elizabeth Browning (car la confession d'une femme a plus de poids ici que tout autre témoignage) :

Est-ce que les femmes pensent? Elles sentent, souffrent, pleurent, s'agitent, rient et se désespèrent.... Penser, c'est s'élever du fait à l'idée, du particulier au général, du relatif à l'absolu. Or les femmes sont essentiellement individualistes, personnelles, esclaves du fait et du détail.... L'humanité, pour elles, c'est un certain homme ou un certain enfant.

Voilà les femmes bien arrangées! Mais la réponse est facile. C'est Mlle de Gournay qui nous la fournit : « L'animal humain n'est ni homme ni femme ». Et par *animal*, je vous prie, messieurs, d'entendre ici : animal. Si être injuste c'est obéir à la passion, oublier le monde pour l'individu, la cause de l'intérêt général pour la satisfaction du bien particulier, ne connaissons-nous pas, vous et moi, sur ce point,

Bon nombre d'hommes qui sont femmes?

« La mobilité féminine est presque aussi grande chez les femmes que chez les hommes », remarque M. Faguet dans sa Vie de Voltaire; spirituelle façon d'insinuer que les hommes sont plus légers encore, plus changeants, plus injustes, plus « divers et ondoyants » que les femmes.

Concluons donc, avec Mlle de Gournay, que « sur une fenêtre », c'est-à-dire en vue du monde, ostensiblement, dans leurs manifestations extérieures, apparentes et publiques, « rien n'est plus semblable au chat que la chatte ».

VI (SUITE ET FIN)

III

Les pamphlets littéraires.

Voici la portion la plus intéressante du vénérable in-quarto de 1641 : les écrits littéraires.

Sainte-Beuve, dans son *Tableau de la poésie française au XVIᵉ siècle*, en a cité de longs extraits, qu'il trouve « non moins remarquables par l'audace des doctrines que par la virilité de l'expression ».

Dans la bataille littéraire qui remplit la première moitié du XVIIᵉ siècle et d'où est sortie, avec la victoire définitive de Malherbe, notre grande littérature classique, le rôle de Mlle de Gournay est des plus nets : elle est tout entière pour la tradition du passé contre les réformateurs de la langue et de la poésie.

Aujourd'hui, nous jugeons ce grand débat avec une sage et tranquille équité. Nous convenons qu'à la fin du XVIᵉ siècle il y avait dans la langue comme dans la versification française quelque encombrement; qu'elles allaient un peu à la débandade; que l'école de Ronsard avait passé la mesure dans son « pillage » des langues étrangères et anciennes afin d'enrichir de leurs « dépouilles » la prétendue pauvreté native du français, et qu'une manière d'écrire comme celle de Montaigne qui n'avait point « d'autre sergent de bande à ranger ses pièces que la fortune », était bonne peut-être pour lui, mais ne pouvait pas être proposée comme le meilleur des modèles. Nous ajoutons que, si un coup de balai était nécessaire, il a été donné sans ménagement, d'une main roide et brutale, qui a fait disparaître avec le fumier bien des paillettes d'or, et qu'en disciplinant la littérature française, Malherbe, cavalier élégant et fier, mais froidement correct, a imposé des allures trop uniformes et trop sages au beau cheval indompté réduit par sa main ferme « aux règles du devoir ».

La distance de trois siècles bientôt nous rend cette vue des choses très claire et ce jugement facile. Mais Marie de Gournay, acteur dans la bataille, y portait la passion d'un combattant, non l'équité d'un spectateur lointain et d'un juge. Les synthèses sont le fruit du temps; il faut d'abord que la thèse et l'antithèse se ruent l'une contre l'autre, furieuses, enragées, intransigeantes, aveugles et sourdes.

Voici les titres de tous les écrits purement littéraires de notre ardente lutteuse : *Du langage français. — Sur la version des poëtes antiques, ou des métaphores. — Des rimes. — Des diminutifs français. —*

Lettre sur l'art de traduire les orateurs. — De la façon d'écrire de MM. Du Perron et Bertaut, et surtout *Défense de la poésie et du langage des poëtes,* longue diatribe en trois traités qui eut cinq éditions du vivant de l'auteur et fut publiée pour la première fois en 1619.

La même idée, immuable, invariable, se retrouve au fond de tous ces pamphlets : Ronsard dans la poésie, Amyot et Montaigne dans la prose, ont élevé la langue et la littérature françaises au sommet de la perfection. Vous, les nouveaux venus, qui prétendez faire autrement et mieux que ces maîtres divins, et cela, ô comble de l'imbécillité! non en ajoutant à leurs richesses, mais en voulant réduire aux bornes d'une fortune honnête et médiocre l'exubérance de leur magnifique héritage, vous n'êtes que des ânes, des cuistres et des gueux!

On pourrait en cette seule phrase résumer tout l'essentiel de la critique de Mlle de Gournay; mais ce qui est amusant, c'est la verve endiablée avec laquelle la vieille prêtresse psalmodie, en mille chansons différentes, sans changer son thème fondamental, son *Te Deum* et ses malédictions; et ce qui peut avoir de l'intérêt aussi, ce sont quelques-uns des menus détails de la controverse, quand l'héroïque guerrière mêle à sa grande querelle de fond la discussion de certains points de grammaire et de technique.

Je sors d'une maison où j'ai vu jeter au vent les vénérables cendres de Ronsard et des poëtes ses contemporains, autant qu'une impudence d'ignorants le peut faire, brossant en leurs fantaisies comme le sanglier échauffé dans une forêt....

Dieu sait si ce chétif ouvrage des *Essais* de Montaigne, ce sot discoureur et ce sot parleur, s'il vous plaît, est biffé de leurs mains, non seulement sur l'usage de la langue entière dont ils ne reçoivent que la moitié, mais encore sur trois gasconismes ou solécismes,... sur autant d'autres mots hardis ou vieux, sur quelque petit latinisme!...

Comment serait-il possible que la Poésie volât au ciel, où gît le but de sa généreuse ardeur, avec une telle rognure d'ailes?... Certes, j'aimerais autant voir jouer de l'épinette sur un ais que d'ouïr ou de parler le langage que la nouvelle bande appelle maintenant pur et poli.... Vous diriez, à voir faire ces messieurs, que c'est ce qu'on retranche d'un ouvrage et non pas ce qu'on y met, qui lui donne du prix; et, par les degrés de cette conséquence, celui qui n'en ferait point du tout serait le plus digne du triomphe.... J'aimerais autant un homme qui, pour rendre son être plus spirituel et purifié des parties terrestres, se tronçonnerait bras et jambes, nez et oreilles.... Ils ressemblent au renard qui, voyant qu'on lui avait coupé la queue, conseillait à tous ses compagnons qu'ils s'en fissent faire autant, pour s'embellir, disait-il, et se mettre à l'aise.... Que ne sert-on pour la faim de ces messieurs une belle nappe blanche, lissée, polie, semée de fleurettes, couverte de beaux vases clairs et luisants, mais pleins d'eau?...

Que nous profite d'être riches en polissure, si nous polissons une crotte de chèvre?... Ces messieurs disent : les œuvres que vous louez comme si plantureuses, comme reluisantes de peinture, d'invention, de hardiesse, de générosité, d'une vive, floride et poétique richesse, ces œuvres seraient plus parfaites si les manquements que vous excusez n'y étaient point. Je le nie.... Un danseur est-il moins excellent pour faire une cabriole fausse, après trente justes et galantes?... Un homme qui va bellement n'est point loué, quoiqu'il ne tombe pas, au lieu qu'on loue celui qui court, encore qu'il tombe....

Toutes les actions qui manquent d'une splendeur de liberté manquent aussi de grâce et de dignité. Voyez la différence de beauté et d'agrément entre une grâce et une taille libres, et celles qui par leur contrainte semblent toujours avoir ce qu'on appelle un échalas fiché au derrière!

Voilà le dernier bouquet de la vieille langue, s'écrie Sainte-Beuve, qui le savoure à plein nez et qui conseille à tous les académiciens, trop indulgents aux faux mérites d'une correction négative, de relire souvent ce généreux plaidoyer pour la liberté de la poésie et la richesse du style.

Oh! quel beau mépris on y respire pour le nouvel art poétique, ce menu maigre et sec de carême-prenants et de meurt-de-faim! pour cette nouvelle grammaire française, non « de culture, d'accroissement et d'édification », mais « de rebut, de destruction et de ruine »! Le courroux de la noble fille est vraiment superbe; par moments, la rage l'étrangle, la suffoque :

Vrai Dieu! est-il possible que des gens nourris aux lettres, des gens seulement capables de sens commun, puissent dire de si grandes absurdités!... O extravagance plus que bestiale!... O contes à faire rire Héraclite!... A quel. Topinambous pensez-vous prêcher vos chansons?

Et, comme digne conclusion d'une si belle campagne, vient cette déclaration solennelle :

Après avoir ouï de vive voix et vu sur le papier les raisons de la nouvelle poésie, je déclare que je veux écrire, rimer et raisonner de toute ma puissance à la mode de Ronsard, Du Bellay, Desportes et leurs contemporains.

Ce que Mlle de Gournay reprochait surtout à l'école de Malherbe, c'était de choisir « par une pré-

férence sucrée » un mot unique entre vingt qui
signifient la même chose; de proscrire *déité*, par
exemple, pour n'employer que *divinité*; de faire abus
des termes *malheur* et *malheureux*, au détriment d'infortune, calamité, misère, maux, désastre, désolation, et
de leurs participes. Au lieu d'écrire : ce n'est pas
l'humeur d'un tel, son *naturel* ou sa *complexion* de
faire telle ou telle chose, on affectait d'écrire uniquement : ce n'est pas son *esprit*. Par un purisme
étrange, compliqué de pruderie, on évitait de prononcer le mot *poitrine*, parce qu'on dit : poitrine de
veau ; il n'était pas décent non plus de louer un
sonnet comme étant bien *conçu*, il fallait dire qu'il
est bien *pensé*.

O personnes impures! faut-il que les ruisseaux argentés,
clairs et vierges du Parnasse se convertissent en cloaques,
tombant en vos infâmes imaginations?... Pourquoi ne nous
ôte-t-on pas aussi les pieds, la tête et la fraise, puisqu'un
veau s'en pare, ou le sein, en haine du *sain* de pourceau?...
L'étoffe même des écrits de ces messieurs qu'ils appellent
leur *matière*, n'est pas exempte de tomber en une étrange
rime avec le bassin de leur garde-robe.

Parmi les vieux mots qu'elle regrette, comme déjà
disparus ou prêts à disparaître, et dont nous avons
conservé plusieurs, grâce peut-être en partie à ses
énergiques réclamations, je note : *pétulance, férir*
(qui dit plus que frapper), *plaints* (qui ne peut être
compensé exactement par cris, clameurs, plaintes,
doléances), *alme, adolescent, ost, ains, jà, geindre,
mie, moult, soulas, doutance, honnir, œillade, affoler,
allécher, allégresse, fâcherie.* Elle répète le comman-

dement de son « second père » : « Retenez les vieux mots de bec et d'ongles, de crainte qu'ils ne nous échappent ». Elle loue, comme particulièrement excellentes, ces images : *pester* quelqu'un ; *empaumer un homme*, au sens de s'emparer de son esprit ; *faire bannière de* quelque chose, pour dire s'en orner et s'en glorifier ; *orienter une dame*, c'est-à-dire la parer d'or et de pierreries.

Dans la versification, Mlle de Gournay réclame de très raisonnables libertés.

Une rime bonne pour l'oreille suffit : *hautain* et *butin, rosse* et *noce*, la *paix* et des *parapets* ; il n'est pas nécessaire de rimer pour l'œil. Puisque la rime est un son, rimer pour les yeux est aussi absurde que peindre pour le nez. Observation d'une justesse évidente et qu'on a répétée souvent. Mais la répugnance qu'ont toujours eue, en dépit d'une vérité si palpable, les poètes de toutes les écoles, romantiques aussi bien que classiques, enfants de Musset comme disciples de Banville, à supprimer complètement dans la rime la satisfaction de l'œil et notamment à faire rimer un singulier avec un pluriel, lors même que le signe du pluriel ne change en rien la prononciation, cette répugnance est remarquable.

Elle vient apparemment de ce que les poètes ajoutent au sens auditif du musicien le sens visuel du peintre, et qu'ils se représentent, avec une obsédante netteté, la forme, la physionomie et l'orthographe des mots. Voilà, par parenthèse, pourquoi tous les écrivains tant soit peu artistes ont une sainte horreur des simplifications orthographiques, chères au vulgaire des scribes ainsi qu'aux savants et aux commerçants : ils tiennent à l'y de *lys* et au ph de *phénomène*, comme à la figuration graphique de l'idée exprimée par ces mots. Théophile Gautier, qui a osé faire rimer (si cela peut s'appeler rimes) *Goethe* avec *poète*, n'eût jamais consenti, pour tous les trésors de Golconde, à le faire rimer avec *meute*.

Sur les hiatus, aussi, la poétique de Mlle de Gournay est libérale et sage :

Si nous observons les belles instructions d'aujourd'hui, nous ne pourrons plus dire non seulement *peu à peu, çà et là*, mais *mari et femme, père et enfants, toi et moi, tu as, tu es, il y a, qui est-ce?*... Mais pourrons-nous même dire *mouettes, et poètes, déesse* ou *liesse, ruelle, lia, tua, rua, cria, jouira, vierge Marie*?

Un spirituel poète contemporain [1] a dit la même chose en vers bien piquants :

« Gardez qu'une voyelle à courir trop hâtée
Ne soit d'une voyelle en son chemin heurtée. »
Rien que pour ces deux vers, judicieux Boileau,
Tu méritais vingt fois d'être jeté à l'eau.
— Qu'a-t-il dit? *jeté à?*... Quelle cacophonie!
— S'il disait : *lauréat*, quelle exquise harmonie!
On accueille *Israël* et son frère *Esaü*,
On proscrit *comme à elle* aussi bien qu'*elle a eu.*
Le monstre la *tuait*.... Consonnance admirable!
Vieux monstre que *tu es*.... Rencontre intolérable!
L'eau et le vin... fi donc; *Chloé* : délicieux!
Zaïre, Samuël, oasis, rien de mieux.
On permet *nes à nes* (le Z en est la cause);
Né à Saint-Pétersbourg... inadmissible chose!
J'ai soulagé ma bile, et désormais, motus!
Puisque règle il y a, évitons l'hiatus.

1. M. Théodore Monod.

Cela est charmant, comme tout ce qui est l'expression juste et fine du bon sens même. Pourtant, je crois qu'une étude un peu approfondie sur l'hiatus dans la versification française aurait à tenir compte de ce fait, que l'accent tonique, placé toujours dans notre langue sur la dernière syllabe, modifie d'une façon très légère, mais appréciable, la valeur des mêmes sons, selon qu'ils se rencontrent à la fin ou à l'intérieur d'un mot. Si la différence est infinitésimale ou nulle entre *il y a* et *Iliade*, *Israël* et *comme à elle*, elle devient sensible entre *néophyte* et *né au* Tonkin, entre *théâtre* et *jeté à* l'eau.

Les excellentes remarques de Mlle de Gournay sur les métaphores sont le point culminant de sa poétique. Elle est souvent revenue sur ce sujet, qu'elle avait raison de regarder comme capital en poésie.

O Dieu! quelle maladie d'esprit est celle de certains poëtes et censeurs de ce temps!... Une de leurs règles principales est l'interdiction absolue des métaphores, hors celles qui courent les rues.... C'est dégrader les Muses de leur majesté superbe, pour les embabouiner de sornettes et pour les parer de bijoux de verre comme épousées de village, au lieu de les orner et orienter de perles et de diamants, à l'exemple des grandes princesses.

Voilà qui est parler d'or et traiter « poétiquement de la poésie ». Mlle de Gournay est supérieurement éloquente sur cette matière. Elle sent avec une profonde justesse qu'en discourant sur les images, des considérations qui semblent purement verbales et superficielles à des juges superficiels eux-mêmes, embrassent en réalité un sujet « d'une merveilleuse étendue » et touchent « aux extrêmes limites » du plus divin de tous les arts.

Les langues, comme on l'a parfaitement dit, sont des recueils de métaphores pâlies et fanées. M. Max Müller nous enseigne qu'à l'origine tous les mots, sans aucune exception, même ceux qui sont devenus les plus ternes et les plus abstraits en apparence, étaient des images.

Le mot *père*, par exemple, a signifié d'abord *celui qui protège et qui nourrit*. Le mot sanscrit *duhitar*, c'est-à-dire *fille*, en grec *thugater*, en anglais *daughter*, voulait dire, *celle qui trait* les vaches ou les chèvres, et cette jolie découverte nous fait voir les premiers patriarches appelant la fille de la maison leur petite *laitière*.

Dans un curieux chapitre de son *Jardin d'Épicure* sur le langage métaphysique, M. Anatole France s'est diverti très philosophiquement à montrer le résidu métaphorique que laissent les termes de la langue la plus abstraite ramenés à leur étymologie primitive. S'amusant à traduire en images cette courte phrase : « L'âme possède Dieu dans la mesure où elle participe de l'absolu », voici ce qu'il a trouvé : « Le souffle est assis sur celui qui brille, au boisseau du don qu'il reçoit en ce qui est hors le fendu », et cela paraît d'abord peu intelligible.

Donc, nous sommes tous, nous animaux qui parlons, les peintres de nos pensées et nous ne nous exprimons qu'au moyen d'images.

Mais il y a une différence entre le vulgaire et les poètes : c'est que le vulgaire use bêtement d'images « flétries de vieillesse », de « couleurs ternies par un maniement trop ordinaire », comme l'a dit Montaigne, tandis que les poètes trouvent des images neuves dans la proportion même où ils sont poètes, où ils ont l'imagination riche et féconde, jusqu'à ce suprême degré de l'invention poétique où les images deviennent de véritables créations de contes et de légendes, analogues à celles qui ont donné naissance aux fables divines de la mythologie.

Au plus bas échelon de la poésie on peut placer la bête noire de Mlle de Gournay, Malherbe, écrivain éloquent, bon artiste du vers et *accordeur utile*, mais poète non pas, si la poésie est le don et le talent des images neuves. Toutes les siennes « courent les rues », sont des « bijoux de verre » : l'épine et la rose, l'or et la soie, les flammes et les glaces, la mer et ses naufrages, la tempête et le port, la maladie et la guérison, l'ivoire du front, les filets de la beauté, les fleurs battues par la pluie ou la bise, etc.

Il avait, écrit naïvement son disciple Racan, *aversion contre les fictions poétiques*, et, en lisant une épître de Regnier à Henri le Grand où il feint que la France s'enleva en l'air pour parler à Jupiter et se plaindre du misérable état où elle était pendant la Ligue, il demandait à Regnier en quel temps cela était arrivé, et disait qu'il avait toujours demeuré en France depuis cinquante ans et qu'il ne s'était point aperçu qu'elle se fût enlevée hors de sa place.

« Il n'y a rien de sot, si ceci ne l'est », pour parler comme Malherbe. Autant vaudrait blâmer Montaigne d'avoir comparé la France à un « pauvre vaisseau que les flots, les vents et le pilote tirassent à contraires desseins », parce que le continent où nous sommes ne remue pas et qu'on n'a le mal de mer qu'à bord des navires.

Des poëtes contemporains de Malherbe, méprisés mais non méprisables, avaient une imagination bien plus poétique que la sienne. Théophile, au hasard de passer pour précieux (car la limite est incertaine entre la recherche précieuse et l'heureuse hardiesse), risque ce lever de soleil :

> Ses chevaux, au sortir de l'onde,
> De flamme et de clarté couverts,
> La bouche et les naseaux ouverts,
> Ronflent la lumière du monde.

Mairet nous montre, en vers délicieux et magnifiques, la bergère Sylvie sortant le matin pour faire un bouquet à son amant :

> Avant que les chaleurs
> De leurs baisers ardents fassent mourir les fleurs,
> Il me faut dépêcher; car déjà de l'haleine
> Des chevaux du soleil fume toute la plaine.

Et voici de lui une autre aurore dont la splendeur, nullement banale, nous charme et nous éblouit, comme la précédente, par quelque chose de *mythologique* :

> Les heures pressent de partir
> L'Aurore et le char qui la porte;
> Déjà hennissent à la porte
> Les chevaux qui veulent sortir.

Dans un vase de diamant
Dix mille perles sont encloses,
Qu'elle répand avec des roses
Sur les habits de son amant.

Pendant que tout au bas de la pyramide, Malherbe, solidement assis, les deux pieds sur la terre, grave avec lenteur dans le roc sa belle prose rimée qui « dure éternellement », au sommet même de la poésie se dresse Victor Hugo, dont l'excellence unique est d'avoir, rejetant des oripeaux de style vingt-cinq fois séculaires, créé à neuf par la toute-puissance de son imagination des métaphores d'une fraîcheur éclatante qui animent la nature entière et la peuplent de divinités comme les mythes des poètes primitifs.

Il voit réellement dans l'écume des flots « la laine des moutons sinistres de la mer », et, dans les vapeurs de la haute falaise, un chapeau de nuées coiffant le pâtre mélancolique et gigantesque qui, accoudé, garde son troupeau. La lune, à ses yeux, est

Le fer d'or qu'a laissé tomber dans les nuées
Le sombre cheval de la nuit,

ou la faucille d'or jetée négligemment dans le champ des étoiles par le moissonneur de l'éternel été. Les constellations sont des

Grappes d'astres qui pendent
A la treille immense des nuits,

et c'est toute une cosmogonie que le nouvel Homère nous déroule dans ce *nocturne* splendide comme l'infinie profondeur du ciel s'allumant le soir peu à peu :

La brume formidable emplit au loin les airs.
Ainsi qu'au crépuscule on voit, au bord des mers,
   Le pêcheur, vague comme un rêve,
Traînant, dernier effort d'un long jour de sueurs,
Sa nasse où les poissons font de vagues lueurs,
   Aller et venir sur la grève,

La nuit tire du fond des gouffres inconnus
Son filet où luit Mars, où rayonne Vénus,
   Et, pendant que les heures sonnent,
Le filet grandit, monte, emplit le ciel des soirs,
Et dans ses mailles d'ombre et dans ses réseaux noirs
   Les constellations frissonnent.

Qu'aurait dit Mlle de Gournay si elle avait eu la
révélation subite d'un pareil ruissellement de poésie?
Sans doute elle en aurait été d'abord aveuglée et
blessée, de même que la musique de Berlioz déchi-
rerait les oreilles d'un contemporain de Palestrina.

Elle avait de la poésie une grande et haute idée,
héritée de Ronsard et de Montaigne, et que la France
a cessé de comprendre, à partir du triomphe de la
raison classique; c'est bien la doctrine des *Essais*
qu'elle continue quand elle écrit que « la poésie n'est
pas en sa due assiette, en son trône, si elle ne lance
parfois des traits qui faussent non seulement toutes
les règles, mais qui osent encore donner une secousse
au jugement ». Montaigne est poète dans sa prose;
elle aussi, quand elle écrit bien. Mais ni la poésie du
style de Montaigne, ni, à plus forte raison, la sienne,
ne doit être entendue au sens transcendant dont
parle Goethe lorsqu'il dit que « l'imagination a ses
lois propres auxquelles la raison ne peut ni ne doit
toucher ». Les moralistes et les critiques n'ont pas
besoin d'écrire comme ces grands visionnaires chez

lesquels l'opération de l'imagination est primordiale et prépondérante. Montaigne et Marie de Gournay sont donc simplement des traducteurs très ingénieux du langage abstrait en langage concret; ils cherchent et ils trouvent, pour leurs idées, des images neuves, originales et brillantes, au lieu de la vieille friperie qui suffit au vulgaire.

Dans ses vers, notre écrivain est moins poète que dans sa bonne prose. Les défauts de ses œuvres rimées sont le prosaïsme et la préciosité. Son « Bouquet du Pinde, composé de fleurs diverses », déjà dédié en 1594 à Léonor, dame de Montaigne, vicomtesse de Gamaches, sa sœur d'alliance, et accru depuis lors, renferme trop de beautés douteuses en stras et en plomb.

Elle a fait sur Jeanne Darc un joli quatrain; ce sont les fleurs demeurées les plus fraîches de sa couronne poétique :

A L'IMAGE DE LA PUCELLE, L'ÉPÉE NUE AU POING :

Peux-tu bien accorder, vierge du ciel chérie,
La douceur de tes yeux et ce glaive irrité?
— La douceur de mes yeux caresse ma patrie,
Et ce glaive en fureur lui rend la liberté [1].

1. Il faut, pour l'honneur de Marie de Gournay, citer aussi une apostrophe à Jeanne Darc, d'une bien gracieuse et naïve éloquence, dans son traité sur *la Néantise des communes vaillances de ce temps* :

... « Mais quoi! ma plume française et féminine pourrait-elle exalter quelque mérite populaire, oubliant la Pucelle d'Orléans! Dieu le gard', auguste bergère!... Sans toi, palladion sacré de ta patrie, la France serait anglaise dès plusieurs siècles.... Pourrais-tu regretter d'avoir été produite d'un sang

Ses épigrammes sont assez intéressantes, surtout par une anecdote qui s'y rattache.

Ce que nous appelons épigramme aujourd'hui, c'est une courte pièce de vers terminée par un trait piquant. Deux ou trois épigrammes de Mlle de Gournay ont ainsi un petit grain de sel, par exemple, *Illusions bigotes* :

> Pierre, étant douze mois méchant,
> A Pâques est saint comme un ange :
> Dont le peuple, qui prend le change,
> Homme de bien le va prêchant.
> Pierre, la vie est condamnée
> Par le crime d'un seul moment,
> Et tu te crois juste une année
> Si tu l'es un jour seulement.

Mais, à l'imitation des meilleurs modèles grecs et latins, elle préférait les épigrammes qui ne piquent pas et qui risquent d'être fades à force de douceur. En voici une qu'elle fit pour le cardinal de Richelieu ; elle est gracieuse, mais nous l'appellerions plutôt un madrigal :

> Lorsque je te veux appeler
> Le cardinal de La Rochelle,
> Casal vient à me quereller
> Et sa jalousie en appelle.
> Rhé se dépite en cris ardents
> Pour leur débattre cette gloire.
> A qui de ces trois prétendants
> Pourrai-je assigner la victoire?

populaire, toi de qui le triomphe serait moins émerveillable et moins glorieux si tu fusses née noble ou reine? Charlemagne et Martel furent de grands monarques et grands conquérants; mais ton trophée, ô pucelle Jeanne! surpasse le leur de pareille mesure, que c'est chose plus illustre et plus haute de délivrer son pays que de l'accroître. »

Comme ils vont passer au combat,
Le roi trompe leur espérance :
Quittez, dit-il, ce vain débat;
C'est le cardinal de la France.

Montaigne avait méprisé les « pointes » dont Martial « aiguise la queue de ses épigrammes ». Il avait esquissé à ce sujet une doctrine poétique, que Mlle de Gournay reprend pour son propre compte et développe :

Ce n'a point été mon dessein, écrivant les épigrammes qui suivent, de les aiguiser de pointe affilée à la façon du siècle. Oui même une partie est du tout sans pointe, selon la mode assez fréquente des plus suffisants Grecs et Latins, qui voulaient chatouiller le jugement du lecteur par quelque grâce naïve ou solide, et non pas son esprit par la subtilité. Méprisant d'ailleurs de rendre la gentillesse de leur conception, ou, s'il faut dire ainsi, la délicatesse de leur touche, sensible à ces peaux dures qui ne peuvent ressentir atteinte que de la pointe massive d'une alène, tandis qu'un cuir délié la sent de celle du barbillon d'un épi.

Ménage raconte que Racan, étant allé faire visite à Mlle de Gournay, celle-ci lui montra des épigrammes de sa façon et lui en demanda son sentiment.

M. de Racan dit qu'il n'y avait rien de bon, et qu'elles n'avaient pas de pointe. Mlle de Gournay lui dit qu'il ne fallait pas prendre garde à cela, que c'étaient des épigrammes à la grecque. Ils allèrent ensuite dîner ensemble chez M. de Lorme, médecin des eaux de Bourbon. M. de Lorme leur ayant fait servir un potage qui n'était pas fort bon, Mlle de Gournay se tourna du côté de M. de Racan et lui dit : Monsieur, voilà une méchante soupe. — Mademoiselle, repartit M. de Racan, c'est une soupe à la grecque.

Le mot fit fortune, et, pour dire qu'une chose, poëme ou repas, était insipide, on dit qu'elle était à la grecque.

Quand on est, comme Mlle de Gournay, un bas bleu, une vieille fille et une batailleuse, se battant, qui pis est, pour un passé mort et pour d'antiques idoles contre l'esprit nouveau, on est naturellement en butte à toutes les railleries. Personne ne reçut plus qu'elle de horions; mais, comme personne n'en donna davantage, on ne saurait dire qu'elle ait été précisément une victime.

Elle s'est défendue en vers et en prose contre les attaques de ses ennemis :

> ... Voici donc mes défauts. Je suis d'humeur bouillante....
> Je suis impatiente et sujette à courroux....
> L'injure plus qu'à nul à mon cœur est amère;
> J'aimerais mieux pourtant la souffrir que la faire.

Dans son *Apologie pour celle qui écrit*, adressée à un *Prélat*, elle avoue qu'inférieure en constance d'âme à Socrate, qui « ne se souciait pas plus de rencontrer en son chemin un sot qui l'offensait qu'un borgne ou un bossu », elle « supporte aigrement la calomnie », dont Salomon a dit qu'elle trouble le sage et sèche ses os.

Ce que « les sots » lui reprochaient d'abord, c'était sa science des belles-lettres et du latin.

Parmi notre vulgaire, on fagotte à fantaisie l'image des femmes lettrées.... On compose d'elles une fricassée d'extravagances et de chimères, et dit-on en général, sans s'amuser aux exceptions ou distinctions, qu'elles sont jetées sur ce moule.... Oh! que peu de compte tiendrais-je de ce morfondu reste de mon latin, qu'on déchire à belles dents, si je ne croyais savoir plus de français que ceux qui s'amusent à peloter ces discours!... On dit que les femmes n'ont jamais le filet que pour recoudre leur linge. La règle est pourtant fausse en moi, qui ne sais guère coudre, et qui n'aime que médiocrement à causer.

Pour consoler Marie de Gournay d'être une grande « latine », Balzac, le 30 août 1624, lui écrivait avec une ironie pompeuse que « ce n'est pas péché à une femme d'entendre le langage que parlaient autrefois les Vestales »; il continuait, en louant chez la pauvre fille (mais ici son éclat de rire, d'abord étouffé dans sa barbe, devient de plus en plus clair et sonore) « cette beauté qui donne de l'amour aux capucins et aux philosophes et ne s'en est point allée avec la jeunesse ». Mlle de Gournay n'était point belle, de son propre aveu; elle n'était pas laide non plus, mais elle n'avait ni la régulière harmonie des traits, ni le charme de la physionomie, cette « grâce plus belle que la beauté ».

Le cardinal Du Perron disait brutalement que, pour faire taire les mauvais propos sur ses mœurs, elle n'avait qu'à publier son portrait. « Cette bonne fille, raconte l'abbé de Marolles, que j'ai toujours beaucoup estimée et que je visitai souvent en son particulier, avait l'âme candide et généreuse. *Sa beauté était plus de l'esprit que du corps* »; et le terrible Bayle disserte sur cette beauté plus spirituelle que corporelle d'une « pucelle de cinquante-huit ans » (c'est l'âge qu'elle avait en 1624), avec une pesanteur de mastodonte :

Encore que la nature eût hautement réparé en elle les défauts du visage par la perfection de l'esprit, et qu'ainsi au cas qu'on la méprisât du côté du corps, elle eût eu une consolation toute prête et même une grande ressource de gloire, il n'y a nulle apparence qu'elle ait été jamais assez humble pour renoncer à l'estime de ses agréments corporels autant que la raison le demandait....

On lui reprochait aussi de s'être occupée d'alchimie. La vieille sorcière ne le nie pas. « Je suis si partisane de la vérité, que je ne la puis pas même nier où elle me nuit. » Elle avoue donc qu'elle a eu le tort de chercher la pierre philosophale ; mais il y a longtemps qu'elle a renoncé à cette superstition.

On lui reprochait enfin (car de quoi la médisance ne va-t-elle pas se mêler?) le luxe d'un carrosse, de deux bonnes, d'une table trop bien servie et généralement « l'excès d'une vaine piaffe ».

J'eus une fois à mes gages une fille, outre celle qui m'était ordinaire et nécessaire ; à cause que celle-là jouait du luth et que je désirais apprendre d'elle à toucher quelque air, joint que son harmonie me faisait besoin un temps pour m'aider à charmer quelque importune tristesse ; et, l'ayant gardée huit mois seulement, je la rendis à sa mère.... Je n'eus jamais qu'un lit de laine en toute saison, la tapisserie légère et le reste à l'avenant. La calomnie me force à conter ce monceau de sornettes, afin d'essayer à la réprimer.

Quant au carrosse, cette lourde dépense lui était indispensable à cause de la saleté du pavé de Paris, et parce que l'opinion du monde ne permettait pas

aux femmes d'un certain rang de se passer de cet
article. Nous savons, en effet, par Bayle, que le roi
payait à Mlle de Gournay une pension modique,
subordonnée à cette condition qu'elle fît usage d'un
carrosse.

Elle fut aussi l'objet des libéralités du cardinal de
Richelieu.

Bois-Robert, raconte Tallemant des Réaux, la mena au
cardinal de Richelieu, qui lui fit un compliment tout de
vieux mots qu'il avait pris dans son *Ombre*. Elle vit bien
que le cardinal voulait rire. « Vous riez de la pauvre
vieille, dit-elle. Mais riez, grand génie, riez; il faut que
tout le monde contribue à votre divertissement. » Le cardinal, surpris de la présence d'esprit de cette vieille
fille, lui demanda pardon et dit à Bois-Robert : « Il faut
faire quelque chose pour Mlle de Gournay. Je lui donne
deux cents écus de pension. — Mais elle a des domestiques, dit Bois-Robert. — Et quels? reprit le cardinal. —
Mlle Jamyn, répliqua Bois-Robert, bâtarde d'Amadis
Jamyn, page de Ronsard. — Je lui donne cinquante livres
par an, dit le cardinal. — Il y a encore ma mie Piaillon,
ajouta Bois-Robert; c'est sa chatte. — Je lui donne vingt
livres de pension, répondit l'Eminentissime, à condition
qu'elle aurait des trippes. — Mais, Monseigneur, elle a
chatonné, dit Bois-Robert. » Le cardinal ajouta encore une
pistole pour les chatons.

L'Académie française naissante tint plusieurs fois
ses séances chez elle.

A cette époque de crise pour la langue, une des
principales occupations de la docte compagnie était
l'examen des mots nouveaux, qui ne recevaient que
par sa grâce le droit de bourgeoisie française. Un
jour, chez Mlle de Gournay, ces messieurs discu-

taient le mot « raffinage », le pesant, le sondant, le
considérant en ses voyelles, en ses consonnes, en
ses syllabes, en sa terminaison. Ne sachant à quoi
se décider, ils dirent qu'ils seraient bien aises d'entendre prononcer ce mot d'un peu loin, d'une voix
ferme et à plusieurs reprises. Aussitôt la vieille
sibylle, raconte le contemporain dont je résume le
récit, commanda à Jamyn, sa servante, de s'aller
planter au bout de la salle et de prononcer distinctement : raffinage.

La servante obéit, fit une profonde révérence à l'antique,
et prononça *raffinage* de manière à faire croire qu'elle avait
un vrai gosier d'airain... « Encore une fois, dit la maîtresse. » La servante fit une seconde révérence et prononça
derechef *raffinage*, haussant la voix presque de deux tons.
« Eh bien! dit Mlle de Gournay, en se tournant gracieusement vers ces messieurs, que vous semble de « raffinage »?
Pour moi, je trouve qu'il ne sonne pas mal à l'oreille.
— Vous dites vrai, » répondit un de ces vénérables juges au
nom de tous. Il fut donc conclu que « raffinage » aurait
un passeport avec un brevet de mot de bel usage.

Tallemant des Réaux, bavard indiscret, nous
apprend que Mlle de Gournay portait un râtelier, et
Saint-Évremond a fait allusion aux fausses dents
de l'antique personne dans une scène de sa comédie des *Académistes*, où la fille adoptive de Montaigne
joue le rôle de champion des vieux mots et des locutions archaïques.

Mlle DE GOURNAY

Je vous ai bien cherché, M. le Président.

SÉRISAY, *directeur de l'Académie.*

Baissez-vous, Bois-Robert, et ramassez sa dent.

BOIS-ROBERT

C'est une grosse dent qui vous était tombée,
Et qu'un autre que moi vous aurait dérobée.

UN PERSONNAGE

Montagne en perdit une âgé de soixante ans.

Mlle DE GOURNAY

J'aime à lui ressembler, même à perdre les dents.
Mais apprenez de lui que par toute la Grèce
C'était comme un devoir d'honorer la vieillesse :
Et le *vieil âge* en vous sera peu respecté,
Si vous en usez mal dans la *virilité.*
Montagne s'employait à corriger le vice,
Et bien connaître l'homme était son *exercice.*
Il n'aurait pas *cuidé* pouvoir tirer grand *los*
Du stérile *labeur* de réformer des mots.

Yvrande et le chevalier de Bueil, deux joyeux farceurs de ce temps, firent à la pauvre vieille toutes sortes de mauvais tours. « Une fois, pour se moquer de quelques vers où elle avait mis *Tit* pour Titus, ils lui envoyèrent ceux-ci :

Tit. fils de Vesp. roi du rond héritage
Des peuples inchrétiens qui cassèrent Carthage.

La malice n'est pas bien méchante ; mais ils inventèrent mieux. Ces deux pestes (c'est Tallemant des Réaux qui parle) « supposèrent une lettre du roi d'Angleterre, par laquelle il demandait à Mlle de Gournay sa vie et son portrait. Elle fut six semaines à faire sa vie. Après, elle fit barbouiller, et envoya tout cela en Angleterre, où l'on ne savait ce que cela voulait dire. »

Leur chef-d'œuvre dans la mystification fut la célèbre farce qu'ils jouèrent à Racan et à Mlle de Gournay du même coup.

Racan a la mine d'un fermier; il bégaie, et n'a jamais pu prononcer son nom, car, par malheur, l'*r* et le *c* sont les deux lettres qu'il prononce le plus mal....

Étant fait comme je vous le viens de dire, le chevalier de Bueil et Yvrande, sachant qu'il devait aller sur les trois heures remercier Mlle de Gournay, qui lui avait donné son livre, s'avisèrent de lui faire une malice, et à la pauvre pucelle aussi. Le chevalier s'y en va à une heure. Il heurte; Jamyn va dire à la demoiselle qu'un gentilhomme la demandait. Elle faisait des vers; et, en se levant, elle dit : « Cette pensée était belle, mais elle pourra revenir, et ce cavalier peut-être ne reviendrait pas ». Il dit qu'il était Racan; elle, qui ne le connaissait encore que de réputation, le crut. Elle lui fit mille civilités à sa mode, et le remercia surtout de ce qu'étant jeune et bien fait, il ne dédaignait pas de venir visiter la pauvre vieille. Le chevalier, qui avait de l'esprit, lui fit bien des contes. Elle était ravie de le voir d'aussi belle humeur, et disait à Jamyn, voyant que sa chatte miaulait : « Jamyn, faites taire ma mie Piaillon, pour écouter M. de Racan ».

Dès que celui-là fut parti, Yvrande arrive, qui, trouvant la porte entr'ouverte, dit en se glissant : « J'entre bien librement, mademoiselle; mais l'illustre Mlle de Gournay ne doit pas être traitée comme le commun. — Ce compliment me plaît, s'écria la pucelle. Jamyn, mes tablettes, que je le marque. — Je viens vous remercier, mademoiselle, de l'honneur que vous m'avez fait de me donner votre livre. — Moi, monsieur, reprit-elle, je ne vous l'ai pas donné, mais je devrais l'avoir fait. Jamyn, une *Ombre* pour ce gentilhomme. — J'en ai une, mademoiselle; et, pour vous montrer cela, il y a telle et telle chose en tel chapitre. » Après, il lui dit qu'en revanche il lui apportait des vers de sa façon; elle les prend et les lit. « Voilà qui est gentil, Jamyn, disait-elle; Jamyn en peut être, mon- sieur, elle est fille naturelle d'Amadis Jamyn, page de Ronsard.... Mais ne saurai-je point votre nom? — Made- moiselle, je m'appelle Racan. — Monsieur, vous vous moquez de moi. — Moi, mademoiselle! me moquer de cette héroïne, de la fille d'alliance du grand Montaigne, de cette illustre fille de qui Lipse a dit : *Videamus quid sit*

paritura ista virgo! — Bien, bien, dit-elle, celui qui vient
de sortir a donc voulu se moquer de moi.... Je suis toujours bien aise d'avoir vu deux gentilhommes si bien faits
et si spirituels. » Et là-dessus ils se séparèrent.

Un moment après, voilà le vrai Racan qui entre tout
essoufflé. Il était un peu asthmatique, et la demoiselle était
logée au troisième étage. « Mademoiselle, lui dit-il sans
cérémonie, excusez si je prends un siége. » Il fit tout
cela de fort mauvaise grâce et en bégayant. « Oh! la ridicule figure, Jamyn! dit Mlle de Gournay. — Mademoiselle,
dans un quart d'heure, je vous dirai pourquoi je suis venu
ici, quand j'aurai repris mon haleine. Où diable vous êtes-
vous venue loger si haut? Ah! disait-il en soufflant, qu'il y
a haut! Mademoiselle, je vous rends grâce de votre présent, de votre *Omble* que vous m'avez donnée, je vous en
suis bien obligé. » La pucelle cependant regardait cet
homme avec un air dédaigneux. « Jamyn, dit-elle, désa-
busez ce pauvre gentilhomme; je n'en ai donné qu'à tel et
qu'à tel, qu'à M. de Malherbe [1], qu'à M. de Racan. — Eh?
mademoiselle, c'est moi. — Voyez, Jamyn, ce joli personnage! au moins les deux autres étaient-ils plaisants. Mais
celui-ci est un méchant bouffon. — Mademoiselle, je suis
le vrai Racan. — Je ne sais pas qui vous êtes, répondit-
elle, mais vous êtes le plus sot des trois. Merdieu! je n'entends pas qu'on me raille. » La voilà en fureur. Racan,
ne sachant que faire, aperçoit un recueil de vers. « Mademoiselle, lui dit-il, prenez ce livre, et je vous dirai tous
mes vers par cœur. » Cela ne l'apaise point; elle crie *au
voleur!* [2] Des gens montent. Racan se pend à la corde de
la montée, et se laisse couler en bas.

Le jour même elle apprit toute l'histoire. La voilà au
désespoir. Elle emprunte un carrosse, et le lendemain de
bonne heure elle va le trouver chez M. de Bellegarde, où
il logeait. Il était encore au lit; il dormait. Elle tire le

1. Mlle de Gournay avait donné en effet un exemplaire de
son *Ombre* à Malherbe, « quoiqu'elle le haït à mort », dit Tallemant.

2. Ménage raconte qu'elle s'arma d'une de ses pantoufles et
chargea vigoureusement.

rideau. Il l'aperçoit, et se sauve dans un cabinet. Pour l'en faire sortir, il fallut capituler. Depuis, ils furent les meilleurs amis du monde, car elle lui demanda cent fois pardon.

Bois-Robert joue cela admirablement; on appelle cette pièce *les Trois Racans*. Il les a joués devant Racan même, qui en riait jusqu'aux larmes et disait : *Il dit vlai, il dit vlai.*

Mlle de Gournay mourut en sa quatre-vingtième année, le 13 juillet 1645, dans la rue de l'*Arbre-Sec* où elle demeurait. Colletet écrivit ces vers en son honneur :

> Tu remportes, Gournay, cet illustre avantage,
> D'égaler en mourant les Sibylles en âge
> Et d'avoir en vivant surmonté leurs vertus.

Elle laissait par testament son *Ronsard* au poëte L'Estoile, et elle avait beaucoup contribué, par l'ardeur de sa piété filiale et de son admiration littéraire, à établir solidement la gloire de Montaigne dans la postérité.

Sans doute, c'est à l'immortalité réelle du grand écrivain qu'est suspendue désormais l'ombre légère de la sienne; mais ses soins, ses efforts, ses cris enthousiastes et passionnés ne furent pas inutiles un jour pour forcer la foule indifférente des passants distraits et paresseux à s'arrêter devant les *Essais.*

Le génie est un intrus et un trouble-fête qui dérange les hommes dans leurs habitudes, ne fût-ce qu'en ajoutant un nom nouveau à la liste de leurs admirations; bien rarement sa lumière a par elle-même un tel éclat qu'elle n'ait qu'à briller pour

éblouir le monde. Aussi les plus belles œuvres ris-
queraient-elles fort de passer inaperçues, si la critique, formidable puissance de mort ou de vie, selon
que sa trompette se tait ou qu'elle sonne, n'attachait
pas au globe silencieux et fier, qui tente l'ascension
de la gloire, tous ses pétards et toutes ses fusées.
Assurément, ce feu d'artifice ne suffit point pour
sauver des gouffres glacés de la nuit définitive les
ouvrages de néant, sans âme et sans flamme intérieure ; mais, en vérité, en vérité je vous le dis,
il est bien nécessaire pour allumer et pour entretenir la gloire éternellement rayonnante des chefs-
d'œuvre.

VII

PIERRE DE BRACH

Si les doubles titres revenaient à la mode, il faudrait intituler cette causerie sur le nouvel ami de Montaigne, que je vais avoir l'honneur de vous présenter : *Pierre de Brach, ou la perle des veufs.*

C'est par la fidélité de son culte à la mémoire de sa femme défunte et par les vers touchants qu'un sentiment si pur lui inspira, que ce poète, fort oublié de nos jours, fut célèbre de son vivant; c'est par là qu'il mérite encore un petit coin dans l'estime et le souvenir des hommes.

Nous connaissons déjà un peu Pierre de Brach. Nous savons que c'est lui qui, après la mort de Montaigne, fut chargé par la veuve de recueillir et de recopier les notes manuscrites que l'auteur des *Essais* avait accumulées depuis quatre ans sur un exemplaire de l'édition de 1588, en vue d'une édition nouvelle.

Mlle de Gournay nous a raconté la chose dans l'étrange galimatias de sa grande préface de 1595, dont elle a dit elle-même, dans une lettre à Juste Lipse, avec une modestie qui l'honore : « Cette préface est si ténébreuse et obscure qu'on n'y peut rien entendre ». C'est faute de l'avoir comprise, en effet, ou simplement de l'avoir lue, qu'on avait méconnu dans cette circonstance le rôle de Pierre de Brach, et qu'on attribuait à Mlle de Gournay toute la besogne de l'édition de 1595; mais M. Dezeimeris nous l'a expliquée à deux reprises : dans ses *Recherches sur la recension du texte posthume des Essais de Montaigne*, et dans d'autres *Recherches sur la vie de Pierre de Brach*, accompagnant sa belle édition des œuvres du poète bordelais.

Pierre de Brach naquit à Bordeaux, le 22 septembre 1547. Montaigne était donc son aîné d'un peu plus de quatorze ans. Il fit, sans doute, comme tous les enfants bien élevés, ses études au collège de Guyenne; puis il se rendit à Toulouse pour y faire son droit, et c'est là qu'il écrivit ses premiers essais poétiques.

Vers 1567, il reçut de l'Académie des jeux floraux le prix de l'Églantine. A Toulouse, il se lia intimement avec Du Bartas, le futur auteur de *La semaine*, qui suivait, lui aussi, les cours de jurisprudence, et il fit avec lui un *Voyage en Gascogne*, qui est devenu le titre et le sujet d'un de ses poèmes.

De retour à Bordeaux, auprès de sa famille, il fut reçu avocat. C'est probablement alors, vers 1568, qu'il fit la connaissance de Montaigne, qui était encore conseiller au parlement de Bordeaux et ne donna sa démission que deux ans après.

Comme Montaigne, Pierre de Brach se dégoûta bientôt du Palais et du métier des lois. « Le barreau, écrit son biographe, M. Dezeimeris, ne brillait point, à ce moment, par son honorabilité, et de Brach, pour sa part, semble avoir eu une assez triste opinion de la plupart des avocats de son temps; il les accuse de

Mettre en vente au Palais leur langue babillarde. »

On ne nous dit point qu'il donna, comme Montaigne, sa démission; mais « ne voulant pas mettre son éloquence en vente », il plaida le moins possible et préféra toujours le culte des muses à celui des lois, comme l'attestent ces vers de son *Ode à Montaigne* :

> C'est trop, plein de solitude,
> Demeuré dans une étude.
> L'arc tendu trop roidement
> Se lâche ou rompt promptement :
> Il faut, quand l'esprit se fâche,
> Lui donner quelque relâche.
> Venez donc, trois fois trois sœurs,
> Relâcher par les douceurs
> D'une divine ambroisie,
> D'un nectar de poésie,
> Mon esprit tout ennuyé
> D'avoir trop étudié
> En la sévère science
> De notre jurisprudence.

Remarquons, en passant, que ces petits vers sont calqués sur ceux d'une ode de Ronsard qui commence ainsi :

> J'ai l'esprit tout ennuyé
> D'avoir trop étudié, etc.

Disciple de Ronsard en poésie, c'est à lui que Brach dédia son *Hymne de Bordeaux*, poème considérable qu'il écrivit jeune encore et

> Nouvellement serré du rude lait des bois.

A Bordeaux, en 1572, âgé de vingt-cinq ans, il se maria. C'est le grand événement de sa vie et de sa poésie. La jeune fille qu'il prit pour femme s'appelait Anne de Perrot; mais, suivant la mode des poètes d'alors, l'amoureux lui donna un nom conventionnel, et celui qu'il choisit fut le doux nom d'*Aymée*, « nom qu'il a rendu si fameux de son temps, écrit Colletet, que toute la France le connut, que presque tous nos poètes le louèrent, et que les plus doctes d'entre les étrangers mêmes l'eurent en grande vénération ».

Il paraît que le mariage ne se fit pas sans quelque opposition des parents du jeune homme, qui ne trouvaient pas la demoiselle assez riche. Pierre de Brach en pensa mourir de chagrin. Le consentement final de sa famille lui rendit la santé et la vie.

Ai-je besoin de rappeler que l'année 1572, époque de son mariage, fut celle de la Saint-Barthélemy et, par conséquent, de la crise la plus aiguë d'un violent état de choses, dont Montaigne a dit :

En un temps ordinaire et tranquille, on se prépare à des accidents modérés et communs; mais en cette confusion, où nous sommes depuis trente ans, tout homme français, soit en particulier, soit en général, se voit à chaque heure sur le point de l'entier renversement de sa fortune. D'autant faut-il tenir son courage fourni de provisions plus fortes et vigoureuses (III, 12).

Au milieu des passions furieuses qui précipitaient protestants et catholiques les uns contre les autres, l'attitude de Pierre de Brach est remarquable et fut bien celle qui convenait à un ami de Montaigne. Le poëte bordelais était digne de sympathiser profondément avec le sage, qui, plus tard, écrivit cette page admirable, celle peut-être qui fait le plus d'honneur à sa haute raison et à l'équité sereine de son âme :

Quand ma volonté me donne à un parti, ce n'est pas d'une si violente obligation, que mon entendement s'en infecte. Aux présents brouillis de cet état, mon intérêt ne m'a fait méconnaître *ni les qualités louables en nos adversaires, ni celles qui sont reprochables en ceux que j'ai suivis.* Ils adorent tout ce qui est de leur côté : moi, je n'excuse pas seulement la plupart des choses qui sont du mien; un bon ouvrage ne perd pas ses grâces pour plaider contre moi, etc. [1].

Catholique fervent, nous dit son biographe, mais éclairé et tolérant, Pierre de Brach eut à la fois pour amis intimes Florimond de Raimond, fougueux adversaire de l'hérésie, et Du Bartas, zélé calviniste. Sujet fidèle du roi de France, il eut le courage

[1]. III, 10. Voir *Montaigne* (Collection des Grands Écrivains français), p. 46.

de stigmatiser la Saint-Barthélemy et d'opposer, dans des vers généreux, l'administration équitable du chancelier de l'Hôpital disgracié au désordre qui suivit sa retraite. Deux sonnets, qu'il suffit de mentionner, parce qu'ils attestent moins son génie poétique que la noble indépendance de son esprit, renvoient dos à dos catholiques et protestants.

Parce qu'on est avocat ou financier, a dit Montaigne, ce n'est pas une raison pour « méconnaître la fourbe qu'il y a en telles vacations ». Pierre de Brach ne se faisait aucune illusion sur les vilains côtés de son métier d'avocat, et il l'exerçait sans plaisir; pourtant, nous avons vu qu'il ne s'en démit point, et même il ambitionnait un siège à ce parlement de Bordeaux, que Montaigne avait quitté en 1570 avec un si inexprimable soulagement.

En attendant, résigné à son sort, comme un sage antique ou comme l'auteur des *Essais* lui-même, Brach a célébré les avantages de la médiocrité dans un sonnet qui serait passable si le vague de quelques termes n'en rendait pas les deux derniers vers faibles et un peu obscurs :

J'estime plus qu'un roi l'homme heureux qui n'a rien,
Sinon ce que sa main journellement lui baille,
N'ayant de revenu la valeur d'une maille,
Pourvu qu'au demeurant il soit homme de bien.

Il est sans pensement, n'ayant rien qui soit sien;
Il n'a point de souci qui la nuit le travaille
En songeant quel parti gagnera la bataille,
Par la perte de l'un craignant perdre son bien;

Il ne craint pas de voir que sa bourse on lui vide
Par tribut, par emprunt, ou par quelque subside,
Ni qu'un soldat mutin lui pille sa maison.

Bref, en sa pauvreté meilleure est sa fortune
Que du riche, duquel la richesse est commune,
Depuis que le pouvoir commande à la raison [1].

Certains amis de Montaigne (je ne sais si Pierre de Brach était du nombre) lui avaient conseillé de se faire l'historien de son époque, de peindre avec la plume « ce notable spectacle de notre mort publique » dont il était le témoin impuissant et attristé, mais qu'il contemplait cependant avec la haute curiosité d'un philosophe que l'horreur des événements n'empêche pas de prendre un vif intérêt intellectuel à leur grande et tragique importance. Rien n'était plus contraire au génie de Montaigne qu'un travail dont les deux conditions essentielles sont la méthode d'abord, et puis la faculté de se détacher de soi-même pour appliquer toute son attention aux réalités extérieures :

Aucuns me convient d'écrire les affaires de mon temps, estimans que je les vois d'une vue moins blessée de passion qu'un autre, et de plus près, pour l'accès que fortune m'a donné aux chefs de divers partis. Mais ils ne disent pas que, pour la gloire de Salluste, je n'en prendrai pas la peine, ennemi juré d'obligation, d'assiduité, de constance; qu'il n'est rien si contraire à mon style qu'une narration étendue... (I, 20).

Ce que Montaigne ne voulait pas ou ne pouvait pas faire, il proposa à Pierre de Brach de l'entre-

---

1. C'est-à-dire, je pense : que du riche, qui ne peut appeler sienne sa richesse depuis que la force fait loi.

prendre, l'engageant à écrire, sinon l'histoire même de son temps, du moins un poème sur les tragédies de la guerre civile. Nous savons cela par un sonnet assez mauvais, adressé « à Monsieur de Montagne, conseiller à la cour », et où Brach développe les raisons de son refus.

Elles se résument en ceci, que le poète, plus dominé que le philosophe par sa propre sensibilité, souffrait trop des malheurs de la France pour les considérer de ce point de vue extérieur qui permet seul de les décrire; il se sentait incapable soit de la puissance d'observation tranquille d'un Tacite pour peindre son époque, soit des fureurs vengeresses d'un Agrippa d'Aubigné pour se soulever tout entier contre elle et la marquer, comme au fer rouge, d'un vers indigné et brûlant.

En 1576, les *Poèmes* de Pierre de Brach parurent sous la forme d'un beau volume in-4 chez Simon Millanges, professeur au collège de Guyenne, qui, ayant acquis le matériel complet d'une imprimerie, devint un des premiers typographes français et devait, quatre ans plus tard, publier la première édition des *Essais* de Montaigne.

Les applaudissements des contemporains ne manquèrent pas au nouveau poète. Il reçut, de la part des lettrés de Bordeaux, les éloges les plus flatteurs en grec, en latin, en italien et en français. Peu de temps après la publication de ses *Poèmes*, il offrit à la reine de Navarre son *Olympe*, imitation libre de l'Arioste.

Est-ce au puissant patronage de cette princesse qu'il dut d'être nommé, en 1584, « conseiller du Roi et contrôleur en la chancellerie de Bordeaux »? Toujours est-il qu'il dédia encore son volume des *Imitations* à « très haute et vertueuse princesse Marguerite de France, reine de Navarre ».

A ce moment de la vie de Pierre de Brach, Montaigne était maire de Bordeaux, le maréchal de Matignon gouvernait la Guyenne en qualité de lieutenant général du Roi, Brach était lié avec son fils, le comte de Torigny, et tout porte à croire que de si hautes amitiés servirent fort le poëte magistrat dans l'avancement de sa carrière. Il fit plusieurs voyages à la suite de la cour et plusieurs séjours à Paris.

Pendant un de ses séjours dans la capitale, il lui arriva une aventure mystérieuse, qu'on serait tenté de rejeter avec dédain comme un conte à dormir debout, si certains phénomènes bien constatés de divination à distance et de seconde vue, sans que la science en ait trouvé jusqu'ici une explication suffisante, ne donnaient pas à toutes les anecdotes de cette espèce l'attrait provisoire du surnaturel. Le fait est que les rédacteurs du *Journal du magnétisme* ont jugé l'histoire assez curieuse pour la rééditer dans leur numéro du 25 juin 1859.

Pierre de Brach étant donc à Paris et désirant savoir ce que faisait sa chère femme, son *Aymée*, qui était restée à Bordeaux, céda à la tentation de consulter un magicien dont on racontait des merveilles. Il eut lieu de s'en repentir; car ce pauvre mari, qui adorait sa femme et n'avait jamais conçu le moindre soupçon sur sa foi, la vit, à son indicible stupeur, par l'art diabolique du sorcier, en compagnie d'un moine, au milieu de toutes les circonstances les mieux faites pour le convaincre d'une trahison conjugale. Il ne voulut pas en voir davantage, et il s'enfuit, le cœur brisé.

Je ne sais combien de temps dura son erreur. Enfin tout s'expliqua heureusement. Mme de Brach s'étant foulé un bras, un religieux de Bordeaux, rebouteur célèbre, avait été appelé près de la blessée, et c'est lui que le mari avait vu, penché sur le lit de sa femme, maniant et massant son beau ras malade.

La vérité connue, raconte le narrateur de cette étrange histoire, « remit leurs affections en même état qu'elles étaient avant cet accident, avec un déplaisir mortel d'avoir jamais connu et employé ce magicien. Voilà à quelles extrémités nous mènent ces divinations; ce sont des pièges pour rechercher et enfin trouver Satan. »

La félicité du plus tendre des époux ne devait plus être de longue durée. *Aymée* mourut, le 8 juillet 1587.

Le huitième jour de juillet, l'année MDLXXXVII, est morte ma femme m'ayant laissé quatre enfants mâles et quatre filles. Nous n'avons demeuré ensemble, puisqu'il a plu à Dieu, que quinze ans quatre mois et neuf jours, déduisant les dix jours de la réformation du calendrier. La paix, l'union de volontés et l'amitié mutuelle et incroyable qui a été entre nous, m'a fait trouver les années de notre mariage

bien courtes. La privation de ce bien me promet des jours
à venir bien longs, pour peu qu'il m'en puisse rester. J'ai
compté le temps passé par années, d'autant qu'il n'y a
rien de plus certain que ce qui est passé; et je compte celui
à venir par jours.... Lors donc qu'il plaira à Dieu m'appeler,
quand bien ce serait dans un moment, ce ne sera point
trop tôt, pourvu qu'il lui plaise m'appeler à soi. Comme
homme, je ne veux pas désirer ma mort; mais, comme
n'ayant plus de plaisir à vivre, je ne la veux pas craindre.
Ne sachant point son heure, je l'attendrai à toute heure.
Cependant je prie Dieu me vouloir assister en l'affliction
qu'il a voulu me donner par la mort de ma bien aimée,
vertueuse et sage femme, et vouloir conduire mes actions
durant le reste de ma vie.

Voilà le meilleur de Pierre de Brach. Cette note
intime, non destinée à la publicité, si belle par la
simplicité du langage et par celle de la foi qui la
remplit, vaut mieux encore que les vers que la mort
d'*Aymée* lui inspira, sans qu'ils soient d'ailleurs
méprisables :

... Le flambeau du soleil découvrait sa lumière
Pour éclairer Aymée à son heure dernière;
Il semblait que son feu plus flambant, plus riant,
Ouvrit plus matineux les portes d'Orient;
Que sans nue le ciel, d'une robe azurée,
Pour recevoir son âme eût sa voûte parée....

... J'étais heureux en vous, mais malheureux de quoi
Je survis votre mort et vous mourez sans moi.
Mais emportez de moi, mon cœur, cette assurance :
Je le vous jure ici, par la douce alliance
De nos saintes amours, que votre amour sera
Le feu dernier auquel mon amour brûlera;
Et, pour moi, si la vie encore m'est donnée,
Jamais n'éclairera le flambeau d'hyménée.
Mais j'espère bientôt, si les souhaits ont lieu,
De te suivre là haut.... Adieu, m'amour, adieu.

... Je disais ces propos à ma mourante femme.
Bientôt sous un soupir son âme s'envola.
Hélas, ai-je pu dire, ai-je pu voir cela,
Sans avoir après elle aussitôt rendu l'âme?

Le serment solennel de rester fidèle à *Aymée* au delà du tombeau, Pierre de Brach l'observa religieusement, et il l'a renouvelé à plusieurs reprises dans des vers graves et passionnés où il donne toute sa mesure comme poète :

... Amant, amour d'amant ne fut au mien semblable;
Époux, tout autre époux j'ai d'amour surmonté;
Veuf, jamais autre veuf ne s'est tant lamenté;
Amant, époux et veuf, à tous incomparable....
... Je ne puis pas, pour moi, reconnaître en ce monde
(Femmes, pardonnez-moi) femme qui la seconde.
Que la terre s'entr'ouvre, et, vif m'engloutissant,
M'envole au plus obscur de l'Orque pâlissant;
Fassent les Dieux vengeurs tous leurs foudres descendre
Sur mon parjure chef, le réduisant en cendre,
Plutôt que je corrompe et rompe l'amitié
Donnée et rejurée à ma chère moitié.
La première elle fut qui, d'une chaste flamme,
Porta le premier feu qui brûla dans mon âme;
D'elle sortit l'ardeur de ce premier flambeau :
Qu'elle l'ait avec elle et le garde au tombeau.

Suivant une mode florissante au XVIe siècle et que, de nos jours, nous avons vue refleurir avec le *Tombeau de Théophile Gautier* et d'autres volumes de vers funèbres, Pierre de Brach ne se contenta pas de célébrer seul la femme incomparable qu'il avait perdue; il provoqua, de la part des nombreux lettrés avec lesquels il avait des relations, des hommages en latin, en grec, en français et dans les autres langues littéraires, à la mémoire de la défunte.

Dans ce dessein, il fit même un nouveau voyage à Paris, où il accompagna en 1588 son ami Montaigne, qui s'y rendait pour donner ses soins à la dernière édition des *Essais* qu'il ait lui-même publiée. Daurat, Baïf, Turnèbe le fils, Pasquier, le sieur Dexpilly, le conseiller Raimond, le seigneur Des Accords, plus tard Mlle de Gournay, et d'autres poètes moins connus, collaborèrent au *Tombeau* d'Aymée.

La même année (1588), le roi, poussé à bout par la faction des Seize et incapable de tenir tête au duc de Guise qui venait le combattre jusque dans le Louvre, s'était enfui de Paris pour se réfugier à Chartres, puis à Rouen. Pierre de Brach et Montaigne suivirent dans ces deux villes Henri III et la cour.

C'est de Rouen que, le 6 juillet 1588, avant-veille du premier anniversaire de la mort d'*Aymée*, Pierre de Brach écrivit à Juste Lipse une lettre touchante pour obtenir de ce savant illustre qu'il contribuât au *Tombeau* par quelques lignes de sa main.

Depuis quelques années, la mélancolie pied à pied et peu à peu avait gagné place en une partie de moi, mais tout à coup elle s'est rendue maîtresse du tout, par un malheur qui m'est advenu en la mort d'une très sage et vertueuse femme que j'avais. Je n'ai point perdu, en la perdant, seulement une partie de moi, je me trouve du tout perdu. Jamais pareille amitié ne fut entre mari et femme, jamais pareil regret ne fut en mari! Du bonheur et contentement que j'ai eu pendant sa vie, vient le regret et mécontentement que j'ai après sa mort; que c'est d'un doux arbre recueillir un fruit amer! Ne pouvant autre chose, je tâche après sa mort d'éterniser la mémoire de sa vie, et, ne me fiant point en mes forces, j'emploie celles de mes amis, qui m'ont aidé de trois ou quatre cents vers grecs, latins ou français, et de quelques proses à l'antique : c'est là où je vous attends; c'est une pièce que je désire de vous pour l'embellissement de son tombeau. Je vous prie donc qu'à ma prière vous fassiez cet honneur à sa mémoire. Pour l'argument, vous l'avez déjà. C'était une demoiselle de noble lignée, belle de corps, belle d'esprit, vertueuse, sage, pleine d'une gravité modeste, et, en un mot, accompagnée de tout ce qui se peut désirer en une demoiselle d'honneur. Durant quinze ans que Dieu nous a fait vivre ensemble, nos volontés ont eu si bonne intelligence, qu'un seul mot de courroux de l'un à l'autre n'est sorti de notre bouche. Elle m'a laissé des gages d'amitié par des enfants que Dieu nous a donnés, et pour lesquels j'aime seulement à vivre. Aux vers français que j'ai faits pour l'amour d'elle durant sa vie, je la baptisai du nom d'*Aymée*, je l'en nomme encore; la force de ce nom a passé après sa mort et durera jusqu'à la mienne. A cette perpétuité d'amour je voue une viduité perpétuelle. C'est tout ce que je vous en puis écrire.

Voilà une vraie lettre, naturelle et simple, exempte de ces circonlocutions conventionnelles et cérémonieuses qui alourdissent d'une si insupportable façon la plupart des correspondances littéraires et même familières du xvi⁰ et du xvii⁰ siècle, avant que Mme de Sévigné eût affranchi du pédantisme le style épistolaire, continué dans la correspondance l'allure de la conversation et enseigné à toutes les plumes à « courir la bride sur le cou ». Pierre de Brach avait un véritable talent épistolaire, que ses contemporains goûtaient, puisqu'un libraire de Paris lui offrit en 1604 d'imprimer le recueil de ses lettres. « Que diriez-vous? écrivait-il à cette date au même Juste Lipse; tout présentement j'ai reçu une lettre de Paris, par laquelle on me demande mes lettres missives pour les imprimer. Quelle folie! C'est chose à quoi je n'avais onques pensé. »

Montaigne a noté, dans ses *Éphémérides*, comment, en revenant de Rouen, le 10 juillet, il fut pris par les Parisiens ligueurs et conduit à la Bastille, où il passa une demi-journée. La reine mère, avertie par le bruit public, obtint du duc de Guise, vers les huit heures du soir, l'élargissement de l'illustre prisonnier. Ce fut pour le philosophe une mésaventure d'autant plus pénible, qu'il était malade alors « d'une espèce de goutte qui l'avait saisi il y avait justement trois jours », selon ses expressions. Mais Pierre de Brach, qui était encore avec lui à ce moment, parle sur un ton tout à fait sérieux de la santé de son ami en 1588 et dit même que « les médecins désespéraient de sa vie », dans sa lettre du 4 février 1593, que nous lirons tout à l'heure.

Montaigne se rétablit provisoirement, puisqu'il suivit la cour à Blois pour assister à l'ouverture des fameux États généraux d'octobre 1588. On ne sait si Pierre de Brach l'y accompagna ou s'il revint seul à Bordeaux.

La réponse de Juste Lipse à la lettre où le poète lui demandait une contribution au *Tombeau* d'Aymée, s'était égarée par un accident fréquent en ces temps de guerre civile où les communications étaient si souvent interrompues; elle ne parvint au destinataire qu'après avoir erré pendant deux ans. C'était un refus, enveloppé des formes de cette politesse com-

plimenteuse dont on a toujours soin de dorer ces
sortes de pilules :

Combien j'ai été ému, répondait en latin le grand érudit
belge, par le culte si pieux que tu as voué à la mémoire
de ta femme! O noble exemple! rare en tout temps, mais
rare surtout en ce siècle, où, non contents de ne plus rien
faire de louable, nous ne savons même plus louer. A chaque
pas on rencontre l'envie, le dénigrement, qui paralysent ou
empoisonnent toute noble action....

Finalement, Juste Lipse alléguait le mauvais état
de sa santé, « qui glaçait sa verve », pour s'excuser
de ne pas répondre de suite à la prière de son corres-
pondant :

Excuse-moi; le désir ne m'a pas fait défaut, mais c'est
tout. *Plus tard cependant je verrai;* et s'il me vient encore
quelque inspiration de cette source où vous puisez, poëtes,
et où, moi aussi, j'ai puisé jadis, c'est à ton Aymée céleste
que je veux la consacrer.

Pierre de Brach finit par résigner son office de
conseiller au parlement de Bordeaux et par se retirer dans sa maison de campagne, faisant vœu,
comme Montaigne, de consacrer le reste de ses
années au culte des Muses. Mais, comme Montaigne
aussi, nous le voyons, un peu plus tard, quitter sa
retraite et se laisser imposer, sans goût, bien qu'avec
une juste conscience de ses devoirs, les ennuis, les
fatigues et la responsabilité d'une charge publique.
Vraiment, dans ces deux circonstances, les sentiments du poëte sont si conformes à ceux du philosophe qu'il est tout naturel de supposer ici une

influence directe de Montaigne sur Pierre de Brach,
qui professait, non seulement pour le génie, mais
pour le caractère de son grand ami, le plus respectueux enthousiasme.

Prenons-y garde, il y a un complet désaccord,
auquel nous ferions bien d'être plus attentifs, entre
le jugement moral que portaient sur Montaigne ses
comtemporains, et celui que, par l'effet du travail
séculaire de la légende, nous avons fini par porter
nous-mêmes.

Aujourd'hui, notre admiration pour le beau génie
de l'auteur des *Essais* est mêlée d'une certaine mé-
sestime pour sa personne. Nous le tenons pour un
assez pauvre sire. Je ne dis pas que nous l'accusions
formellement d'avoir été un pleutre, comme l'a fait,
peu s'en faut, M. Paul Albert en racontant à sa
manière la conduite de Montaigne pendant la peste
de 1585; mais, sans le dire toujours aussi durement,
on l'insinue. Un homme plus habile que franc, plus
intéressé que magnanime et que généreux, de beaucoup plus de prudence que de courage, très conservateur de sa chère guenille, soucieux d'abord, en
toute circonstance, de tirer son épingle du jeu et de
se sauver les braies nettes : telle est l'idée qu'une
représentation traditionnelle, de plus en plus sim-
plifiée, s'est faite, en dernière analyse, de cet épicu-
rien avisé et sage, mais d'une si profonde honnêteté.
Des divers qualificatifs qui peuvent se présenter à
l'esprit pour caractériser une nature morale, le mot
grand est sans doute le dernier que notre psychologie

sommaire imaginerait d'appliquer au maire de Bordeaux.

Or la *grandeur* est, au contraire, la qualité que les
contemporains de Montaigne lui reconnaissaient
d'un accord unanime, et ce n'était pas une grandeur
de l'ordre intellectuel seulement, elle qualifiait son
caractère non moins que son esprit. On disait cou-
ramment : « le grand Montaigne ». Il était grand aux
yeux de Pierre de Brach, comme à ceux de Mlle de
Gournay. Il était grand aux yeux du président de
Thou, le sévère historien, qui admirait sa franchise,
l'indépendance de son jugement, son amour passionné pour la liberté, son horreur pour l'esprit de
cabale et d'intrigue, et cette profonde connaissance
de l'histoire générale et particulière qui semblait le
rendre apte à gouverner les hommes.

Les nombreux voyages de Montaigne, ses fré-
quents séjours à Paris et à la cour, l'avaient mis en
relation avec les chefs de tous les partis. Au milieu
des principaux personnages et des plus graves
affaires, il paraissait dans son élément ; aussi le roi
aurait-il pu lui conférer toute espèce de fonction
active, civile ou même militaire, sans que l'idée fût
venue alors à personne qu'il était misérablement
inférieur aux grandes charges publiques, n'étant bon
qu'à philosopher dans sa « librairie », les pieds sur
une chaufferette ; et les vertus viriles qui, chez Montaigne, frappaient le plus ses contemporains, comme
elles nous frapperaient nous-mêmes si nous voyions
dans les *Essais* ce qui s'y trouve au lieu de ce que

la légende y a mis, c'étaient son sang-froid, sa possession de lui-même, son intrépidité devant la mort.

Florimond de Raimond, qui remplit au parlement de Bordeaux la place laissée vacante par la démission de Montaigne, loue « sa philosophie courageuse et presque stoïque, sa résolution émerveillable contre toutes sortes de douleurs et tempêtes de la vie ». « Il soulait accointer la mort d'un visage ordinaire, s'en apprivoiser et s'en jouer, philosophant entre les extrémités de la douleur, jusques à la mort, voire en la mort même. » Et voici la lettre que Pierre de Brach écrivit à Juste Lipse sur la mort de Montaigne, le 4 février 1593. Elle est intéressante par les faits qu'elle relate, et elle reste belle par la sincérité non douteuse du sentiment qui l'a dictée, en dépit d'une certaine recherche littéraire qui malheureusement enjolive et altère un peu sa gravité.

M. de Montaigne est mort.... Qu'il me déplaît d'être la corneille d'une si fâcheuse nouvelle! Mais pourquoi n'auriez-vous part au déplaisir de l'amertume de sa mort, puisque vous avez eu part en la douceur des fruits de sa vie? Mal à propos appellé-je amertume sa mort, puisqu'il l'a goûtée et prise avec douceur; aussi la douceur restera à lui et l'amertume à nous : la douceur à lui qui, après avoir heureusement vécu, est heureusement mort et en un âge où au-delà il eût trouvé plus de mal que de bien, plus de déplaisir que de plaisir à vivre, étant sujet à une impotente goutte et à une douloureuse colique pierreuse; l'amertume demeurera à nous et à moi particulièrement pour être privé de la douce et agréable conversation d'un homme si rare et privé des fruits qu'il produisait.... Il m'a fait cet honneur d'avoir fait mention de moi jusques à ses dernières paroles, ce qui me donne plus de regret de n'y

avoir été, comme il disait avoir regret de n'avoir personne
près de lui à qui il pût déployer les dernières conceptions
de son âme. Il voulait faire comme la lampe qui, prête à
défaillir, éclate et donne jour d'une plus vive lumière. Je
le crois par épreuve : car, étant ensemble à Paris, il y a
quelques années, les médecins désespérant de sa vie et lui
n'espérant que sa fin, je le vis, lorsque la mort l'envisagea
de plus près, repousser de bien loin en la méprisant la
frayeur qu'elle apporte. Quels beaux discours pour contenter l'oreille, quels beaux enseignements pour assagir
l'âme, quelle résolue fermeté de courage pour assurer les
plus peureux déploya lors cet homme! Je n'ouïs jamais
mieux dire, ni mieux résolu à faire ce que sur ce point les
philosophes ont dit, sans que la faiblesse de son corps
eût rien rabattu de la vigueur de son âme.... Le coup de
la mort de ma bien aimée femme m'asséna si vivement,
que je pensai les coups de toutes autres morts être morts
pour moi et ne me pouvoir blesser : je connais le contraire....

Cette lettre, pleine de choses instructives sous le
luxe des mots et des phrases, nous apprend, parmi
d'autres renseignements précieux, que Montaigne,
à son lit de mort, regrettait de n'avoir pas auprès de
lui son ami Pierre de Brach, afin de lui « déployer
les dernières conceptions de son âme ». Leur
liaison était si intime, remarque M. Dezeimeris, que
Florimond de Raimond ne voyait que « le chantre
d'Aymée » capable de faire dignement l'éloge de
Montaigne. Aussi pouvons-nous être certains que la
veuve de Montaigne, en chargeant Pierre de Brach
de rassembler, pour l'édition posthume des *Essais*,
les notes manuscrites du philosophe, répondait à un
désir senti dans l'âme et peut-être exprimé par le
mourant.

L'autre grand ami de Pierre de Brach, Du Bartas, avait précédé Montaigne dans la tombe, étant mort en juillet 1590.

Le 1er août 1593, Pierre de Brach fut nommé jurat de Bordeaux. Il ne l'avait pas demandé; peut-être n'avait-il pas été consulté même, au préalable, et c'est dans sa conduite en cette occasion que se révèle le parfait disciple du sage qui s'acquitta correctement pendant quatre années des hautes fonctions de maire, sans les avoir cherchées, mais sans s'y refuser.

> Quand la nouvelle vint de mon élection,
> J'étais dans mon jardin sans autre ambition
> Que de voir mes melons, voir mes fleurs, voir mes plantes,
> Et, dedans mon verger, voir les fruits de mes antes :
> Et si par là Bordeaux a pensé m'honorer,
> Ce fut, je dis le vrai, sans point le désirer.
> Non que je méprisasse à face renfrognée
> Sa bienveillance en moi qu'elle avait témoignée;
> Car Ausone, son fils et son premier sonneur,
> Étant nommé consul, l'accepta pour honneur;
> Et de Rome consul, pour une double gloire,
> De ces deux consulats a laissé la mémoire;
> Mais j'avais en l'esprit le sage souvenir
> De ceux qui conseillaient des fèves s'abstenir [1].

« Je reçus cette charge avec un extrême déplaisir », ajoute Brach dans une lettre à Juste Lipse, écrite du fond de sa retraite champêtre de Montussan, où il vivait tranquille, au milieu de ses enfants; « car ce fut me tenir deux ans hors de mon élément, cela fit choir la plume de ma main, interrompant un ouvrage que j'avais entrepris ».

[1]. Allusion au mode de suffrage usité chez les Grecs.

Ayant accepté par pur sentiment du devoir, sans aucune pensée d'ambition, la charge dont ses concitoyens l'avaient honoré, Pierre de Brach la remplit avec conscience. Il fit des voyages à Paris et jusqu'en Picardie pour les affaires de Bordeaux; mais il prétendait (c'était bien le moins) qu'on lui sût gré de ses soins et de ses peines. Or, loin de l'en récompenser ou simplement de l'en remercier, sa ville natale se conduisit envers lui avec un manque d'égards qui le blessa au vif.

La municipalité de Bordeaux se trouvait en possession d'une pièce d'ambre gris assez rare, dont elle eut l'idée de faire hommage au roi. Au lieu de confier, comme c'eût été naturel et juste, cette mission honorifique au jurat qui était son député à Paris, c'est-à-dire à Pierre de Brach, elle commit l'impardonnable étourderie de dépêcher un autre jurat pour offrir à Henri IV son cadeau, enfermé dans une boîte d'argent ciselé, et pour lui demander « qu'avec ce présent il fît telle ou telle chose pour la ville ».

Pierre de Brach se plaignit amèrement du procédé dans des lettres de démission adressées aux magistrats de Bordeaux :

Ce sera le dernier voyage que je pense faire pour la ville, puisque je me vois payé d'une telle monnaie, et croyez que celui-ci m'a été aussi long qu'il a semblé long à ceux qui le désiraient. Comme je leur quitterai volontiers l'honneur ou, pour mieux dire, les corvées de ces voyages, je leur quitterai aussi volontiers la charge que je porte ou que m'apporte mon chaperon de Jurade : il n'y aurait pas grande perte, puisque je vaux si peu qu'on en substitue un autre en mon lieu, comme on fait des arbres desquels on n'attend point de fruit....

... J'ai en somme balié les affaires de la ville, que depuis dix ans ceux qui ont été devant moi avaient laissé croupir, et, après tout cela, je n'ai rien fait! je suis serviteur inutile! et l'on en envoie un autre à ma place! Il sera le très bien venu; mais je vous prie, messieurs, puisque vous ne m'avez pas trouvé digne de sa charge, ne trouvez point mauvais qu'il la fasse tout seul; car je vous assure que je n'aurai aucune communication avec lui, et j'aimerais mieux avoir perdu tout ce que j'ai en ce monde que d'avoir fait autrement.

Pierre de Brach n'avait pas perdu d'ailleurs son temps à Paris. Il y avait noué de nouvelles relations littéraires, et, à défaut de la malencontreuse pièce d'ambre gris, il avait présenté à Henri IV une traduction de la *Jérusalem délivrée*.

Il faillit périr d'une mort tragique en rentrant à Bordeaux; un soldat, peut-être un fou, peut-être quelqu'un des archers du guet pour lesquels il avait sollicité sans l'obtenir une augmentation de paie, tenta, paraît-il, de l'assassiner. Notre poëte ne paraît pas avoir vécu au delà de l'an 1604. Il n'y a ni lettre de lui ni mention de son existence ultérieurement à cette époque.

L'histoire de la réputation de Pierre de Brach est instructive et triste. Beaucoup d'écrivains en vers ou en prose, qui, parce qu'ils vivent aujourd'hui ou croient vivre, se persuadent, pauvres doux rêveurs! qu'ils vivront demain et éternellement, peuvent y lire le présage de leur propre destinée.

La belle édition en deux volumes in-4 publiée, il y a trente-cinq ans, par M. Dezeimeris, n'a pas réussi à rendre même une ombre d'existence au noble poète si profondément oublié depuis trois siècles. Car, non seulement son nom est absent des dictionnaires de littérature, tels que ceux de Bouillet, de Dézobry, de Vapereau; mais il ne figure même pas dans la *Grande Encyclopédie* actuellement en cours de publication et qui, jusqu'à la lettre L, compte déjà vingt et un volumes! Les plus récentes histoires de la littérature française, celle de M. Gazier, celle de M. Lintilhac, celle de M. Lanson, ignorent complètement Pierre de Brach. Larousse, pourtant, lui consacrait *six lignes*, la Biographie universelle de Didot lui accordait une *demi-colonne*, et l'on trouve même quelques vers de sa façon dans l'ancienne anthologie des poètes français avant Malherbe par Crapelet, qui, d'ailleurs, estropie son nom et l'appelle *Du* Brach. Mais le recueil plus récent, plus soigné et plus docte des *Poètes Français*, en quatre volumes grand in-8, publié sous la direction d'Eugène Crepet, ne cite pas de lui le moindre hémistiche et ne paraît pas savoir qu'il a existé.

Or, ce poète fut très connu et très admiré de son vivant. Il avait dans le monde des lettres une situation brillante. Les premiers personnages littéraires du temps, Juste Lipse, Daurat, Turnèbe, Baïf, Étienne Pasquier, lui ont décerné les plus grands éloges, et, si nous ne possédions pas ses œuvres, si, pour nous faire une idée de lui, nous n'avions d'autre autorité ni d'autre témoignage que le jugement étrangement hyperbolique de Guillaume Colletet, nous pourrions croire qu'il n'était rien de moins que le premier poète de son siècle.

Ses travaux glorieux, écrit Colletet, me le font quasi préférer à tous les poètes de son siècle.... Son poème de la *Monomachie de David et de Goliat* l'emporte, à mon avis, de si loin sur celui-là même de Joachim du Bellay, que le mont Cenis l'emporte en hauteur sur notre butte de Montmartre.... Son poème de l'*Amour des veuves* a semblé si docte et si beau à Antoine du Verdier, qu'il n'a pas dédaigné de l'insérer presque tout entier dans sa *Bibliothèque française*. En effet, il mérite bien d'être lu tant pour la nouveauté de son sujet que pour l'excellence de ses vers.... Sa description d'un *Voyage* qu'il fit *en Gascogne* avec ce grand et fameux poète Guillaume du Bartas, ne cède guère à la vive peinture que Ronsard fit de son voyage de Touraine avec ce fameux poète Jean Antoine de Baïf; et certes je ne crois pas peu louer ce poème de Brach, de l'égaler en quelque sorte à celui de Ronsard, puisque, dans ma pensée, c'est un des plus beaux et des plus fleuris qui soit parti de l'esprit et de la plume de ce premier prince de tous les poètes.... Son *ode* pindarique *de la Paix* est telle que, comme elle contient encore plus de vers que celle de Ronsard au grand chancelier de France, Michel de l'Hospital, elle semble quasi lui disputer aussi le prix du mérite.

Voilà, pour un critique de l'école de Ronsard, le *nec plus ultra* de la louange. Préférer ou égaler quelque chose à l'ode au chancelier de l'Hôpital, c'est comme si l'on disait de nos jours qu'un poète a fait une pièce plus parfaite que *le Lac* ou aussi belle que la *Tristesse d'Olympio*.

Ce jugement absurde de Colletet n'est qu'une suite d'exagérations énormes qu'on s'explique d'autant

moins que Pierre de Brach possédait aussi peu les
défauts que les qualités qui peuvent justifier un
engouement de la critique.

C'est un poète facile et disert, mais médiocre,
sans forte originalité, sans rien d'éminemment dis-
tinctif, une de ces gracieuses ombres qui passent
et qu'on salue avec estime et sympathie, mais que
personne ne peut s'étonner de voir disparaître tout
entières dans l'horrible gueule où s'engouffre ce
qui n'a point de réalité substantielle.

Son *Hymne de Bordeaux*, en 1088 vers, dédié à
Ronsard, est moins un monument littéraire qu'un
document historique, plus intéressant pour les
doctes historiens de notre ville, comme mon collègue
et ami M. Jullian, que pour les curieux de fine
poésie [1].

1. On y trouve naturellement des vers à la gloire des
vignobles du « pays de Grave »,

> Dont les raisins pressés portent telle ambroisie,
> Que soit vin sec, vin grec, ou vin d'Andalousie,
> Angevin, Falernois, ou soit Malvoisien,
> En piquante douceur ne s'approche du sien;

ainsi que l'éloge suivant de la bravoure gasconne et spécialement bordelaise :

> ...Bien que les Gascons, aussitôt qu'ils sont nés,
> Semblent en général à la guerre adonnés,
> Vaillants, accorts, hardis et d'un sang qui bouillonne,
> Être chauds au métier que nous apprend Bellone,
> Ni parmi les Gascons, ni parmi les Français,
> Ne se trouve un soldat tel que le Bordelais,
> Qui, comme enfant de Mars, toujours prompt à l'épée,
> Son âme ne sent point d'une crainte frappée,
> Qui ne tremble jamais d'un visage blêmi,
> Bien qu'il soit affronté d'un plus fort ennemi....

Son *Voyage en Gascogne* avec Du Bartas n'est qu'une suite de lieux communs silvestres et champêtres assez élégamment versifiés :

> ... Ici le tapis vert d'une plate campagne,
> Ici le front bossé d'une haute montagne ;
> Ici l'ombrage frais des épaisses forêts,
> Ici les riches dons de la blonde Cérès....
> Ici, près d'un ruisseau, le faucheur s'évertue,
> A plein tour de son bras, avec sa faulx tortue,
> De retondre d'un pré les cheveux verdissants ;
> Un autre vient après, qui les va ramassant :
> Qui deçà, qui delà le poil tondu ratelle ;
> Un autre avec la fourche en pile l'amoncelle
> En rond dedans le pré en pointe l'élevant,
> Pour être le jouet d'un tourbillon de vent... etc., etc.

Cela est joli, mais banal et quelconque. On en a vu partout, de ces tableaux de la nature, et le *Voyage en Gascogne* n'offrirait rien de local et de particulier, aucune couleur ou sève, accusant le terroir, si Pierre de Brach n'y avait inséré un sonnet gascon de Du Bartas.

L'Amour des Veuves n'a de piquant que les équivoques légèrement libertines qui l'agrémentent et en assaisonnent la fadeur. Ce poème, fort peu caractéristique du talent de son auteur, fait exception dans sa poésie presque toujours chaste et grave, et c'est par une prédilection assez malsaine du goût national pour ce genre d'épices que le choix des anciennes anthologies françaises est bizarrement tombé sur lui.

La meilleure partie de l'œuvre laissée par ce mari modèle, par cet homme excellent, est incontestablement celle que lui a inspirée l'amour et surtout

le regret de la seule femme qu'il ait aimée, de la
sienne; mais même là où il aurait pu être, où il a
été en effet, dans quelques passages que j'ai cités,
personnel et original à force de sincérité touchante,
il a trop souvent versé dans l'ornière d'une conven-
tion fausse et d'une imitation malencontreuse.

Sur ces vers conjugaux de l'honnête « Sonneur »,
M. Dezeimeris a fait une remarque féconde en intéressantes réflexions.

Après avoir constaté que Brach est le disciple de
Ronsard d'abord, puis de Desportes, et qu'il résulte
de cette trop grande docilité à suivre les modèles
quelque chose de factice dans son style, de la
recherche et de l'exagération, le savant critique
ajoute :

> Dans plusieurs de ses poëmes, par une curieuse incon-
> séquence, Pierre de Brach, comme La Boétie (serait-ce
> une influence de Montaigne?), semble avoir pensé que le
> nom d'épouse devait exclure toute passion de la poésie.
> Chose singulière! de même que l'autre ami de Montaigne,
> il a cru qu'il ne serait pas vrai en peignant son amour
> pourtant si véritable. Dans le but d'être naturel, il a
> abandonné la nature pour un art de convention. Trompé
> en cela par la poésie de son temps, qui fut une poésie
> d'amoureux et non une poésie d'amour, il a fait des sonnets
> à Aymée, sa femme, comme à une maîtresse en l'air, et peu
> s'en faut que par moments il ne la suppose infidèle, pour
> être plus dans le goût de l'époque. Il a ainsi guindé son
> talent en trompant son sentiment; et, par cela même,
> comme La Boétie encore, il a écrit des vers qui « sentent
> déjà je ne sais quelle froideur maritale ».

Aucun fait n'est plus digne d'attention, dans l'histoire de la littérature française, que celui de l'in-

fluence exercée sur notre poésie, sur notre théâtre et sur nos romans, par cette idée très ancienne et dont la fortune dure toujours, que l'affection conjugale est froide, vulgaire, sans intérêt, et que le mariage tue l'amour proprement dit, lequel, par conséquent, ne peut exister qu'avant la noce ou, mieux encore, en dehors de toute consécration religieuse et civile. En vérité, je ne crois pas qu'il soit possible de professer tous les huit jours, durant deux mois de suite, dans la chaire que j'ai l'honneur d'occuper, sans rencontrer sur son chemin les grands ou les petits méfaits littéraires de cet antique préjugé, gros de conséquences infinies, et, dès ma troisième causerie de cette année, sur la femme de Montaigne, j'ai au moins effleuré encore l'éternel lieu commun.

Cette vieille idée sur le mariage et sur l'amour, il faut continuellement la rappeler; car c'est vraiment une des clefs qui ouvrent et plusieurs singularités et quelques-uns des faits principaux de notre littérature nationale.

Par là s'expliquent non seulement les bizarres paradoxes de Montaigne sur la poésie, mais la direction que n'a cessé de suivre le roman français depuis son origine jusqu'à nos jours, et l'immense place qu'il a coutume de faire à l'amour *non conjugal*, à la différence des littératures étrangères, du roman anglais, par exemple, dont le cadre habituel est le foyer domestique, le mariage et la famille.

Par là s'explique, entre autres choses d'une classique importance, comment la tragédie sublime de

Polyeucte « déplut extrêmement » à l'hôtel de Rambouillet, « à cause du christianisme », je le veux bien, mais aussi et surtout à cause de la représentation, étrangement risquée pour des spectateurs français, d'un mari qui aime sa femme et d'une femme qui aime son mari. Et par là s'explique en même temps la froideur relative de Corneille dans cette peinture dramatique du *devoir* plutôt que de l'*amour* conjugal. Le grand poète n'a pas cru possible de nous intéresser assez vivement par le simple spectacle de l'affection d'un mari pour sa femme, d'une femme pour son mari; c'est pourquoi il a fait de Pauline, fidèle épouse de Polyeucte, une ancienne amante de Sévère, soutenant *par honneur* une lutte héroïque contre de trop tendres souvenirs.

La littérature française abandonne donc à la comédie, comme chose prosaïque et bourgeoise, des plaisirs aussi « peu touchants qu'une idole d'époux et des marmots d'enfants »; elle exclut de la scène tragique, de toute la poésie sérieuse, les sentiments ridicules d'une femme qui aime son mari et d'un mari qui aime sa femme. « Introduisez, écrit Saint-Évremond, une mère qui se réjouit du bonheur de son cher fils ou s'afflige de l'infortune de sa pauvre fille, sa satisfaction ou sa peine fera peu d'impression sur l'âme des spectateurs. Pour être touché des larmes et des plaintes de ce sexe, *voyons une amante qui pleure la mort d'un amant, non pas une femme qui se désole de la perte d'un mari.* »

Avec le profond et lumineux philosophe Hegel,

source de toute clarté sur l'histoire de la poésie
et des arts, j'ai toujours désigné sous le nom de
« romantique » l'amour ainsi conçu, à cause du
rôle qu'y joue la *passion personnelle*, tandis que l'art
antique et proprement classique est inspiré par de
grandes et solides *idées morales*, et telle étant, dans
la littérature française, la place primordiale de
l'amour romantique, je ne pouvais manquer, un jour
ou l'autre, d'avoir à exposer dans toute son ampleur
un fait historique aussi considérable.

C'est ce que je tentai, il y a deux ans, dans une
leçon de mon cours sur les origines de notre poésie
nationale. Mais un malentendu des plus comiques
s'est produit ce jour-là entre le professeur et son
auditoire. Pendant que j'analysais curieusement
dans ses sources notre littérature amoureuse, pendant que je racontais aussi, avec un vif plaisir littéraire, je n'en disconviens pas, d'admirables légendes
comme celle de *Tristan et Yseult*, dont M. Gaston
Paris a dit : « *Tristan* est, par excellence, entre tous
les grands poèmes de l'humanité, le poème de
l'amour », des contes délicieux, comme celui d'*Au-
cassin et Nicolette*, un des joyaux les plus exquis de
notre vieille prose française, une partie de mon
auditoire n'est-elle pas allée s'imaginer que j'atta-
quais le mariage et que je prêchais l'amour libre?
absolument scandalisée (il y avait de quoi), elle
s'est enfuie et court encore!...

Je n'aurais pas rappelé le souvenir de cette ridicule
histoire, si elle ne me fournissait l'occasion d'une

petite déclaration de principes que je crois utile et nécessaire.

Les braves gens dont l'esprit n'est pas habitué à vivre dans le monde des idées et des formes, ne peuvent probablement comprendre à quel point le vrai et le beau suffisent pour remplir la pensée, combien l'homme dont la curiosité intellectuelle est satisfaite, dont le sens esthétique jouit et s'amuse, se soucie peu d'autre chose. Et de là vient qu'ils prêtent à de candides rêveurs qui jamais n'y songèrent, des intentions bienfaisantes ou malfaisantes, morales ou immorales, par une erreur profonde qui consiste toujours, en un sens comme dans l'autre, à supposer gratuitement chez des contemplateurs très désintéressés (je vous en donne ma parole d'honneur) les préoccupations d'ordre pratique au-dessus desquelles ils sont incapables de s'élever eux-mêmes.

Je ne sais pas quels bons ou quels mauvais conseils pour la conduite de la vie on peut retirer de mes leçons; mais qu'on sache bien que je crois avoir très suffisamment rempli ma tâche lorsque, avec la connaissance des belles œuvres et des grands faits de la littérature française, j'ai réussi à répandre un peu le goût poétique de celles-là et l'intelligence philosophique de ceux-ci.

Je reviens à Pierre de Brach. Ses vers d'amour pour sa femme et sur sa femme restent le meilleur de son œuvre, malgré l'absurde préjugé que l'amour conjugal ne peut pas être poétique, et malgré quelques écarts où l'a fait tomber lui-même son trop de respect pour cette vieille sottise.

C'est, en somme, un bon petit poète du troisième ou du quatrième ordre.

Il faut qu'il y ait des talents médiocres, par centaines, par milliers, pour que, de la comparaison avec ces ombres et ces pygmées, ressorte le relief et la grandeur de cinq ou six auteurs de génie. Et puis, ne serait-ce pas une prétention injuste et tyrannique, l'abus de pouvoir d'un pédantisme littéraire odieux, d'interdire à qui que ce soit d'aligner en files régulières ou irrégulières des lettres noires sur du papier blanc, par cette raison d'avare que la dépense sera finalement en pure perte? Il n'y a pas de plaisir plus innocent que celui d'enfiler des perles ou des mots. « Dieu, qui est juste, donne aux grenouilles de la satisfaction de leur chant », et, par un autre effet de sa bonté, tout le chœur des batraciens se congratule d'applaudissements généreux et courtois, afin que les petites âmes des rainettes soient heureuses et qu'elles se gonflent délicieusement des vaines et fausses joies d'un triomphe illusoire.

Seulement, comme La Bruyère l'a très bien dit, « l'impression est l'écueil ».

L'horrible amas des ouvrages imprimés est devenu tellement énorme, que notre premier mouvement, à l'apparition d'un nouveau livre, est la défiance, l'ennui, le dégoût et l'effroi. Quel soulagement s'il ne vaut rien, comme tout porte à le supposer d'avance!

Nous n'aurons pas besoin de le lire, et il ira grossir, dès sa venue au monde, le rebut des volumes mort-nés.

Quant aux livres honnêtement bons, si nous n'en avons pas par milliers, nous en avons au moins par centaines; la qualité de *bon* ne suffit donc point pour assurer à un ouvrage une place dans la littérature. Il faut qu'il soit neuf et original, fier, tranchant, conquérant, un peu turbulent même, et surtout effronté et sans modestie; il faut qu'il ravisse par la force ou qu'il escamote par l'adresse son entrée dans la petite cité des élus.

Ne confondons pas l'histoire littéraire avec l'histoire de la littérature.

L'histoire littéraire est un grand bazar, d'une hospitalité universelle et infinie; elle accueille et les noms et les vies et les œuvres de tout ce qui a tenu bien ou mal une plume; rien n'est trop obscur ni trop oublié pour elle : elle exhume Jean de Schelandre et ressuscite Pierre de Brach.

L'histoire de la littérature est une trieuse sévère, constamment occupée avec une inexorable rigueur à réduire par des exclusions en masse le nombre des auteurs originaux, à repousser sur les bords du fleuve Oubli tant d'aimables faiseurs de vers ou de prose, qui n'ont, pour se sauver du gouffre noir, qu'un « talent à la douzaine », et tendent vers l'autre rive leurs mains suppliantes. Pour figurer dans son livre d'or, il faut avoir été vraiment un *auteur*, c'est-à-dire, avoir *augmenté le trésor des idées ou des formes*.

Pierre de Brach, qui répète Ronsard, Du Bellay
et Desportes, n'est pas un auteur; c'est un disciple,
une ombre :

L'esclave imitateur naît et s'évanouit ;
La nuit vient, le corps reste, et son ombre s'enfuit.

C'est donc à bon droit que l'histoire de la littérature continue à passer sous silence ses œuvres personnelles. Son principal titre à la mémoire de la postérité restera d'avoir recopié les *Essais* pour l'édition
de 1595. Et encore, ô injustice des hommes ! n'avait-
on pas complètement oublié ici le rôle de Pierre de
Brach, si bien qu'on attribuait à Mlle de Gournay
tout le mérite de cette édition? Le docteur Payen et
M. Dezeimeris ont enfin restitué à l'un et à l'autre
des deux collaborateurs fidèles et dévoués du grand
Montaigne la part qui revient en propre à chacun
d'eux : celle de Pierre de Brach n'est pas la moins
considérable.

Qu'il conserve ce droit à notre reconnaissance!
Détournons-nous quelquefois de notre chemin pour
traverser, en pensant à lui, la rue de Bordeaux
écartée et déserte qui porte son nom, et pour que
cette pensée fugitive donnée à ce très honnête homme

Contente au moins ses os de quelque peu d'honneur.

VIII

PIERRE CHARRON

I

Le prédicateur.

Il ne faut pas mépriser absolument le philosophe Charron.

Avouons, tout d'abord, que c'est un étonnant plagiaire. Il a pillé Montaigne avec un si invraisemblable sans-façon, que les critiques, n'en croyant pas leurs yeux, ont dit : Non, ce n'est pas possible qu'un pauvre geai ait prétendu nous donner le change en se parant si effrontément des plumes du paon! ce qu'on est tenté, à première vue, de prendre pour un perpétuel larcin littéraire, n'est qu'une franche profession de modestie et d'humilité; en dérobant à Montaigne, avec ses idées, leur expression et leur parure, le fidèle disciple n'a pu avoir d'autre prétention que de rendre à son maître un

18

éclatant hommage. Et, pour justifier cette explication charitable, on cite ces lignes, très modestes en effet, qui sont dans la préface du livre *De la Sagesse* :

> J'ajoute ici deux ou trois mots de bonne foi : l'un, que j'ai quêté par ci par là et tiré la plupart des matériaux de cet ouvrage, des meilleurs auteurs qui ont traité cette matière morale et politique.... C'est le recueil d'une partie de mes études ; la forme et l'ordre sont à moi. Si je l'ai arrangé et agencé avec jugement et à propos, les sages en jugeront.... Et ce que j'ai pris d'autrui, je l'ai mis en leurs propres termes, ne le pouvant dire mieux qu'eux....

A la bonne heure! Mais j'aurais bien voulu que Charron mît entre guillemets les passages innombrables de Montaigne qu'il a copiés. Le traité *De la Sagesse* est une si continuelle transcription des *Essais* qu'on ne peut jamais être sûr, quand on loue et cite Charron, de ne pas citer et louer Montaigne. Sainte-Beuve en a fait la remarque; et ce qui la confirme d'une manière bien piquante, c'est qu'un instant après, croyant sans doute s'être mis en garde contre la confusion commune qu'il a signalée, il s'aventure à dire : « Charron a beaucoup d'expressions fraîches, fortes et vives, dont il nourrit et anime sa diction; il dira, parlant des enfants : *il faut leur grossir le cœur d'ingénuité, de franchise,* d'amour, de vertu et d'honneur. » Or, cela encore est du Montaigne; Sainte-Beuve lui-même, critique si averti, s'y est trompé [1].

---

1. *Causeries du lundi,* t. XI. Egger, employant quelque part cette expression : « à tous les jours de la vie », met en note : « Le mot est de Charron, livre *De la Sagesse* ». Non, cher maître, il est de Montaigne.

Avouons, en second lieu, que Charron, de lui-même, n'avait guère d'idées. C'est à Montaigne sur-tout qu'il s'adresse pour amorcer et pour exciter son esprit; mais c'est aussi à Guillaume du Vair, c'est à Bodin, c'est à tous ceux qui ont pris la peine de penser pour lui les premiers. Il n'est que le conti-nuateur et l'organisateur de la pensée des autres.

Et, enfin, avouons qu'il n'était pas très intelligent. Je veux dire par là qu'il ne semble avoir aperçu ni toute la portée des idées qu'il exprimait à la suite des penseurs originaux, ni le lien qu'elles avaient entre elles ou, au contraire, leur mutuelle répugnance.

Il y a, dans le livre *De la Sagesse*, plusieurs doc-trines d'une conséquence très grave, dont nous ne voyons pas que Charron se soit troublé le moins du monde, par ce simple motif que très probablement il ne l'a point devinée. Je suis persuadé, pour ma part, qu'il a vécu et qu'il est mort en assez bon chrétien, avec une conscience pure ou, si l'on aime mieux cette expression, avec une parfaite inconscience. La sincérité des convictions religieuses, discutable pour Montaigne, à cause des profondeurs, des des-sous et des replis de sa souple intelligence, vraiment ce n'est pas la peine de la contester pour Charron, dont les hardiesses superficielles n'entamaient pas d'une façon sérieuse la foi de tradition et d'emprunt. Le bonhomme protesta toujours de l'innocence de ses intentions. Il est à supposer qu'il ne comprenait vraiment pas de quoi on l'accusait, lui prêtre, lui

prédicateur sacré, lui apologiste éloquent de la foi
chrétienne et catholique, et il aurait été, je veux bien
le croire, loyalement étonné si on lui avait dit
qu'un jour viendrait bientôt où le Père Garasse le dé-
noncerait comme « le patriarche des esprits forts ».

Montaigne est inconséquent et se contredit, non
seulement sans se faire du tort, mais avec un redou-
blement de grâce et d'attrait; ses contradictions
sont un charme de plus, et une vérité de plus, parce
que la vérité qu'il cherche d'abord est celle de sa
propre peinture. Il est changeant, il le sait et il le
dit; la chose dont il se pique le moins, c'est d'unité
systématique.

Mais Charron ne se peint pas lui-même. Le *moi*
est absent de son livre, absolument général et
impersonnel, et en cela consiste sa différence essentielle avec son maître. Il prétend organiser en corps
de doctrines cette « farcissure » de pensées et de
rêves, de souvenirs et d'observations, de choses vues
et de lectures, de conseils et de confidences, de
remarques sur l'homme en général et spécialement
sur Michel, seigneur de Montaigne, qui s'appelle
les *Essais* : il résulte de là qu'en même temps que
« les divisions de Charron nous attristent et nous
ennuient », suivant la juste critique de Pascal,
ses contradictions surtout nous choquent, parce
qu'elles sont en saillie et en évidence, non comme
des faiblesses naturelles échappées à la sincérité de
tout homme de bonne foi, mais comme les gros-
siers défauts d'un système composé, sans que son

auteur ait jamais l'air de s'en apercevoir, de pièces incohérentes et inconsistantes.

Voici, avant d'en venir aux points principaux, une preuve accessoire et secondaire de ce que je n'ai pas craint d'appeler, chez notre philosophe, un manque d'intelligence.

Des critiques qui ne l'avaient pas très complètement lu ont loué Charron de n'avoir jamais été indécent; on a prétendu qu'en pillant les *Essais*, il avait eu au moins le bon goût de laisser à Montaigne toutes ses gravelures. Cela n'est pas tout à fait exact. Je renvoie les curieux aux chapitres 12, 14, 35, 38, 41 du livre III *De la Sagesse*. Ils y verront, avec d'autres lourdes gaillardises, que je n'ose pas désigner clairement, des consolations aux maris trompés, commentaire grave et triste d'une boutade de Montaigne que Charron s'approprie sans en comprendre le caractère plaisant et léger : « La fréquence de cet accident en doit meshuy avoir modéré l'aigreur ». Ils y verront aussi qu'un jeune homme bien élevé doit être capable de tout, même de la débauche, et que la volupté, étant naturelle, est bonne.

Or, pourquoi Charron dit-il ces choses, et Dieu sait quoi encore! Uniquement parce que Montaigne les a dites, et que, « perpétuel copiste », comme l'appelle Mlle de Gournay indignée, il répète et décalque son modèle avec une impudeur naïve, qui, portée à ce comble, n'est plus qu'une forme de la candeur, comme la nudité chez les enfants.

Le pauvre homme n'a pas compris que certaines fantaisies, qui sont les bien venues dans la capricieuse composition des *Essais*, n'avaient ni lieu ni raison dans un manuel philosophique de la *Sagesse*, qu'elles étaient inconvenantes sous la plume d'un prêtre, et qu'il les aggravait d'ailleurs et les dénaturait par son sérieux. Son inconscience est telle, qu'il recommande la chasteté du langage et ne pense point y manquer lui-même. Je crois, en somme, à son *innocence*, mais en laissant à cet éloge peu envié des gens d'esprit ce que notre habitude d'associer l'intelligence et la malice, ainsi que leurs contraires, lui donne d'équivoque et de compromettant.

Et pourtant, Charron ne doit pas être méprisé tout à fait.

S'il n'avait pas la grande intelligence qui découvre les rapports et embrasse l'unité des choses, il avait la petite, qui voit distinctement les détails. Il comprenait et il exprimait avec une admirable netteté les idées fragmentaires, les vérités partielles. Il lui arrive de donner aux pensées qu'il emprunte une plénitude d'expression, une suite logique, une clarté, une force, qu'elles n'avaient pas au même degré chez les auteurs originaux.

La confusion des *Essais* n'est pas toujours un charme. Certaines idées de Montaigne ne perdent rien à être mises en ordre. Le service que rend Charron à l'auteur ou plutôt aux lecteurs des *Essais*, est de changer un labyrinthe, où l'on s'égare quelquefois avec plus de fatigue que de plaisir, en une

belle route claire où l'on sait d'où l'on vient, où l'on
est, où l'on va.

Par exemple, ce que Montaigne a écrit sur la vertu
manque un peu d'harmonie visible. Tantôt il la
représente comme un sentier qui monte, « âpre, difficile et épineux », et tantôt comme une plaine
« gazonnée, ombreuse et doux fleurante ». Je ne dis
pas qu'il soit extrèmement difficile de découvrir les
idées intermédiaires qui font disparaître l'apparente
contradiction en adoucissant les pentes et en com-
blant les précipices; mais encore faut-il s'en donner
la peine. Charron, esprit un peu borné, mais singulièrement lucide, excelle dans l'art d'aplanir toutes
ces petites aspérités :

Par tout ceci se voit qu'il y a deux sortes de vraie prudhomie. L'une, naturelle, douce, aisée, equable, dite
bonté; l'autre, acquise, difficile, pénible et laborieuse, dite
vertu. Mais, à bien dire, il y en a encore une troisième,
qui est comme composée des deux, et ainsi seront trois
degrés de perfection. Le plus bas est une facile nature et
débonnaire, dégoûtée par soi-même de la débauche et du
vice; nous l'avons nommé bonté, innocence; le second,
plus haut, qu'avons appelé vertu, est à empêcher de vive
force le progrès des vices et, s'étant laissé surprendre aux
émotions premières des passions, s'armer et se bander pour
arrêter leur course et les vaincre; le troisième et souverain
est, d'une haute résolution et d'une habitude parfaite, être
si bien formé que les tentations mêmes n'y puissent naître
et que les semences des vices en soient du tout déracinées,
tellement que la vertu leur soit passée en complexion et en
nature. Cestui dernier se peut appeler perfection; lui et le
premier de bonté se ressemble, et sont différents du
second, en ce qu'ils sont sans bruit, sans peine, sans
effort; c'est la vraie teinture de l'âme, son train naturel et

ordinaire, qui ne coûte rien; le second est toujours en cer-
velle et en contraste. Ce dernier et parfait, ou est octroyé
par don et grâce spéciale du ciel, comme en Saint Jean-
Baptiste et quelques autres; ou acquis par un long étude et
sérieux exercice des règles de la philosophie, joint à une
belle, forte et riche nature; car il y faut tous les deux, le
naturel et l'acquis (*De la Sagesse*, II, 3).

Autant qu'on peut en juger par les pages qui
paraissent authentiquement de lui (je répète qu'on
n'en est jamais bien sûr), la langue de Charron
est ferme, vigoureuse et nerveuse, très saine, claire
avant tout, moins colorée que celle de Montaigne,
mais sans être dépourvue d'un certain éclat naturel
qui empêche ses « emprunts » de faire dans sa
prose des taches trop brillantes, et ses phrases sont
d'une structure plus régulière et plus correcte. Il
appartient déjà comme écrivain moins au xvie siècle
qu'au xviie, étant plus recommandable par les caractères classiques et généraux que par les singularités
individuelles du style. On doit donc regretter qu'il
n'ait pas eu plus de confiance en son propre talent,
qu'il ait trop servilement trempé sa plume dans
l'encrier de Montaigne, et que le livre *De la Sagesse*
ne soit, presque d'un bout à l'autre, qu'un « palim-
pseste des *Essais* ».

Pierre Charron naquit à Paris en 1541. Son père
était libraire et eut vingt-cinq enfants. Il fit ses
humanités et sa philosophie à Paris, et alla étudier
le droit civil et le droit canon à Orléans, puis à
Bourges, où il fut reçu docteur. Inscrit comme

avocat au parlement, il plaida cinq ou six ans, puis
se dégoûta du métier. Il s'appliqua alors à la théologie.

Ayant été ordonné prêtre, il prêcha avec le plus
grand succès. Son ami et premier biographe, Rochemaillet, écrit naïvement que « parce qu'il avait la
langue bien pendue, il s'exerça à la prédication de
la parole de Dieu et confirma en la foi plusieurs qui
branlaient au manche ». Il s'acquit une telle réputation par son éloquence, dit Bayle, qu'on le recherchait partout. En 1571, l'évêque de Bourges, l'ayant
entendu prêcher, le prit en haute estime et l'em-
mena dans son diocèse, où il lui conféra la dignité
de théologal. Il devint prédicateur ordinaire de la
reine Marguerite de Navarre et fut aussi, à la suite
du cardinal d'Armagnac, légat d'Avignon. Il exerça
la prêtrise ou la prédication dans beaucoup de
villes, s'il fut successivement, comme Bayle le rapporte, théologal de Bazas, de Dax, de Lectoure,
d'Agen et de Cahors, chanoine et maître d'école
en l'église de Bordeaux, et chantre en l'église de
Condom.

Revenu à Paris en 1588, après dix-sept ou dix-huit
ans d'absence, il fit vœu tout à coup de s'ensevelir
dans la retraite et de finir ses jours dans un monastère; mais ni les Chartreux ni les Célestins ne vou-
lurent le recevoir à cause de son âge trop avancé. Il
avait alors de quarante-sept à quarante-huit ans. Il
se remit donc à prêcher, après s'être fait délier de
son vœu.

Remarquons ces velléités successives de Charron ; car la conduite un peu inconséquente de l'homme sert à expliquer la doctrine inconséquente aussi du philosophe : il commence par être avocat, puis il devient prêtre, puis il veut se faire moine, puis il reprend la vie séculière et le cours de ses brillantes prédications mondaines.

Il paraît avoir été d'abord pour la Ligue, ensuite contre la Ligue, comme en témoigne la lettre suivante à l'un de ses amis, docteur en Sorbonne :

Un temps a été que je marchandais d'être de la Ligue et y ai mis un pied dedans.... Ce qui m'y avait poussé était principalement le fait de Blois (l'assassinat du duc et du cardinal de Guise), qui m'a fort affligé, non pour autre raison que pour le défaut que je trouvais en la manière et procédure de l'exécution. Or ce grand bouillon de colère et d'indignation étant aucunement refroidi, et là-dessus ayant ouï parler des gens de toute sorte, consultant à part moi souvent de ce qu'en conscience il en faut tenir et croire, enfin je me suis aperçu bien changé....

Sainte-Beuve, qui cite cette lettre, observe que sa date (avril 1589) coïncide avec les premiers temps de la connaissance intime que Charron fit de Montaigne. Il admet comme possible, sinon comme naturelle, la conversion subite à des idées modérées, sous l'influence de l'auteur des *Essais*, de l'homme bientôt quinquagénaire qui venait, tour à tour, de s'éprendre d'un bel enthousiasme pour la mort anticipée des cloîtres et de prêcher à Angers « un carême très vif ».

A Angers comme à Paris, écrit un historien de *la Réforme et la Ligue en Anjou*, cité aussi par Sainte-Beuve, la chaire était devenue une tribune : les orateurs attisaient sans cesse les haines des masses. Charron, l'éloquent mission-naire de la Ligue, et un moine augustin, nommé Racineux, dirigèrent les premières attaques contre Henri IV et ses adhérents. Dans tous leurs sermons, on les entendait parler contre les huguenots, et « reprendre ceux qui les main-tenaient et supportaient, disant qu'il ne fallait obéir à un roi hérétique et qui était chef des huguenots, qui serait cause de la perdition de la religion catholique, aposto-lique et romaine au royaume de France... ». Le gouverneur imposa silence à Racineux et à Charron sous peine de punition corporelle; mais, pour deux énergumènes dont on fermait la bouche, il s'en levait bientôt vingt autres prêts à continuer leur œuvre avec la même violence et le même succès.

« Charron un *énergumène!* » s'écrie ici Sainte-Beuve; « cela, malgré tout, m'étonne, et nonobstant l'autorité des témoignages, j'aurais besoin, en ce qui le concerne, de quelques explications satisfai-santes. »

La meilleure explication se trouve, je crois, dans la nature extrêmement superficielle de Charron, dans son intelligence, moins étendue, moins ferme, que prompte et que vive, dans son caractère mobile et docile qui le livrait à toutes les influences et qui le destinait à devenir le disciple de Montaigne le jour où l'autorité de ce nouveau maître se substituerait à celles qu'il avait jusqu'alors subies.

Le fait est que la connaissance, sinon l'intimité, de Montaigne et de Charron remonte à quelques années avant 1589. On a découvert un volume ita-lien, *Il catechismo o vera instituzione christiana*, de Bernardino Ochino, que Montaigne donna à Charron, le 2 juillet 1586, et qui porte, avec cette date, les signatures des deux auteurs.

Montaigne aima Charron, moins sans doute que La Boétie, mais autant que Pierre de Brach ou que Mlle de Gournay. Ne laissant point d'enfant mâle, c'est à Charron qu'il transféra, par testament, le droit de porter ses armoiries. Charron, de son côté, légua en mourant tout ce qu'il possédait à la sœur et au beau-frère de Montaigne.

En 1593, parut à Bordeaux, chez Simon Millanges, le premier ouvrage de Charron : *Les trois Vérités contre les athées, idolâtres, juifs, mahométans, hérétiques et schismatiques.*

Les « trois vérités » sont : 1° qu'il y a un Dieu; 2° que, de toutes les religions, la chrétienne seule est vraie; 3° que, de toutes les églises soi-disant chrétiennes, la seule qui mérite ce nom est la catholique romaine. Ces trois vérités sont développées en trois livres, et, de ces trois livres, le plus considérable par l'intérêt comme par l'étendue est le troisième, où Charron réfute le *Traité de l'Église* du protestant Duplessis-Mornay.

Un de ses arguments en faveur du catholicisme n'est ni faible ni banal, puisqu'il plaisait encore au libre esprit d'Edmond Scherer dans un article écrit en 1861.

« L'Église catholique d'autrefois, avoue le grand sceptique moderne de la religion protestante, avait un esprit plus libéral et, si j'ose me servir de cette expression, une plus grande force plastique que les sociétés religieuses issues de la Réformation. Il y a quelque chose de plus humain et de plus divin tout à la fois, quelque chose de plus grand et de plus vivant, quelque chose de plus acceptable pour la pensée et de plus séduisant pour l'imagination, dans l'idée d'une vaste institution animée de l'esprit d'en haut, et, sous l'action de cet esprit, se développant selon les circonstances, se prêtant aux mouvements et aux besoins de l'humanité, — il y a là, dis-je, quelque chose de plus grand et de plus vrai qu'une doctrine d'après laquelle l'esprit de Dieu est comme relégué et captif dans une lettre morte [1]. »

Écoutons maintenant Charron. Il n'avait pas exprimé avec moins de force une idée presque pareille :

L'Écriture est chose muette, qui ne se remue ni n'agit point de soi; elle est et demeure toujours ce qu'elle a été du commencement; elle ne se montre ni ne s'explique pas. Davantage l'Église est une voix vive, agente, qui s'explique et peut toujours de nouveau et plus s'exprimer. Nous éclaircirons ceci par similitudes, desquelles nos adversaires mêmes usent en cette matière, et dirons que l'Église et l'Écriture sont tout ainsi que le magistrat et la loi, le pilote et le compas, l'architecte et l'équerre, l'artisan et la règle.... Le monde a été deux mille cinq cents ans sans écriture.... Le premier écrivain du Nouveau Testament a été Saint Mathieu, qui a écrit plusieurs années après la mort de Jésus, durant lesquelles l'Église s'est formée, la foi a flori. Cette circonstance de temps montre que ce n'était l'intention de Dieu d'enseigner par écrit, s'y étant mis si tard.... Croyons-nous que Saint Pierre n'ait enseigné que ce qu'il a écrit? que Saint André, Saint Thomas et les autres apôtres et disciples n'aient rien enseigné, parce qu'ils n'ont rien écrit? et Saint Paul, qui a écrit plus que tous, recommande tant souvent ce qu'il a enseigné de bouche et n'est point écrit.... Il est faux de dire que toute vérité est écrite et comprise en l'Écriture. Car l'Écriture n'est qu'une très petite parcelle de la vérité révélée.... Certes la plupart de la vérité révélée est demeurée en la science des apôtres, et par eux transmise de main en main à leurs successeurs, et ne fut jamais toute écrite; et, de l'écrite, il s'en est perdu une bien grande part; et est à croire que, si tous les livres sacrés étaient en main, la Bible serait deux et trois fois plus grosse qu'elle n'est.

Charron pense, comme Montaigne et comme bien d'autres, que l'hérésie, par une pente fatale, mène à l'incrédulité complète, à l'athéisme :

... La débauche une fois commencée ne s'arrête pas à si bon marché et ne se règle pas si court. C'est un torrent furieux, qui va sans fin. Ceux qui ont laissé le grand chemin droit, et à qui on a appris de douter ou contre-rôler des points universellement reçus, usant de la dispense et licence que l'on leur a mis en main, passant outre et fouillant partout, trouvent enfin que les autres articles, dont on ne parlait point, ne sont pas plus assurés que ceux-là que déjà l'on leur a arraché des poings.... La religion est un bâtiment dont les pièces se tiennent et appuyent l'une à l'autre. En remuer une, c'est ébranler tout. Le ciment et l'entretien d'icelle est la pure obéissance, simple créance et unanime consentement du monde. Si l'on entreprend une fois de se soustraire de là, pour juger et examiner les choses, selon qu'il semble, tout s'en ira en dispute, en doute, et enfin en mépris.

Ce sont les idées de Montaigne, c'est presque son langage; pourtant ce ne sont pas encore ses mots et ses phrases mêmes. Dans les *Trois vérités*, comme dans les *Discours chrétiens*, Charron se tient moins près du texte des *Essais* que dans le livre *De la*

Sagesse. On peut en conclure que ces ouvrages, reliques probables des anciennes prédications du prêtre catholique, sont antérieurs par leur conception générale, ainsi que dans une grande partie de leur rédaction, à son intimité avec le philosophe.

Voici pourtant deux passages (et il serait facile d'en citer d'autres) où l'auteur de l'*Apologie de Raimond de Sebonde* semble avoir tenu lui-même et guidé, comme la main d'un enfant, celle qui traçait les lignes :

La raison est un outil ondoyant, règle de plomb, pliant, changeant, mal assuré. L'on ne saurait tant alléguer de raisons pour une part, que l'on n'en trouve autant ou plus pour l'autre ; et plus de raisons il y a, plus aussi de doutes.

Et ailleurs :

L'homme ne peut entendre ni imaginer aucune chose que par le moyen de son être, et en les rapportant et mesurant à ses propres facultés, lesquelles il peut par imagination enfler, enrichir et rehausser tant que l'on voudra ; mais ce sera toujours sous une image humaine. Et ne peut l'homme, sans ce rapport à soi, sans ce pivot et principe, entendre, deviner, inventer ou imaginer aucune chose. Dont disait plaisamment Xénophanes que, si les bêtes se faisaient des Dieux, qu'elles se les forgeraient de même qu'elles. Comment donc pourra l'homme connaître Dieu, qui n'est rien de l'homme, de l'être humain, et qui est infini ?

On voit par ces citations que déjà, dans les *Trois vérités*, Charron montre cette louable probité intellectuelle qui faisait au sceptique Bayle tant de plaisir, et qui consiste à ne point « énerver », pour en avoir plus facilement raison, « les arguments des libertins ».

Ayant été député en 1595 à l'assemblée du clergé, Charron prêcha à Paris dans l'église Sainte-Eustache. A Condom, où il était en l'année 1600, avec les titres de chanoine et de chantre, il acheta, écrit son premier biographe, « une maison qu'il fit bâtir de neuf et l'ameubla de beaux et précieux meubles, en intention d'y passer le cours de sa vie plus joyeusement et gaillardement, et d'éviter à son pouvoir les incommodités de la vieillesse ». Rien de plus légitime, à coup sûr, qu'un semblable désir; mais n'est-il pas plaisant de constater une fois encore le changement survenu dans l'humeur et dans les idées de Charron, depuis le jour où il avait eu la velléité de se faire chartreux?

Sur la porte de sa nouvelle maison il fit graver ces mots : « Je ne sais ». Devise légèrement modifiée, dans la forme, du : « Que sais-je? » de Montaigne, mais plus gravement altérée au fond que Charron ne le croyait dans la simplicité de son esprit net, peu riche en nuances délicates. La question du sage des *Essais* est légère et souriante; la déclaration triste du philosophe de la *Sagesse* insiste avec quelque lourdeur sur un aveu d'ignorance qui, pour garder son charme, doit éviter d'abord l'allure trop sérieuse d'une proposition catégorique et formelle.

Une autre devise de Charron était : « Paix et peu ». La prébende théologale de l'église de Bologne lui ayant été offerte, il la refusa, pour une raison plausible que nous fait connaître son ami Gabriel-Michel de Rochemaillet, mais dont il aurait été facile à un ennemi, tel que le père Garasse, de s'emparer pour la travestir dangereusement et en abuser contre lui. Il dit en effet à Rochemaillet qu'il eût assez volontiers accepté cette théologale pour quelques années, mais que « l'air et climat froid, humide et proche de la mer, était non seulement mal plaisant et triste à son humeur et naturel, ains malsain, catarrheux et rhumatique; qu'il était (lui, Charron) *solaire du tout, et que le soleil était son dieu sensible*, comme Dieu était son soleil insensible; par quoi il craignait ne se pouvoir accommoder ni habituer à Bologne sainement et plaisamment »[1]. Et ici nous n'accuserons pas Charron d'avoir adoré le soleil; mais nous relèverons derechef un certain défaut de consistance et d'unité morale chez l'homme que les voûtes obscures, le sol humide et froid d'un monastère avaient séduit à quarante-huit ans.

En l'année 1600 parurent les *Discours chrétiens de la Divinité, Création et Rédemption*, réimprimés dans

---

1. Comparez ce passage de *la Sagesse*, II, 5 : « De tous ceux qui n'ont voulu se contenter de la créance spirituelle et interne, et de l'action de l'âme, mais encore ont voulu voir et avoir une divinité visible et aucunement perceptible par les sens du corps, ceux qui ont choisi le soleil pour Dieu semblent avoir plus de raison que tous autres, à cause de sa grandeur, beauté, vertu éclatante et inconnue, et certes digne voire qui force tout le monde en admiration et révérence de soi : l'œil ne voit rien de pareil en l'univers, ni d'approchant. »

quelques éditions avec l'*Octave du saint sacrement* ou recueil de huit discours sur le mystère de la sainte Eucharistie.

Ce qui appartient spécialement à la prédication de Charron n'offre çà et là avec les *Essais* que des analogies assez peu précises; tout ce qui est réellement imité ou emprunté de Montaigne se retrouve dans le livre *De la sagesse* sous une forme plus explicite.

Ainsi, le prédicateur qui, à propos de la création du monde, s'étend complaisamment sur le règne animal, les oiseaux, les poissons, les bêtes terrestres, et reconnaît aux animaux certaines prérogatives, n'a pas tiré grand parti de l'admirable parallèle de l'homme et des bêtes contenu au fameux chapitre XII du livre II des *Essais*, ou, s'il s'en est souvenu, il a été cette fois un imitateur bien discret et bien pâle. Je rencontre aussi, dans un sermon sur la Providence, la célèbre anecdote du pourceau de Pyrrhon; mais c'est la matière toute sèche, sans aucun agrément de mise en œuvre :

Le mal de l'homme n'est pas seulement au sentiment réel, comme de la bête, mais il est en l'âme, en la mémoire, imagination, appréhension. Ici fait besoin le conte du pourceau de Pyrrhon, qui mangeait en paix dedans le navire, où tous étaient transis et demi morts de crainte du naufrage et de la mort dont la tempête les menaçait.

On trouve, dans un sermon sur la bonté de Dieu, comme la première ébauche du tableau de la vertu et de ses trois degrés, tableau un peu confusément tracé par Montaigne et très bien refait par Charron dans un passage de *la Sagesse* que nous avons lu tout à l'heure :

La vertu est pénible, a de l'effort et de la difficulté; la bonté est égale et uniforme, va toujours d'un même train et doucement.... L'image de bonté est en Socrate, de vertu en Caton. Pour cette raison Dieu est dit bon et la bonté même, et non pas vertueux; il est naturellement, essentiellement bon, sans peine et sans effort.... La vertu est suante, ridée, selon le dire des sages, χαλεπὰ καὶ δύσκολα τὰ καλά. La bonté est fraiche, demeurant à l'ombre et au couvert.

Enfin, on trouvera peut-être piquant de voir Charron, prédicateur, prendre la défense de cette expression païenne, « la Fortune », dont Montaigne avait fait un abus qui fut censuré à Rome. Tout en convenant que « c'est l'ignorance qui a bâti la Fortune », que « c'est un mot qui est mis à la place de la vraie cause ignorée », l'auteur du sermon sur la Providence ajoute :

Aucuns ont en tout sens et tout à plat condamné la Fortune, et ne veulent permettre le mot; mais ils excèdent. Car l'Écriture sainte non seulement en use, mais encore l'établit, disant Salomon que la diligence, sagesse, industrie, violence, ne fait pas tout, mais que le temps et la fortune peuvent beaucoup en toutes ces choses inférieures.

L'influence des *Essais*, sans être outrageusement sensible, n'est point méconnaissable dans ces passages. Mais ce que Montaigne n'a certainement pas dit à Charron et ne lui a pas inspiré de dire, c'est que le monde a été créé « *au mois de septembre*, à l'endroit de notre an auquel est l'équinoxe automnal et que le soleil, selon les astrologues, entre au signe de Libra, saison en laquelle tous fruits sont mûrs et prêts à manger... *afin que* l'hôte et le maître usuaire de ce bas monde, y entrant, *trouvât la nappe mise et la table couverte* ».

Il ne lui a pas suggéré non plus que l'âme s'insinue dans le corps *quarante jours* exactement après que l'enfant a été conçu au sein maternel.

Des affirmations aussi ingénument intrépides ne sont qu'une inconséquence de plus chez un philosophe qui passe pour sceptique et qui l'est en effet, mais qui a surtout manqué de suite, de logique et de réflexion. Elles sont dignes, non de Montaigne, mais de ce grand théologien espagnol, Raimond de Sebonde, dont le futur auteur des *Essais*, par piété filiale, traduisit en 1568 la *Theologia naturalis*, ouvrage assommant, l'un des plus fastidieux qui soient au monde, étant plein d'un naïf et imperturbable dogmatisme, qui a d'ailleurs édifié de bien bonnes âmes et où se fortifiait la foi enfantine du père excellent de Michel. Il est vrai que, plus tard, sous couleur de présenter l'apologie de Raimond de Sebonde, Montaigne se vengea en homme d'esprit, ou plutôt de génie, du long ennui de ce pensum.

Dans le même « discours chrétien » où Charron détermine avec une si docte exactitude l'instant précis où l'âme se glisse au corps en voie de formation, il établit entre l'âme et l'esprit une distinction *réelle*, qui n'est peut-être pas parfaitement orthodoxe, mais qui est ingénieuse et qu'il a répétée dans *la Sagesse* (I, 9) :

L'on peut remarquer trois choses en l'homme : l'esprit, l'âme, la chair. Dont l'esprit et la chair tiennent les bouts et extrémités contraires; l'âme, mitoyenne et indifférente. L'esprit, la très héroïque partie, parcelle, scintille, image et défluxion de la Divinité, est en l'homme comme le roi en la république, ne respire que le bien et le ciel, où il tend toujours; la chair, au contraire, comme la lie d'un peuple tumultuaire et insensé, le marc et la sentine de l'homme, partie brutale, tend toujours au mal et à la matière; l'âme, au milieu, comme les principaux du populaire, est indifférente entre le bien et le mal, le mérite et le démérite, est perpétuellement sollicitée de l'esprit et de la chair, et, selon le parti où elle se range, est spirituelle et bonne, ou charnelle et mauvaise.

Sur l'immortalité de l'âme, l'incertitude de Charron est particulièrement remarquable et significative. Il est probable qu'il y croyait comme catholique, comme prêtre et comme prédicateur; car quel sens aurait le ministère sacré, sans cette foi? voici cependant en quels termes il se prononce sur ce grave problème, le plus vital de tous, et notez bien que je ne prends pas ma citation dans le traité philosophique *De la Sagesse*, quoique nous l'y trouvions reproduite en partie, mais dans un *discours* soi-disant *chrétien*. Tout est à remarquer dans la page que je vais lire, les parenthèses, les hésitations, les atténuations, les réserves et la faiblesse voulue de certaines expressions :

L'immortalité de l'âme est la chose la plus universellement, religieusement (c'est le principal fondement de toute

religion) et plausiblement retenue par tout le monde; j'entends, d'une externe et publique profession; car, d'une
sérieuse, interne et vraie, non pas tant, témoin tant d'Epi-
curiens, libertins et moqueurs. Toutefois les Saducéens,
les plus gros milords des Juifs, n'en faisaient point la
petite bouche à la nier. La plus utilement crue, aucunement assez prouvée par plusieurs raisons naturelles et
humaines, mais proprement et mieux établie par le ressort
de la religion que par tout autre moyen [1]. Il semble bien y
avoir une inclination et disposition de nature à la croire;
car l'homme désire naturellement allonger et perpétuer
son être, d'où vient aussi ce grand et furieux soin et amour
de la postérité et succession. Puis, deux choses servent à
la faire valoir et rendre plausible : l'une est l'espérance de
gloire et réputation, et le désir de l'immortalité du nom,
qui, tout vain qu'il est, a un merveilleux crédit au monde;
l'autre est *l'impression*, que les vices qui se dérobent de
la vue et connaissance de l'humaine justice, demeurent
toujours en butte à la divine, qui les châtiera, voire après
la mort.

Ainsi c'est la religion seule, ce n'est point la
raison qui peut nous donner une ferme espérance
de notre immortalité. La foi en la justice divine
venant un jour corriger ou compléter la justice
humaine, se réduit à une « impression », à ce que
des philosophes non moins scrupuleusement timides
dans leur langage appelleront plus tard des « pré-
somptions », non des preuves, en faveur de l'immortalité de nos âmes.

Plus tard, dans le livre *De la Sagesse*, le disciple de
Montaigne et, à travers Montaigne, de la philosophie

---

1. *La Sagesse* (I, 15) modifie ainsi et affaiblit encore cette
phrase du sermon : « la plus utilement crue, *la plus faiblement prouvée et établie par raisons et moyens humains* ».

antique, se laissera finalement glisser à des considérations absolument païennes sur la mort :

Pourquoi regretter, puisque tu seras ou du tout rien, ou
beaucoup mieux, ce disent tous les sages du monde?
Pourquoi donc t'effarouches-tu de la mort, puisque tu es
sans grief? Le même passage que tu as fait de la mort,
c'est-à-dire du rien, à la vie, sans passion, sans frayeur,
refais-le de la vie à la mort. *Reverti unde veneris, quid
grave est?* (*De la Sagesse*, II, 11.)

Remarquez (et c'est une remarque qu'on a souvent l'occasion de faire) que Montaigne, ici, est
moins païen que le prêtre Charron :

Les philosophes ont ce dilemme toujours en la bouche
pour consoler notre mortelle condition : ou l'âme est mortelle, ou immortelle; si mortelle, elle sera sans peine, si
immortelle, elle ira en amendant. Ils ne touchent jamais à
l'autre branche : quoi, si elle va en empirant? (*Essais*,
II, 12.)

C'est en 1601 que parut le traité *De la Sagesse*,
publié d'abord à Bordeaux.

S'étant rendu à Paris pour donner ses soins à
une nouvelle édition de son ouvrage, qui vit le jour
en 1604, Pierre Charron mourut dans cette ville, le
dimanche 16 novembre 1603, à l'âge de soixante-
deux ans. Frappé en pleine rue d'une attaque d'apo-
plexie et se sentant perdu, il tomba à genoux pour
rendre son âme à Dieu dans une suprême prière.

VIII (suite et fin)

II

Le philosophe.

La Sagesse est en trois livres, comme les *Essais*.

Le premier livre traite « De la connaissance de soi et de l'humaine condition ». Le deuxième contient les « Instructions et règles générales de la sagesse ». Le troisième donne des « Avis particuliers » : par exemple, aux maîtres et serviteurs; aux parents et enfants; aux époux, aux princes, aux magistrats, aux exilés, aux prisonniers, à ceux qui ont perdu leurs amis, etc.

La préface nous avertit du sens où l'auteur prend le mot : *Sagesse*. Ce n'est point le sens « théologique ». Comme le philosophe Montaigne, son maître, Charron entend discourir « d'une façon laïque, non cléricale », quoique toujours (c'est du moins sa prétention) « religieuse ». Ce n'est pas non plus le sens peu relevé où sagesse est synonyme de conduite habile et prudente. « L'affinement des esprits n'est pas l'assagissement » (I, 16). De même que, dans les *Trois vérités*, Charron instruisait l'homme « à bien croire », dans *la Sagesse* il l'instruit « à bien vivre et à bien mourir », le formant « non pour le cloître, mais pour le monde », et donnant au mot sagesse un sens large, « universel et humain ».

Très humaine en effet, très peu théologique, une sagesse qui enseigne que la nature est bonne, que tous les plaisirs du corps sont bons, à la seule condition d'être réglés et modérés, que tout excès, même du bien, est funeste; en sorte qu'elle serait assez exactement résumée par cet aphorisme : le vice et la vertu sont contraires à la santé.

L'éternel γνῶθι σεαυτόν est solennellement proclamé au premier chapitre.

Il faut que l'homme entre au dedans de lui-même « avec la chandelle et l'éprouvette, fouillant et furetant par tous les trous, coins, recoins, détours, cachots et secrets » de cet abîme. Notre moraliste s'indigne et s'étonne que l'homme se connaisse si peu et si mal, et ici j'aperçois, dès l'entrée de son livre, les limites de sa courte intelligence. Il écrit (ce qui n'a guère de sens) : « Dieu éternellement et sans cesse se regarde, se considère et se connaît. Le monde a toutes ses vues contraintes au dedans.... Chaque chose pense à soi, s'étudie la première.... Ramasse-toi donc, ô homme, et t'enferme dedans toi »[1].

---

1. Presque toutes ces expressions appartiennent à Montaigne. Il est décidément bien difficile de dépêtrer le texte de Char-

Qu'un individu, entre cent mille, s'amuse, comme Montaigne, à cette « épineuse entreprise de suivre une allure si vagabonde que celle de notre esprit, de pénétrer les profondeurs opaques de ses replis internes », rien de mieux; mais quel moyen et quel besoin l'homme en général peut-il avoir de se connaître lui-même? J'ignore si le Créateur se contemple. Quant aux créatures, il est faux qu'elles aient leurs vues ramenées sur leur être intime. Se figure-t-on l'aspect du monde, sa marche et ses progrès, le jour où tous les hommes seraient des auto-psychologues roulés et repliés dans l'observation intérieure? Montaigne ne s'y est point trompé. Il savait que l'homme est et qu'il doit rester « le scrutateur sans connaissance, le badin de la farce », et que « nature a rejeté *bien à propos* l'action de notre vue *au dehors* ».

Charron dégage, explique et développe parfaitement plusieurs idées de Montaigne; mais, comme il n'en saisit pas assez les finesses et les atténuations, les retours et les dessous, comme il néglige, faute de l'apercevoir, l'antithèse sans laquelle la thèse n'est ni complète ni vraie, surtout comme il généralise et systématise beaucoup trop des observations qui, dans le moins dogmatique des livres, ne s'appliquent pas tant à l'humanité dans son ensemble

ron de ses perpétuels « emprunts »; mais il y a, ici, cette capitale différence, que le passage de Montaigne (III, 9 *in fine*) est ironique, et qu'il présente l'oracle de Delphes comme « un commandement paradoxe ».

qu'au *moi* si curieux de l'aimable *Michel*, il en résulte qu'il exagère continuellement la pensée du maître et, peu ou prou, la fausse. Son procédé unique est de renchérir et d'amplifier : grossissement qui, s'il fait valoir à l'aventure certaines ébauches de Montaigne, risque bien plus encore d'altérer la délicatesse de ses touches.

Je vais en donner quelques exemples.

On lit dans les *Essais* (III, 12) : « Quasi toutes les opinions que nous avons sont prises par autorité ». La remarque est juste et utile; mais ce qui est fin, ce qui est exquis, ce qui a proprement le cachet de Montaigne, c'est la réflexion qui la suit aussitôt : « Il n'y a point de mal, nous ne saurions pirement choisir que par nous ». Charron laisse de côté cette contrepartie, si pleine pourtant de *sagesse*; il ne s'approprie que la thèse et il la développe avec une insistance dont on dirait seulement qu'elle est un peu lourde, si elle n'allait pas jusqu'à l'extrême imprudence, lorsqu'il ose bannir de l'éducation elle-même le rôle de l'autorité! Le pédagogue doit apprendre à l'enfant « à ne rien recevoir à crédit et par autorité : c'est être bête et se laisser conduire comme un buffle; mais d'examiner tout avec la raison, lui proposer tout, et puis, qu'il choisisse. S'il ne sait choisir, qu'il doute. » Bon pour les grandes personnes peut-être; mais n'est-il pas évident que les enfants sont obligés d'accepter provisoirement sur la parole du maître bien des choses qui dépassent la portée de leur raison, et que conseiller à des esprits vifs et

jeunes la méthode tardive, presque sénile, du doute
suspensif, c'est renverser les règles de toute pédagogie sensée? [1]

Charron commente ailleurs avec éloquence les
scabreux paradoxes de Montaigne sur l'art de « distinguer la peau de la chemise », de prendre « en main »
les charges publiques, non pas « au poumon et au
foie », de remplir consciencieusement ses devoirs de
fonctionnaire, sans « s'y engager et harper jusques
au vif », de ne s'attacher à rien, même à la cause
juste, que « modérément et sans fièvre ». Il insiste
avec raison sur le caractère de la véritable possession de soi, qui ne consiste pas à s'isoler matériellement dans une retraite oisive, mais à continuer de
s'appartenir au sein même des affaires et de la
société. Seulement il va trop loin dans cette voie;
car il durcit tellement l'épiderme de son sage, que,
semblable à une divinité impassible, il doit faire aux
hommes le bien sans compatir à leurs maux, sans
se laisser toucher le cœur par « une sotte et féminine pitié passionnée ».

Il me semble que le scepticisme n'est parfait qu'autant qu'il ne s'affirme pas lui-même trop nettement,
qu'il laisse douter un peu de lui, s'enveloppant de
réticences et d'équivoques qui voilent de ténèbres
légères le fond mobile et fuyant de sa pensée. Tel fut,
par excellence, le scepticisme de Montaigne [2]. Celui

---

1. Il est à peine besoin de dire que toute la pédagogie de
Charron n'est, d'ailleurs, que celle de Montaigne.
2. « L'ignorance qui se sait, qui se juge et qui se condamne,

de Charron est en plein jour ; il a les allures du dogmatisme, tant il est ferme, tranquille, tant il marche
d'un pas pesant, sûr et content de lui !

Écoutez une phrase qui est tout Charron, fond et
forme, avec sa manière passablement violente de
penser et de s'exprimer, avec les hardiesses hétéro-
doxes dont on s'est scandalisé ou réjoui, selon qu'on
était le Père Garasse ou Bayle, avec la belle solidité,
mais aussi la massive lourdeur de la structure, enfin
avec son scepticisme fondamental :

> Au troisième et plus haut étage sont les hommes doués
> d'un esprit vif et clair, jugement fort, ferme et solide, qui
> ne se contentent d'un ouï dire, ne s'arrêtent aux opinions
> communes et reçues, ne se laissent gagner et préoccuper
> à la créance publique, de laquelle ils ne s'étonnent point,
> sachant qu'il y a plusieurs bourdes, faussetés et impos-
> tures reçues au monde avec approbation et applaudisse-
> ment, voire adoration et révérence publique; mais exami-
> nent toutes choses qui se proposent, sondent mûrement et
> cherchent sans passion les causes, motifs et ressorts jus-
> ques à la racine, aimant mieux douter et tenir en suspens
> leur créance, que, par une trop molle et lâche facilité, ou
> légèreté, ou précipitation de jugement, se paître de faus-
> seté et affirmer ou se tenir assurés de chose de laquelle
> ils ne peuvent avoir raison certaine. (*Sagesse*, 1, 39.)

C'est le style ordinaire de l'écrivain. A ses qualités
habituelles de clarté et de force s'ajoute fréquemment une assez brillante imagination, qui colore
avec vivacité et parfois même avec un éclat un peu
cru les choses et les idées; malheureusement les

ce n'est pas une entière ignorance; pour l'être, il faut qu'elle
s'ignore soi-même ». (*Essais*, II, 12.)

couleurs originales et naturelles se confondent,
d'une façon presque inextricable, avec les couleurs
d'emprunt. Il faudrait, pour les distinguer à coup
sûr, une rare érudition. Voici, par exemple, une
charmante image. J'espère, je crois qu'elle est de
Charron; mais *je ne sais*, comme dit sa devise :

> Il n'y a manière de vie si étroite qui n'ait quelque soulas
> et rafraîchissement. Il n'y a prison si étroite et obscure,
> qui ne donne place à une chanson pour désennuyer le
> prisonnier. (*Ibid.*, II, 7.)

Nous avons vu par quel secret d'un art inimitable,
parce qu'il fut naturel, les contradictions conscientes
de Montaigne ajoutent à sa propre peinture une
vérité de plus. Charron, qui prétend faire non son
portrait personnel, mais le tableau général de
l'homme, possédait à un degré incroyable l'inconscience dans la contradiction.

Il lui arrive de se contredire dans la même phrase :
« La vraie repentance est un *don de Dieu* qui nous
touche le courage et doit naître en nous, non par
la faiblesse du corps, mais *par la force de l'âme et
de la raison.* » Que signifie ce « don de Dieu » qui
est la conquête de nos efforts?

A propos du mariage et du célibat, Charron commence par répéter, après saint Paul, que celui qui
se marie fait bien, mais que celui qui ne se marie
pas fait mieux :

> L'utile peut bien être du côté du mariage, mais l'honnête
> est de l'autre côté.... Le mariage non seulement apoltronit
> ou accroupit les bons et grands esprits, mais prive le public

de plusieurs belles et grandes choses, qui ne peuvent s'exploiter demeurant au sein et au giron d'une femme, et autour des petits enfants. (*Ibid.*, 1, 42.)

En conséquence, il approuve le célibat des gens d'Église et de religion. Mais, quelques pages plus loin, ce prêtre étrange qui voulut un jour prendre le froc, condamne en ces termes la vie monastique :

C'est se tapir et recourir à la mort pour fuir à bien vivre. Celui qui vit civilement ayant femme, enfants, serviteurs, voisins, amis, biens, affaires, et tant de parties diverses auxquelles faut qu'il satisfasse et réponde règlement et loyalement, a bien sans comparaison plus de besogne que le moine qui n'a affaire qu'à soi.... En l'abstinence il n'y a qu'une chose ; en la conduite et en l'usage de plusieurs choses diverses, y a plusieurs considérations et divers devoirs.... Il est plus aisé du tout se passer de femme, que bien duement et de tout point vivre et se maintenir avec sa femme, enfants et tout le reste qui en dépend. Ainsi *le célibat est plus facile que le mariage.* (*Ibid.*, 1, 50.)

Tout cela, ce n'est qu'une promenade préliminaire dans les faubourgs du livre. J'arrive au cœur même de l'ouvrage et à la grande contradiction de Charron, à celle qui ruine par la base et renverse de fond en comble tout son pauvre système de philosophie morale et religieuse.

Commençons par rendre hautement à l'écrivain ce juste hommage, que personne, non pas même Pascal, n'a peint en termes plus énergiques que lui la vanité, la faiblesse, l'inconstance, la misère et le néant de l'homme, « songe, fantôme, cendre, vapeur, rosée du matin, fleur incontinent épanouie et fanée, vent, foin, vessie, ombre, feuille d'arbre emportée par le vent, orde semence en son commencement, éponge d'ordures et sac de misères en son milieu, puantise et viande de vers en sa fin, bref la plus calamiteuse et misérable chose du monde »; plein d'orgueil avec cela, « tantôt un dieu, tantôt une mouche » : « étrange et monstrueuse couture ». Charron vilipende à plaisir, il bafoue, il injurie avec une verve amusante et triste l'esprit humain, « très dangereux outil, furet qui est à craindre, émerillon fâcheux et importun, qui, comme un affronteur et joueur de passe-passe... forge, invente et cause tous les maux du monde, et n'y en a que par lui ».

Toutes choses suivent nature... obéissent doucement : l'homme seul fait l'enragé.... Avec son gentil esprit et son libéral arbitre, il trouble la police et l'état du monde; c'est le seul déréglé et ennemi de nature.... Il n'y a animal au monde injuste, ingrat, méconnaissant, traître, perfide, menteur et dissimulé, au prix de l'homme.

Notre philosophe ne se contente pas de montrer « le grand voisinage et cousinage entre l'homme et les autres animaux »; il affirme, après Montaigne, mais avec un âpre dogmatisme où rien ne reste de la grâce souriante des *Essais*, la supériorité des bêtes sur l'homme, admirant, outre « la ménagerie et providence des fourmis », outre « la police des mouches à miel », les vertus morales des chiens et la religion des éléphants. Il estime, d'accord avec un grand ami des bêtes, avec Michelet, que la brute qui ne suit que l'instinct, en qui la raison indivi-

duelle est nulle, « où demeure beaucoup plus entière
l'image de nature », est, par cela même, plus près
de la Divinité que l'homme, « le naturel valant mieux
que l'acquis, et étant bien plus noble, plus excellent et divin d'agir par nature que par art ». D'homme
à homme, il aperçoit plus de différence et de distance que d'homme à bête : « Un excellent animal
est plus approchant de l'homme de la plus basse
marche que n'est cet homme d'un autre grand et
excellent [1] ».

Les bêtes sont plus heureuses que l'homme. Elles
« ont à dire grand merci à nature de ce qu'elles
n'ont point tant d'esprit » que lui; « de fait, nous
voyons que les stupides et faibles d'esprit vivent
plus en repos que les fort spirituels », et ici revient,
comme une ritournelle, l'inévitable anecdote du
pourceau de Pyrrhon.

Avec tout son esprit, l'homme est sot, et quant
au « peuple ou vulgaire », il est stupide. Au chapitre XLVIII du livre I, Charron fait du monstre
aux cent mille têtes une satire d'une véhémence
inouïe, mais de la plus assommante justesse : *vox
populi, vox stultorum*. « Celui qui veut être sage doit
tenir pour suspect tout ce qui plaît et est approuvé
du plus grand nombre. » C'est un délice de lire sa
forte et lumineuse pensée sur les bases vermou-
lues de ce beau suffrage universel où l'on prétend
asseoir le siège de la vérité; je ne veux point d'autre

[1]. Expressions comme idées, tous ces paradoxes de Charron
sur les animaux sont pris à Montaigne.

réponse à la doctrine si témérairement démocratique de M. de Vogüé, que je rappelais dans ma première causerie [1] :

La meilleure touche de vérité, dit-on, c'est la multitude des ans et des croyants... c'est le général consentement du monde. *Or le nombre des fols surpasse de beaucoup celui des sages*; et puis, comment est-on parvenu à ce consentement que *par contagion et applaudissement, donné sans jugement et connaissance de cause, mais à la suite de quelques uns qui ont commencé la danse?* (*Ibid.*, 1, 16.)

Le pessimisme de Charron éclate non moins éloquemment dans la comparaison qu'il fait de nos biens et de nos plaisirs avec « l'empire bien autrement grand, universel, puissant et durable de la douleur », dans l'amer tableau où il renchérit sur ce qu'avait dit Montaigne des vices et des incommodités de la vieillesse, et je ne connais point, dans toute la littérature et dans Shakespeare même, une peinture générale de la vie humaine, d'une splendeur plus sombre que ce noir fusain :

La vie présente n'est qu'une entrée et issue de comédie, un flux perpétuel d'erreurs, une tissure d'aventures, une suite de misères diverses enchaînées de tous côtés; il n'y a que mal qui coule, que mal qui se prépare, et le mal pousse le mal, comme la vague pousse l'autre; la peine est toujours présente, et l'ombre de bien nous déçoit; la bêtise et l'aveuglement possède le commencement de la vie [2], le milieu est tout en peine et travail, la fin en douleur, mais toute entière en erreur. (*Ibid.*, 1, 36.)

---

1. Voir p. 10.
2. Bossuet dira : « L'enfance est la vie d'une bête ».

Quand on a de l'homme une aussi désolante idée et qu'on veut cependant l'inviter au bonheur et lui enseigner la sagesse, il semble qu'il n'y ait au monde qu'un moyen d'échapper à la criante absurdité d'une prétention si folle : c'est de sauter, les mains jointes et les yeux fermés, par-dessus l'abîme de nos misères intellectuelles et morales, sur la céleste rive où la religion tend ses bras pour nous recevoir, comme feront Pascal, Jacobi et tous les chrétiens que leur scepticisme philosophique conduit logiquement au mysticisme.

Mais Charron prétend, chose inconcevable, prendre pied dans cet abîme qui n'est que boue et fiente, sable mouvant où l'on s'enlise, précipices et rochers à pic! Il y marche avec une confiance sereine, de son même pas toujours sûr et tranquille, sans s'apercevoir qu'il enfonce dans le bourbier, qu'il a de l'eau sale par-dessus la tête, qu'il patauge et se noie dans la contradiction. En vérité, je ne crois pas qu'il y ait, dans toute l'histoire de la philosophie, un second exemple d'un aussi naïf aveuglement.

« Les hommes sont naturellement bons », déclare-t-il tout à coup, lui qui vient de montrer leur méchanceté profonde, et le même moraliste qui faisait tout à l'heure de notre misérable état des descriptions à donner appétit d'une corde pour nous pendre et en finir plus vite, veut maintenant que nous soyons gais!

La vraie prud'homie, que je requiers en celui qui veut être sage, est libre et franche, mâle et généreuse, *riante et joyeuse*, égale, uniforme et constante, qui marche d'un pas ferme, fier et hautain, allant toujours son train. (*Ibid.*, ii, 3.)

Il faut, dit-il, suivre la nature, car c'est suivre la raison. « J'entends par nature la raison universelle qui luit en nous.... Qui agit par ce ressort agit selon Dieu; car cette lumière naturelle est un éclair et rayon de la Divinité. »

Après une contradiction aussi violente, il n'est guère utile d'en faire ressortir une autre encore, qui se rencontre aussi dans Montaigne, mais bien moins en évidence comme toujours, et qui consiste — après avoir montré que le trajet d'une rivière change l'innocence en crime, les escarpements d'une montagne la vérité en mensonge — à proclamer soudain l'existence d'une « loi toujours la même, égale, uniforme, perpétuelle, universelle et constante partout, que les temps ni les lieux ne peuvent altérer ni déguiser ».

Mais où donc Charron a-t-il pris ce flambeau subit et inopiné, illuminant la nuit profonde où l'homme trébuchait sans secours? *Ce n'est point dans la religion.* Car notre philosophe tient expressément à ne donner à la vertu d'autre principe ni d'autre fin qu'elle-même, instituant déjà ce qu'on appelle aujourd'hui la *morale indépendante.*

La religion et la morale sont nettement séparées dans son système, et la morale a bien haut la préséance. Montaigne avait glissé l'idée « en passant », dans des lignes un peu obscures où il loue la vertu naturelle « empreinte en tout homme non dénaturé », « née en nous de ses propres racines et se soutenant

sans aide », et où il la préfère à « certaine image
de prudhomie scolastique, serve des préceptes, contrainte sous l'espérance et la crainte ». Charron reprend et développe cette indication vague et fuyante,
avec son implacable clarté qui ne laisse rien à deviner
au lecteur, dit tout en termes d'une rondeur achevée
et met en plein jour ses contradictions :

> Ce sont deux choses bien distinctes et qui ont leurs
> ressorts divers, que la piété et la probité, la religion et la
> prudhomie, la dévotion et la conscience.... Ils confondent
> et gâtent tout, ceux qui veulent que la probité suive et
> serve à la religion et ne reconnaissent autre prudhomie
> que celle qui se remue par le ressort de la religion.... La
> religion est postérieure à la prudhomie.... Je veux que sans
> paradis et enfer l'on soit homme de bien. Ces mots me
> sont horribles et abominables : Si je n'étais chrétien, si
> je ne craignais Dieu et d'être damné, je ferais cela. O chétif
> et misérable! quel gré te faut-il savoir de tout ce que tu
> fais? Tu n'es méchant, car tu n'oses et crains d'être battu....
> Tu fais l'homme de bien afin que l'on te paie et l'on t'en
> dise grand merci.... Je veux que tu sois homme de bien
> pour ce que nature et la raison (c'est Dieu) le veut. L'ordre
> et la police générale du monde, dont tu es une pièce, le
> requiert ainsi, pour ce que tu ne peux consentir d'être
> autre, que tu n'ailles contre toi-même, ton être, ton bien,
> ta fin; et puis en advienne ce qui pourra. Je veux aussi la
> piété et la religion, non qui fasse, cause ou engendre la
> prudhomie ja née en toi et avec toi, plantée de nature;
> mais qui l'approuve, l'autorise et la couronne. (*Ibid.*, II, 5.)

Toutes les idées qui ont un air de noblesse prêtent
à des développements éloquents. Or, il n'y en a point
de plus spécieusement noble que celle-ci : La vertu
a sa récompense en elle-même; ou, comme dit Montaigne : « Les actions de la vertu, elles sont trop

nobles d'elles-mêmes pour rechercher d'autre loyer
que de leur propre valeur. *Recte facti, fecisse merces
est.* » C'est pourquoi nous voyons tous les moralistes
devenir d'éloquents prédicateurs, dès qu'ils touchent
à ce thème fécond en grandes pensées et en beaux
mouvements; aux accents de conviction fervente et
grave qu'ils y mettent, on les prendrait tous pour de
petits saints.

Le baron d'Holbach ayant eu l'imprudence de
dire : « Il serait inutile et peut-être injuste de
demander à un homme d'être vertueux, s'il ne peut
l'être sans se rendre malheureux; dès que le vice
rend heureux, il doit aimer le vice », Voltaire s'indigne et s'écrie :

Cette maxime est exécrable. Quand il serait vrai qu'un
homme ne pourrait être vertueux sans souffrir, il faudrait l'encourager à l'être.... La satisfaction d'avoir dompté
les vices est cent fois plus grande que le plaisir d'y avoir
succombé, plaisir toujours empoisonné, plaisir qui mène
au malheur.... On dit à un soldat pour l'encourager : Songe
que tu es du régiment de Champagne; on devrait dire à
chaque individu : Souviens-toi de ta dignité d'homme.

L'anarchiste Bebel, plein d'un généreux mépris
pour la religion des « bourgeois », la flétrit par la
définition suivante : « Une institution de police du
capital trompant le prolétariat par une lettre de
change sur le ciel ».

Le philosophe spiritualiste Janet, d'accord avec
le philosophe positiviste Littré, repousse fièrement
la doctrine de ceux qui regardent la vertu comme
« un placement à intérêt », la vie future comme

« une sorte de mât de cocagne, dont les couronnes
suspendues devant nous sollicitent et récompensent
la fatigue du bien ».

... Comprendrait-on un être qui se serait élevé à toute
l'excellence dont il est capable, et qui aurait besoin d'être
récompensé pour cela, comme si jouir de cette excellence
n'était pas déjà le vrai bonheur, et comme s'il pouvait y
avoir un autre bonheur que celui-là?... Conçoit-on que la
vertu, qui est un acte absolument intérieur, pût avoir
besoin de recevoir du dehors quelque chose qui ajouterait
à sa beauté et à sa valeur? Non, il n'y a pas pour l'homme
d'autre bonheur à rêver que sa propre excellence.

Et Littré, plus gravement, et avec plus de force
encore, si possible :

S'il est certain que, dans l'ordre du savoir, la vérité se
poursuit pour elle-même et sans autre récompense que la
satisfaction de l'avoir trouvée, de même, dans l'ordre de la
morale, le bien se poursuit pour lui-même et sans autre
récompense que la satisfaction de l'avoir pratiqué. Certes,
on ne fera pas au bien l'injure de le mettre au-dessous du
vrai, et de lui accorder un moindre attrait dans la conscience que n'a le vrai dans l'entendement.

Notre brave Charron, qui décidément savait écrire
(oui, et c'est bien dommage qu'il ait manqué de
l'orgueil de son propre style, pillant Montaigne
comme un collégien), ne le cède point à ces éloquents apôtres de la vertu désintéressée :

Il se faut persuader que la vertu ne cherche point un
plus ample ni plus riche théâtre, pour se faire voir, que sa
propre conscience. Plus le soleil est haut, moins fait-il
d'ombre; plus la vertu est grande, moins cherche-t-elle de
gloire, gloire vraiment semblable à l'ombre, qui suit ceux
qui la fuient et fuit ceux qui la suivent.... Ne recherchons

autre récompense de notre labeur que la conscience d'avoir
bien fait, et désirons que le témoignage en soit plutôt gravé
dedans le cœur de nos concitoyens que sur le front des
œuvres publiques. Bref, tenons pour maxime que le fruit
des belles actions est de les avoir faites. La vertu ne saurait trouver hors de soi récompense digne d'elle. (*De la
Sagesse*, III, 42.)

Tout cela est bien beau, trop beau, j'en ai peur, et
je ne puis lire les pages inspirées par une si flatteuse
opinion de l'homme sans me rappeler le « gorille
lubrique et féroce » de Taine, devenu pour Renan
un « bon gorille », mais resté toujours un gorille ; de
cet animal humain on a réussi à obtenir, « à force de
chimères », un effort moral si « surprenant » qu'on
ne se « figure pas comment on rebâtira, sans les
anciens rêves, les assises d'une vie noble et heureuse [1] ».

Quelles que soient les distinctions abstraites de
l'analyse, il n'y a point, dans la réalité des faits, de
morale indépendante, par cette simple raison que
rien dans l'univers n'est indépendant et isolé, suivant la juste remarque du pasteur Wagner ; que
tout se tient, se conditionne et s'influence récipro-
quement ; que la pratique religieuse de la vertu est,
dans l'âme du chrétien véritable, une joie déjà
céleste anticipant le bonheur à venir, un commerce
d'amour bien autrement intime avec notre bon Père
que cette espèce de compte de *Doit et Avoir* où la
religion se réduit, quand elle n'est que l'obligation

1. Préface de *l'Avenir de la science*.

ennuyeuse de régler sa dette tous les dimanches pour oublier Dieu pendant six jours.

Déclarée ou secrète, une métaphysique quelconque fonde toujours la morale, et la ruine des consciences suit rapidement la fuite des beaux rêves et des sublimes espoirs. Les athées vertueux sont des théistes qui s'ignorent et qui au fond croient et espèrent en Dieu, sans s'avouer leur espérance, sans oser confesser leur vague et tremblant reste de foi.

Kant lui-même, après avoir proclamé l'autonomie absolue de la volonté et proscrit avec une sévérité excessive tout mobile sensible et intéressé, regarde cependant les promesses et les menaces de la vie future comme des conséquences nécessaires de l'obligation. Les lois morales seraient de vaines chimères, dit-il, sans cette vie future. L'homme, en pratiquant la vertu, se rend digne du bonheur; or l'accord de la vertu et du bonheur, ne pouvant se faire ici-bas, doit être réalisé dans un autre monde [1].

M. Ribot a finement expliqué, dans sa *Psychologie anglaise*, par quelle gradation insensible l'amour de la vertu peut devenir un amour pur, indépendant *en apparence* des conséquences heureuses qu'une logique instinctive attache à l'accomplissement du bien :

Il en est de l'amour de la vertu comme de l'amour de l'argent. L'amour de l'argent est un sentiment secondaire, produit par une association d'idées entre lui et ce qu'il

1. Leçon de M. Arren dans le *Bulletin de la Faculté des lettres de Poitiers*, juin 1888.

donne. Mais, quand ce sentiment est une fois formé,
il a exactement la force d'un sentiment primitif : l'argent est aimé pour lui-même. De même, la vertu est
bonne primitivement parce qu'elle tend à produire le
bonheur. Par suite, il se forme dans la pensée une association indissoluble entre la vertu et le bonheur; puis, par la
force de l'habitude, nous en venons à pratiquer le devoir
pour lui-même, sans préoccupation du bonheur qu'il procure et même au prix du sacrifice conscient et délibéré
du bonheur.

Pour revenir à Charron, sa prétention de fonder
la morale sur la raison, sur la nature, en dehors de
toute doctrine religieuse, n'a qu'une apparence de
noblesse. En réalité, son système est pitoyable,
parce qu'il ne se tient pas, parce qu'il se contredit
à outrance, parce qu'il est faux que les hommes
soient bons naturellement, et qu'il est absurde de
croire et de déclarer tout à coup capables de vertus
angéliques des êtres qu'on nous a peints noirs
comme des diables; parce que la nature, bien loin
d'être Dieu même, est son antique ennemie, et que
renvoyer l'homme à cette belle nature corrompue et
pécheresse, c'est, suivant l'énergique langage de
Vinet, « renvoyer les ténèbres aux ténèbres ».

L'auteur de *la Sagesse*, prédicateur et prêtre, est
un bien singulier défenseur du christianisme, si
extraordinaire en vérité qu'on ne sait comment
mettre d'accord sa profession et son livre. Il faut,
ou lui prêter avec Vinet un dessein perfide [1], ou,

---

1. « Charron se donne pour un apologiste du christianisme,
et il ne l'est point. Ébranler les bases de la croyance en général, c'est ébranler d'un même coup les bases de la croyance

suivant l'interprétation plus charitable que j'ai proposée (moins charitable, dira quelqu'un), admettre qu'il ne comprenait pas la portée de ses propres hardiesses.

Il ne lui suffit pas de mettre la morale nettement à part de la piété; il l'élève fort au-dessus, trouvant la piété « bien plus facile et aisée », propre aux « esprits simples, féminins et populaires ».

Il explique la croyance aux miracles comme un « effet de l'imagination » qui « pense voir ce qu'on ne voit point », disant presque déjà ce que dira Renan : « La condition du miracle, c'est la crédulité du témoin ».

Il a, sur la foi vacillante et faible des chrétiens, une bien jolie phrase, qui est du Montaigne heureusement retouché : « Ils disent qu'ils le croient; ils se le font accroire qu'ils le croient, et puis ils le veulent faire accroire aux autres, mais il n'en est rien, et ne savent que c'est que croire [1] ».

Il ne paraît pas très fâché de montrer que beaucoup de chrétiens, « plus qu'hommes aux articles de leur créance, sont pires que pourceaux en leur

chrétienne. Était-ce son but? Je n'ai jamais pu m'empêcher de le croire. » (Études sur Pascal.) Vinet dit encore, dans ses Moralistes du XVIe siècle, que « si Charron avait été plus conséquent, il eût élagué cette religion, qui n'est qu'un hors-d'œuvre dans son système et un embarras pour lui ».

1. II, 5. Montaigne avait dit dans l'Apologie de Raimond de Sebonde : « Les uns font accroire au monde qu'ils croient ce qu'ils ne croient pas; les autres, en plus grand nombre, se le font accroire à eux-mêmes, ne sachant pas pénétrer que c'est que croire ».

vie » : argument faible et déloyal, selon Vinet; car « si la vie générale de ceux qui portent le nom de chrétiens calomnie la divine origine de leur religion, la vie exceptionnelle d'un certain nombre a, dans tous les temps, fait éclater la vertu surnaturelle qui habitait en eux ».

Montaigne avait aussi remarqué que la vie des chrétiens donne un démenti à leur foi; mais, au lieu de la violence froide avec laquelle Charron constate un fait regrettable et peu concluant, son maître, bien autrement fin et sage, introduit aussitôt dans son objection une contre-partie délicieuse qui, de la façon la plus spirituelle, la retourne et la change en argument pour le christianisme :

Notre bon saint Louis eut raison, quand ce roi barbare qui s'était fait chrétien desseignait (avait dessein) de venir à Lyon baiser les pieds au pape et y reconnaître la sanctimonie qu'il espérait trouver en nos mœurs, de l'en détourner instamment, de peur qu'au contraire notre débordée façon de vivre ne le dégoûtât d'une si sainte créance : combien que, depuis, il advint tout diversement à cet autre, lequel, étant allé à Rome pour même effet, y voyant la dissolution des prélats et peuple de ce temps-là, s'établit d'autant plus fort en notre religion, considérant combien elle devait avoir de force et de divinité, à maintenir sa dignité et sa splendeur parmi tant de corruption, et en mains si vicieuses. (*Essais*, II, 12.)

Bayle se régalait quand il lisait dans Charron que tout est mêlé de bien et de mal, que, « pour parvenir à une bonne fin, il faut quelquefois légitimer et autoriser non seulement les choses qui ne sont point bonnes, mais encore les mauvaises, comme si pour être bon il fallait être un peu méchant. Et ceci se voit non seulement au fait de la police et de la justice, mais encore en la religion, qui montre bien que toute la couture et conduite humaine est bâtie et faite de pièces maladives [1]. »

On trouve dans *la Sagesse* le moule exact de la bonne plaisanterie, chère à la polémique anti-chrétienne de Voltaire et des encyclopédistes, qui consiste à ramasser et à lancer les arguments les plus forts contre tel ou tel point de la foi, puis à les désavouer avec horreur en se prosternant à genoux devant les mystères adorables de notre sainte religion. Voyez, au chapitre XLII du livre I, une page amusante sur la polygamie, où Charron tour à tour l'approuve et la condamne, selon qu'il parle en philosophe ou en chrétien. « On voit combien la polygamie profite à la multiplication, etc. »

Je terminerai mon étude sur Charron en citant un cas vraiment beau d' « emballement » d'un critique à son sujet.

Le savant et profond historien anglais, Henry Buckle, l'auteur d'une très philosophique *Histoire de la civilisation en Angleterre*, a découvert que Pierre Charron était un penseur du premier ordre et que le traité *De la Sagesse* faisait époque dans l'histoire de l'esprit humain. C'est au huitième chapitre de son bel ouvrage que se trouve exprimée cette admiration hyperbolique.

1. *De la Sagesse*, I, 4. Cf. *Essais*, III, 1.

« Charron, écrit Buckle, était, dans les sujets les plus importants, un penseur plus audacieux et plus profond que Montaigne.... Il s'éleva à une hauteur que Montaigne n'aurait jamais pu atteindre.... Se plaçant au sommet de la science, il repousse entièrement les dogmes théologiques; il rappelle à ses compatriotes que leur religion est le résultat accidentel de leur naissance et de leur éducation, et que, s'ils étaient venus au monde dans un pays mahométan, ils eussent eu une croyance aussi ferme dans la religion de Mahomet que celle qu'ils avaient dans la religion du Christ. »

Et, citant une phrase de *la Sagesse* sur les religions qui naissent l'une après l'autre, la plus jeune bâtissant toujours sur son aînée et s'enrichissant de ses dépouilles, « comme la Judaïque a fait à la Gentille et Égyptienne, la Chrétienne à la Judaïque, la Mahométane à la Judaïque et Chrétienne ensemble », « ceci, dit Buckle, est, je crois, le premier exemple de la doctrine du développement religieux dans aucune langue moderne ».

Il faut reconnaître que ces considérations de Charron sur la continuité naturelle des religions et sur la fatalité de la foi, simple affaire de géographie, sont extrêmement frappantes et qu'elles le classent, au premier abord, parmi les grands précurseurs. Montaigne avait bien dit : « Nous sommes chrétiens à même titre que sommes périgourdins ou allemands », mais sans tirer de cette observation la grave conséquence fataliste qu'elle renferme, et en ayant l'air de vouloir dire seulement que nous acceptons le hasard de notre baptême avec autant de docilité que celui de notre naissance en tel ou tel lieu. Charron va beaucoup plus loin, et l'inflexible précision de son analyse dégage logiquement de l'idée tout ce qu'elle contient de menaçant pour la croyance à la liberté comme pour la croyance à Jésus :

La nation, le pays, le lieu donne la religion.... Elle n'est pas de notre choix et élection.... Toutes les religions prétendent être apportées et baillées par révélation extraordinaire et céleste, prises et reçues par inspiration divine et comme venant du ciel.... Toutes usent de ce jargon.... A dire vrai, sans rien flatter ni déguiser, il n'en est rien. Elles sont, quoi qu'on die, tenues par mains et moyens humains. (*De la Sagesse*, II, 5.)

De très curieux tableaux ethnographiques, aux chapitres XXXVIII et suivants du livre I, intitulés *Distinction et différence des hommes, naturelle et essentielle, tirée de la diverse assiette du monde*, distribuent, selon les climats, les aptitudes physiques, morales et intellectuelles des rameaux divers du genre humain :

Les Méridionaux sont sujets à grandes vertus et grands vices; les Septentrionaux ont la bonté et simplicité.... En midi, la polygamie est partout reçue, toute l'Afrique adore Vénus.... Les Septentrionaux, à cause de leur tempérament froid, sont mélancoliques, et, par ainsi, arrêtés, constants, contemplatifs, ingénieux, religieux, sages. Car la sagesse est aux animaux froids, comme aux éléphants, qui, comme le plus mélancolique de tous les animaux, est le plus sage, docile, *religieux*, à cause du sang-froid.... Les Méridionaux sont paillards, à cause de l'humeur spumeuse, abradente et salace, comme il se voit aux lièvres.... Ceux qui vivent aux montagnes sont guerriers, fiers, amoureux de liberté.... Ceux qui vivent aux vallées, efféminés, délicats, à cause de la fertilité, d'où vient la volupté.... Les inhumanités des Moscovites et Tartares sont toutes notoires.

La conclusion est nette : « *Ainsi s'apprend par là que les mœurs des hommes ne sont, à vrai dire, ni vices ni vertus, mais œuvres de nature. Laquelle du tout corriger et du tout renoncer, il est plus que difficile.* »

Sans contredit, cela est très fort, et nous avouerons volontiers à Buckle que Charron ajoute ici beaucoup à Montaigne. Car, bien qu'il soit aisé de découvrir dans la riche confusion des *Essais* le germe assez distinct de toutes ces idées [1], Montaigne n'a pas coutume de dégager la vérité triste avec cette inexorable rigueur. Mais nous n'avons jamais prétendu que *la Sagesse* fût composée uniquement avec les suggestions et les expressions des *Essais* : non, Charron, « perpétuel copiste », prenait son bien partout où il le trouvait, et, entre autres auteurs qu'il a pillés avec le même sans-gêne que Montaigne, il y a Jean Bodin.

Voilà ce que Buckle ne savait pas. C'est à Bodin que Charron « emprunte » toute sa doctrine sur la diversité des esprits, des mœurs et des religions, résultant de la différence des climats. Avec le mérite de la priorité, Bodin a sur Charron cet autre avan-

---

1. Voir, vers le troisième quart de l'*Apologie de Raimond de Sebonde*, le long développement qui commence ainsi : « Si, par expérience, nous touchons à la main que la forme de notre être dépend de l'air, du climat, etc. »

tage, qu'il a vu les réclamations qu'on pouvait faire,
au nom du libre arbitre, contre une doctrine aussi
inquiétante. « Les naturelles inclinations des peuples, dit Bodin, n'emportent pas de nécessité. »
Pour montrer « combien la nourriture (l'éducation),
les lois, les coutumes, ont de puissance à changer
la nature », il cite les peuples d'Allemagne, qui
« n'avaient, du temps de Tacite, ni lois, ni religion,
ni science, ni forme de république, et maintenant
ils ne le cèdent point aux autres en tout cela[1] ». La
réponse est faible, il est vrai, mais c'est quelque chose
d'avoir aperçu l'objection. Charron va droit devant
lui, aveugle, imperturbable, serein, sans avoir l'air de
se douter qu'il renverse tout, et la religion dont il
est ministre, et la morale dont il est précepteur, et
la liberté humaine sans laquelle ses préceptes de
sagesse pratique risquent fort de n'être qu'un non-
sens.

La surprise qui fit d'un historien aussi savant que
Buckle la dupe des escamotages de Charron, peut
nous servir à comprendre comment cet habile homme
a usurpé l'estime de la postérité. Car Charron est
un de nos prosateurs illustres : exemple remarquable
des faveurs étourdies de la gloire, cette reine aveugle
et ivre dont on veut que nous adorions tant de
caprices fantasques comme les arrêts divins d'une
justice infaillible. Ce n'est pas seulement l'histoire
littéraire de la France qui s'informe de sa petite

1. Albert Desjardins, *Moralistes français du xvi° siècle*,
p. 297.

œuvre et de sa petite personne de plumitif; il n'y a
point d'histoire de la littérature française[1], si sommaire soit-elle, qui ne le nomme avec une considération respectueuse et ne lui fasse une certaine
place.

Il faut oser dire que cette grande réputation est
injuste, puisque Charron n'est ni un auteur original
ni un écrivain de premier ordre. Il ne se recommande que par les qualités secondaires de l'ordre,
de la clarté, de la force, dans le développement de
vérités partielles et empruntées dont il n'apercevait
pas plus l'harmonie que les contradictions, ayant,
en outre, de son propre style, une défiance timide,
sottement modeste, qui l'a continuellement réduit
au rôle humiliant de plagiaire.

Mais tout effet a sa cause suffisante, et, qu'une
réputation soit injuste, cela ne veut point dire qu'elle
soit incompréhensible.

Charron a volé sa gloire, d'abord par le moyen
même qui aurait pu et dû le perdre d'honneur : il
possédait une telle faculté d'assimilation, ses plagiats
sont si habilement dissimulés dans son ouvrage et
si candidement avoués dans sa préface, son style
d'emprunt se mêle d'un tissu si intime et d'une
couture si adroite à son style original, que, l'ignorance du lecteur aidant, on a pu lire sa copie comme
une production de son propre esprit.

En second lieu, sa tentative de mettre en ordre

1. Voir, sur cette distinction, la fin de la causerie sur
Pierre de Brach.

les *Essais* et d'en extraire un impersonnel traité de
Sagesse, était faite pour plaire et pour réussir, au
commencement d'un siècle qui devait haïr le Moi
et où la pensée française aspirait à se discipliner et
à s'organiser. Il y eut alors un certain nombre de
bons esprits qui goûtèrent Montaigne dans Charron
un peu plus que dans Montaigne lui-même.

Enfin, il fit du bruit, il scandalisa, et le Père
Garasse, burlesquement indigné, mit à son service
sa grosse caisse de pitre et de bouffon d'Église.
Oh! l'utile chose que le tapage pour fonder une
renommée! oh! la réclame, la presse et son train!
les cris des oies pâmées d'admiration et des merles
siffleurs, quel ressort pour lancer une réputation
littéraire, et comme il est vrai de dire que la gloire
durable a d'abord pour tremplin et condition première la célébrité d'un seul jour!

IX

RAIMOND DE SEBONDE ET LE CHRISTIANISME
DE MONTAIGNE

Pierre Bunel, érudit toulousain, ayant reçu l'hospitalité au château de Montaigne, fit présent, à son départ, au seigneur du lieu, qui était en ce temps-là le père de Michel, d'un livre intitulé : *Theologia naturalis, sive Liber creaturarum, magistri Raimundi de Sebonde.*

Pierre Eyquem de Montaigne ne paraît pas avoir fait d'abord grande attention à cet ouvrage ; car son fils nous dit que, quelque temps seulement avant sa mort, « ayant, de fortune, rencontré ce livre sous un tas d'autres papiers abandonnés », il lui « commanda de le lui mettre en français ».

Montaigne ne pouvait « rien refuser au commandement du meilleur père qui fut onques ». Il se mit donc à la besogne vaillamment. Son père ne put voir que le commencement de ce long travail, dont il fut si satisfait qu'il en ordonna l'impression, et la *Théologie naturelle* de Raimond de Sebonde, « accoutrée » par Montaigne « à la française », « dévêtue de son port farouche et maintien barbaresque », ayant désormais « assez de façon et d'entregent pour se présenter en toute compagnie », parut en 1569.

Raimond de Sebonde, appelé aussi Sebond, Sabaude et Sebeyde, né à Barcelone, professeur de philosophie, de théologie et de médecine à Toulouse, florissait au commencement du xvᵉ siècle et mourut en 1436.

Sa science et son éloquence lui avaient donné de son vivant une renommée considérable, et son livre continua de jouir d'une assez grande vogue après sa mort. C'est une démonstration rationnelle des vérités de la religion, où saint Thomas d'Aquin a servi de guide principal.

On est étonné lorsqu'on lit dans l'excellente thèse latine consacrée par M. Compayré à *Ramundus Sebundus,* qu'un ouvrage si « plein de piété », comme dit Montaigne, et dont l'auteur professe et fait éclater une si entière soumission à « la sacro-sainte Église romaine, mère de tous les chrétiens fidèles, maîtresse de grâce, règle de foi et de vérité », fut l'objet d'une censure sous le pontificat de Clément VII. Mais l'excessive susceptibilité de l'Église n'était pas injustifiée, bien que la foi religieuse de Sebond fût, comme sa bonne foi, absolument pure et sans reproche.

Dans sa préface, il dit que Dieu nous a donné

deux livres, la nature et la Bible, *la nature d'abord*, qui « va devant le Vieil et Nouveau Testament » et qui suffit à nous instruire, pourvu que nous le lisions avec des yeux « éclairés de Dieu et purgés de leur macule originelle »; car les païens ne l'ont pas bien lu. Or, il est extrêmement dangereux d'admettre la raison au moindre partage avec l'autorité de l'Église dans la recherche de la vérité, même avec cette réserve que Dieu doit l'éclairer. Confier aux mains de la raison des armes « pures humaines » pour défendre la foi, c'est lui montrer imprudemment qu'on pourra aussi la combattre par le même moyen, comme Montaigne l'a très bien senti. Mais le bon Raimond de Sebonde, dont l'âme innocente était persuadée que le juste usage de la raison ne peut aboutir qu'à une conclusion chrétienne et catholique, n'eut aucune conscience de ce danger.

Son livre est un monument incomparable de dogmatisme intrépide et naïf. Montaigne nous affirme qu'il a eu beaucoup de lecteurs et même de lectrices, et qu'un lettré de sa connaissance lui confessa qu'étant devenu incrédule, il avait été « ramené des erreurs de la mécréance par l'entremise des arguments de Sebond ». Oh! l'excellent homme, et bien digne de l'éternité bienheureuse! Malgré l'admiration de Victor Le Clerc pour cet ouvrage, malgré le cas que Pascal et Leibnitz, paraît-il, en ont fait, malgré quelques belles pensées et quelques pages éloquentes, qu'il faut mettre à part, j'ose dire que le *Livre des Créatures* est illisible, même dans la traduction de Montaigne, et profondément ennuyeux.

Mais Montaigne fit là un très bon exercice de
rhétorique. Il remarque que c'est un plaisir de traduire un livre qui, étant « bâti d'un espagnol bara-
gouiné en terminaisons latines », n'avait que la
matière, sans « la grâce et l'élégance du langage »,
et il lui a donné soigneusement une forme.

Voici une phrase qui n'est guère qu'une phrase,
mais qui montre d'autant mieux, quand on la compare au texte latin, les qualités d'équilibre, de
cadence et d'harmonie, que le futur grand écrivain
recherchait à ce moment de son apprentissage dans
l'art d'écrire. Il s'agit du ciel et de l'enfer :

Comme la souveraine joie et souveraine tristesse, desquelles je viens de traiter, sont totalement différentes et
contraires, il est nécessaire qu'il y ait respectivement deux
éternelles habitations séparées de lieu et écartées l'une de
l'autre, de la plus grande distance qui puisse être : afin
que l'une soit le logis de la joie et l'autre de la tristesse ;
l'une de l'amour, l'autre de la haine ; l'une de la vie éternelle, l'autre de la mort éternelle ; l'une du salaire et de la
récompense, l'autre de la punition et de la vengeance ; l'une
propre aux amis de Dieu, l'autre à ses ennemis ; l'une pour
les bons, l'autre pour les mauvais ; l'une pour la paix,
l'autre pour la discorde ; l'une pour l'ordre, l'autre pour le
désordre ; l'une pleine de claire lumière, l'autre d'obscures
ténèbres ; l'une qui soit le palais de Dieu, l'autre la prison
et tourment des criminels ; l'une assise en hauteur infinie,
l'autre en profondeur démesurable ; et, pour dire tout en
un mot, *que l'une soit le logis d'un bien sans comparaison
plus grand que nous ne pouvons concevoir, et l'autre d'un
mal si extrême que nulle imagination n'y puisse atteindre*
(chap. 169) [1].

1. Cf. la plate simplicité du texte latin : ... *Et ut omnia*

On peut trouver singulier que Montaigne, devenu
grand écrivain, se soit appliqué, non moins soigneusement, à écrire quelquefois *mal*, si j'ose m'exprimer
ainsi, je veux dire, à désarticuler et désorganiser
ses périodes, à défaire, non par négligence, mais de
dessein formé, cette belle architecture de la phrase
dont je viens de donner un échantillon et que les classiques du xviie siècle ont reprise. Voulait-il rappro-
cher son *écriture* du langage de la conversation,
créer un style littéraire nouveau, « tel sur le papier
qu'à la bouche »? Fuyait-il, par vanité de gentilhomme, tout soupçon de ressemblance avec les
écrivains de profession? Quoi qu'il en soit, on ne
peut dire que son calcul fût sot, puisqu'il ne lui a
pas mal réussi, et les passages éloquents (il en reste
assez dans les *Essais*) se détachent d'ailleurs avec
d'autant plus de relief que le tissu général du style
est plus détendu et plus familier. « L'éloquence
continue ennuie », a fort bien dit Pascal.

Montaigne admire la « contexture » de l'ouvrage
de Sebond et la trouve « bien suivie ». Il n'était pas
très difficile en pareille matière. La vérité est que la
Theologia naturalis est une composition fatigante,
insupportable, à cause des longueurs traînantes et
des répétitions dont elle est pleine. Quelqu'un qui
aurait du temps à perdre pourrait s'amuser à
compter combien de fois Sebond redit, par exemple,
que le « libéral arbitre » est ce qui distingue l'homme

---

*concludantur uno verbo, in una erit bonum quod non potest
cogitari; in alia erit malum quod non potest cogitari.*

et fait sa dignité. L'idée et la phrase sont répétées à satiété.

Mais surtout le théologien espagnol a trop oublié, vraiment, le sage avis que Timée rappelait à Socrate avant de discourir sur Dieu : « Souviens-toi que moi qui parle, et toi qui m'écoutes, nous sommes des hommes, en sorte que, sur un pareil sujet, il convient d'accepter des discours vraisemblables et de ne rien chercher au delà ». Qui donc a dit, avec profondeur, que l'hésitation est parfois plus religieuse qu'une trop grande assurance? Il n'y a rien d'obscur ni de difficile pour Sebond. Il ne doute absolument de rien. Il est entré dans tous les secrets de l'Éternel, et il nous déroule l'ordre magnifique de l'univers, les rapports du Créateur avec les créatures, du ton d'autorité et d'assurance d'un premier ministre, président du Conseil de la Divinité.

Un de ses arguments favoris est que ce qu'il est utile à l'homme de croire est vrai par cela même. Or, il est utile à l'homme de croire à l'existence de Dieu, à l'immortalité de l'âme : donc, Dieu existe, l'âme est immortelle; et c'est ainsi, ajoute Sebond, « qu'il nous faut dire en général de toute la foi chrétienne. Car il est certain qu'elle est, sans comparaison, plus aimable et plus désirable à l'homme que son contraire. »

Il établit sur un raisonnement analogue, quoique inverse, sa description de l'enfer :

L'âme sera jetée en quelque bas lieu fort éloigné du ciel, comme est le centre de la terre, propre assiette de l'enfer...

lieu comblé de voirie, décharge commune de toute ordure, afin qu'elle qui est spirituelle et si noble naturellement soit logée parmi les excréments de toutes les choses corporelles, ensevelie dans les immondices de toutes les créatures.... Il n'est rien qui afflige comme le feu : *il est donc conséquent* que cette maligne délectation sera revanchée par un feu corporel, cuisant et brûlant éternellement.... *Ce feu sera ténébreux*, obscur et sans lumière, impuissant de tuer ou de consumer : car, tel, il apportera plus d'angoisse (chap. 164).

Un brave homme, dans le roman de *Tom Jones*, se démontre à lui-même l'existence du diable par une dialectique à peine plus ingénue : « S'il n'y avait pas de diable, comment pourrait-on envoyer au diable les méchants ? »

Raimond de Sebonde a perfectionné la méthode de saint Augustin, que Sainte-Beuve appelait « le raisonnement par imagination, par réverbération, par allitération, par assonance, par antithèse ». Avec cette belle méthode, on a « réponse à tout, explication pour tout ; dans les défilés d'où la raison pure et simple, d'où le bon sens pédestre ne se tirerait jamais, on passe par-dessus en métaphore ». Notre théologien a des arguments de sa façon pour nous rendre « *très aisé à croire* le mystère de la Trinité », la « conjonction de la divine et humaine nature » dans le mystère de l'Incarnation. Ce sont des exemples tirés du concours des voyelles et des consonnes, de la différence et de l'identité des verbes actifs et passifs, qui lui servent à répandre ici des flots de lumière [1]. Un moine du moyen âge inondait

1. « La voyelle U représente la personne humaine faite des

de la même clarté éblouissante le mystère de la Trinité, au moyen d'une comparaison avec les échaudés : « Par les échaudées, disait ce moine, nous entendons la foi que nous devons avoir en un seul Dieu, qui est en trois personnes distinctes; et ceci bien appert en l'échaudée, qui a trois cornes : toutefois les trois cornes ne sont qu'une chose par essence de nature »[1].

Dans un article sur les sermons de Bossuet, contenu au tome VI de ses *Études critiques*, M. Scherer s'étonne des arguments bizarres dont la raison humaine s'est trop longtemps payée :

> On s'imagine qu'il n'y a eu, dans l'histoire de la pensée, qu'un certain perfectionnement des méthodes : je suis tenté, pour ma part, de croire que la substance même de l'intelligence s'est modifiée. Ce qui est certain, du moins, c'est que la logique a changé.... Les Pères de l'Église croyaient qu'il y a *quatre* évangiles *parce qu'il y a quatre points cardinaux*. Les papes établissaient la subordination du pouvoir temporel au spirituel en rappelant que la lune emprunte sa lumière du soleil.

J'ai trouvé, dans une variante du texte de Joinville, un bien singulier raisonnement au moyen duquel saint Louis rassurait son imagination quand il avait à passer sur un pont qui lui donnait de la défiance. Ce pont, disait le roi, est en pierre ou en bois. S'il est en pierre, je n'hésite point à passer, vu

---

deux pièces du corps et de l'âme, comme de deux jambes... etc. (chap. 265).

1. Antony Méray, *La vie au temps des libres prêcheurs*, t. II, p. 253.

que le sépulcre où Notre Seigneur fut mis était en pierre; s'il est en bois, je n'hésite pas non plus, puisque la croix de Notre Seigneur était en bois. « Et par ainsi passait sûrement. » Jean Petit, en 1408, chargé de faire l'apologie du duc de Bourgogne, meurtrier du duc d'Orléans, justifiait ce crime par *douze* raisons, *parce qu'il y a douze apôtres* : trois raisons théologiques, trois raisons philosophiques, trois raisons tirées des lois civiles, et trois raisons qui sont des exemples pris dans la Sainte Écriture.

M. Scherer semble dire que l'esprit des modernes n'est plus capable de pareilles absurdités; mais ce serait faire à la raison humaine trop d'honneur de croire que ces raisonnements biscornus, *tricornus*, aient disparu complètement avec la puérile naïveté du moyen âge. On les voit encore montrer la pointe de leurs cornes chez tous les sujets qui ont moins de jugement que d'imagination ou d'esprit.

D'une manière générale, l'esprit, tant qu'il n'est pas au service du bon sens et qu'il n'est qu'un jeu, est *la faculté de découvrir des rapports entre des choses qui n'ont aucune analogie*; et l'imagination créatrice, chez les poètes, est une puissance de duperie et d'erreur, puisqu'elle prend au sérieux de vaines ombres aperçues avec intensité comme des corps réels.

Un grand philosophe anglais du xviiᵉ siècle, qui était surtout un très grand poète, si grand qu'une opinion, d'ailleurs insensée, lui attribue les œuvres qui portent le nom de Shakespeare, François Bacon, admirait fort la magie des Perses, parce qu'il y voyait l'ébauche de la philosophie qu'il rêvait : une synthèse des choses divines et humaines s'appliquant à montrer l'analogie de l'univers et de la société, à chercher dans l'étude du monde matériel des règles pour le monde moral et politique, à faire éclater enfin dans toute la nature la manifestation des mêmes lois parlant le même langage symbolique. Bacon avait observé, par exemple, qu'une dissonance qui se termine tout à coup par un accord fait valoir l'harmonie : « C'est une règle en musique, dit-il ; la même règle a lieu en morale et dans l'affection ». Son brillant traité *De la sagesse des Anciens*, merveille d'imagination et d'esprit, est une interprétation morale extrêmement amusante par l'ingénieuse minutie de tous les détails où elle entre, des fables diverses de la mythologie grecque, où la science plus sûre des philologues de notre âge voit simplement la divinisation des phénomènes de la nature.

Au xviiie siècle, en France, Fontenelle, dans ses *Entretiens sur la pluralité des mondes*, met en scène une marquise qui doute que la terre tourne, par cette raison qu'elle ne la sent pas tourner. « Les mouvements les plus naturels, lui fait observer le philosophe bel esprit, et les plus ordinaires, sont ceux qui se font le moins sentir ; cela est vrai jusque dans la morale : le mouvement de l'amour-propre nous est si naturel, que le plus souvent nous ne le sentons pas et que nous croyons agir par d'autres principes. »

Victor Hugo voyait un rapport symbolique entre la forme de l'intestin, organe des tentations grossières, et les sinueux replis du Serpent qui fit pécher l'homme et la femme. Sir William Temple déduisit des propriétés de la pyramide une théorie du gouvernement, et le système financier du poète Robert Southey était fondé sur le phénomène de l'évaporation et de la pluie.

Montaigne n'avait-il pas profondément raison de dire que les mystères de la philosophie ont « beaucoup d'étrangetés communes » avec ceux de la poésie? Les poètes ont sans doute le droit d'inventer une astronomie à leur mode; seulement ils risquent de nous faire éclater de rire, s'ils écrivent avec trop de gravité des phrases comme celle de Chateaubriand donnant en langage solennel son explication de l'anneau de Saturne : « Ce globe à la longue année ne marche qu'à la lueur de quatre torches pâlissantes, terre en deuil qui, loin des rayons du jour, porte un anneau comme une veuve inconsolable ».

La manière de raisonner définie si joliment par Sainte-Beuve à propos de saint Augustin, et que Raimond de Sebonde a illustrée, aboutit, par l'une de ses extrémités, au *calembour*, qui fonde une prétendue analogie d'objets ou d'idées sur une pure similitude de sons; par l'autre, à la *superstition*, qui est le sentiment confus et profond de la solidarité mystérieuse des choses.

Un calembour divin fonda la papauté : « Tu es

Pierre, et sur cette pierre je bâtirai mon Église ».
Montez en voiture un vendredi; vous pourrez verser:
si votre esprit est accessible à une vague appréhension de quelque rapport entre cet accident et ce
jour néfaste, vous êtes superstitieux. On ne rencontre guère de gens qui ne soient pas superstitieux
peu ou prou; Montaigne l'était un peu, Bacon beaucoup, Gœthe lui-même le fut, et l'on ne saurait dire
que ce soit un signe d'intelligence de n'être superstitieux à aucun degré, puisqu'il suffit, pour l'être,
de sentir qu'il y a dans l'univers plus de fils invi-
sibles liant nos âmes aux choses qu'il n'en est rêvé
dans notre philosophie.

A côté des développements ridicules ou faibles, qui
sont les plus nombreux, on trouve dans la *Theologia
naturalis* de fortes pensées, dignes des grands apologistes chrétiens; mais il faut observer qu'elles ne
rentrent pas dans l'esprit général de cette théologie
enfantine, qui consiste à rendre tous les mystères
« aisés à croire » et clairement intelligibles pour la
raison.

Voici, par exemple, un commentaire vraiment
beau du premier verset de la *Genèse* :

Les autres livres, pour s'insinuer en notre créance,
logent en leur premier front les propositions les plus
avouées, et témoignées, s'il est possible, par l'expérience
de nos sens : le nôtre est bien fait d'une autre sorte.
Dès l'entrée, il nous présente ces mots : « Au commencement, Dieu bâtit le ciel et la terre ». Voilà un langage
d'une merveilleuse hardiesse; il assure qu'il y a un Dieu,
qu'il a bâti le ciel et la terre, que le monde a eu commen-

cement : propositions plutôt contraires qu'approchantes à l'expérience. Aristote, pour nous en prouver seulement la première, y a employé les huit livres de sa physique et les douze de sa métaphysique. Quel signe est-ce, que la Bible fasse sans nulle preuve un principe de chose si inconnue? Qu'est-ce à dire, que ce livre veuille être cru de chose si importante, à sa simple parole? Que serait-ce, si ce n'est que l'auteur qui parle en lui se sent de telle dignité et autorité, que, sans témoignage, sans preuve et sans argument, on se doit entièrement reposer à ce qu'il en dit; que son crédit surpasse outre mesure toute preuve et tout témoignage, et qu'un simple mot parti de sa bouche doit avoir plus de persuasion et plus d'efficace que les raisons et arguments de tous les livres du monde (chap. 211)?

Et, développant cette vue excellente, Sebond ouvre à l'apologétique chrétienne sa vraie voie, celle où Montaigne devait marcher, celle où Pascal devait suivre Montaigne, dans ces lignes encore où il continue fort heureusement d'oublier pour un instant sa prétention absurde d'expliquer « ce que l'œil n'a point aperçu, ce que l'oreille n'a point ouï, ce qui n'est jamais entré dans le cœur de l'homme » :

Arrêtons résolument que c'est un vrai livre de Dieu que le livre du Vieil et du Nouveau Testament, et que nous y devons ajouter d'autant plus de fiance, que plus il comprend de matières élevées et supernaturelles, et que plus il excède les raisons et argumentations humaines, et notre ordinaire suffisance : car c'est un certain témoignage qu'il part d'une divine boutique, non de celle de quelqu'un de nos compagnons. *Plus les articles de notre foi chrétienne semblent obscurs et incompréhensibles, plus ils sentent et retirent à la grandeur infinie de leur auteur, et plus ferme en doivent être tenus par nous et embrassés* (chap. 212).

Si la *Théologie naturelle ou Livre des créatures* ne contenait que des pensées de cette valeur, le grand

22

chapitre XII du livre II des *Essais* n'eût pas fait
autre chose que reprendre, développer et compléter la leçon du théologien espagnol; il serait
vraiment une apologie de Raimond de Sebonde; il
ne nous présenterait pas cet aspect paradoxal, sans
exemple dans la littérature, d'une prétendue défense
d'un auteur, dont le but, il est vrai, est hautement
approuvé, mais dont presque tous les moyens pour
atteindre ce but sont l'objet d'une critique impi-
toyable, tour à tour sévère et railleuse.

La doctrine fondamentale de Raimond de Sebonde
est que l'homme, fait à l'image de Dieu, est le roi de
la création animée, et que toute la nature a été créée
pour son service, à la seule condition qu'il n'oublie
pas son rôle de premier sujet parmi tous les êtres
soumis au grand maître de l'univers, et qu'il glorifie
humblement le créateur du monde et de lui-même.

Cette doctrine est tout simplement celle de la
Bible, et il n'y a pas d'autre orthodoxie que celle-là.
Elle a reçu, il est vrai, une terrible atteinte, le jour
où Copernic, renversant de fond en comble l'ancien
point de vue anthropocentrique, a montré que la
terre et l'homme, bien loin d'être le centre de l'œuvre
de Dieu, ne sont, dans le cercle infini qui les entoure,
qu'un point insignifiant. Cette découverte, pleine
d'incalculables conséquences, est assurément la plus
grande qu'ait faite l'esprit humain et marque le point
culminant de toute son histoire. Mais jamais nous
n'en avons franchement accepté les suites formi-
dables. La claire intelligence du néant où elle fait

retomber l'ancien favori de l'Éternel, donnerait à la raison humaine le vertige et plongerait l'homme dans une stupeur hébétée. C'est pourquoi tous les systèmes de philosophie n'ont été, depuis lors, qu'un effort désespéré pour restituer à l'être pensant le sceptre que l'atome a perdu, pendant que les prédications que nous entendons chaque dimanche procèdent toutes d'un naïf oubli de la carte du ciel et de l'immensité des mondes, d'un retour obstiné à d'anciennes légendes cosmogoniques, trop longtemps crues pour que nous ne continuions pas à y croire un peu, trop chères à nos cœurs pour que nous y renoncions complètement.

Considère, ô homme! comme le soin et la sollicitude de nature ne vise qu'à ton profit, comme elle a asservi tous ses desseins et tous ses effets à ton seul besoin et utilité.... Ce ciel, cette terre, cet air, cette mer et tout ce qui est en eux, est continuellement embesogné pour ton service. Ce branle divers du soleil, cette constante variété des saisons de l'an ne regarde qu'à ta nécessité.... Écoute la voix de toutes les créatures qui te crie : Reçois, mais paie; prends mon service, mais reconnais-le; jouis de ces biens, mais rends en grâces. Le ciel te dit : Je te fournis de lumière le jour, afin que tu veilles; d'ombre la nuit, afin que tu dormes et reposes; pour ta récréation et commodité, je renouvelle les saisons, je te donne la fleurissante douceur du printemps, la chaleur de l'été, la fertilité de l'automne, les froidures de l'hiver; je bigarre mes jours, ores les alongeant, ores les accourcissant, ores je les taille moyens, afin que la variété te rende la course du temps moins ennuyeuse, et que cette diversité te porte de la délectation. L'air : Je te communique la respiration vitale, et offre à ton obéissance tout le genre de mes oiseaux. L'eau : Je te fournis de quoi boire, de quoi te laver, j'arrose et enhumide les lieux secs et arides, et si, te fais présent pour ton vivre de l'infinie diversité de mes poissons. La terre : Je te soutiens, tu as de moi le pain de quoi se nourrissent tes forces, le vin de quoi tu esjouis les esprits, tous les fruits que tu manges sont de moi, et si, ta table se voit chargée d'un grand nombre de mes animaux. Le monde : Considère de quelle affection t'a chéri celui qui m'a ordonné pour te servir; mais je te sers afin que tu serves celui qui m'a fait, *il m'a fait pour toi et toi pour lui* (chap. 97).

Cette page est la plus mémorable du *Livre des Créatures*. Elle résume éloquemment la doctrine de Sebond, c'est-à-dire de la Bible, sur l'homme, « principale pièce du monde », seigneur de la nature et des animaux, dont il se distingue par la raison, la conscience et la liberté, bref, « la plus belle et la plus excellente créature » de Dieu, étant « sa vraie et vive image » et « la représentant entièrement », puisque, « comme le cachet engrave sa figure dans la cire, ainsi a Dieu empreint en l'homme sa ressemblance ».

Certes, Montaigne avait beau jeu à « bafouer l'impudence de cet accouplage », à ramener l'homme « dans la presse des autres créatures », à montrer que les bêtes ont, comme lui, « délibération, pensement, conclusion » et même l'emportent sur lui par certains avantages, à railler ce « misérable », « la plus calamiteuse et fragile créature du monde et, quand et quand, la plus orgueilleuse », qui, logée dans « la bourbe et la fiente », « attachée et clouée au dernier étage du logis et le plus éloigné de la voûte céleste, se va plantant par imagination au-dessus du cercle de la lune et ramenant le ciel sous ses pieds! »

Qui lui a persuadé que ce branle admirable de la voûte céleste, la lumière éternelle de ces flambeaux roulant si fièrement sur sa tête, les mouvements épouvantables de cette mer infinie, soient établis et se continuent tant de siècles pour sa commodité et pour son service? Est-il possible de rien imaginer si ridicule, que cette misérable et chétive créature, qui n'est pas seulement maîtresse de soi, exposée aux offenses de toutes choses, se die maîtresse et emperière de l'univers, duquel il n'est pas en sa puissance de connaître la moindre partie, tant s'en faut de la commander. (*Essais*, II, 12.)

Mais cette humilité exorbitante, à laquelle manque la compensation chrétienne de l'amour divin, de la rédemption et de la grâce; ce prétendu rappel à l'ordre, de la créature humaine brutalement confondue avec les animaux; ce feint abaissement du roi de la planète; cette vénération extrêmement lointaine pour la nature incommunicable et l'inaccessible majesté de Dieu : tout cela, sous un air de piété profonde, est formellement contraire à l'enseignement de la Bible.

Je ne dis pas que Montaigne ne saura point rentrer dans le christianisme par une autre voie. En attendant, il s'en écarte à outrance; et c'est son client (dois-je dire son client ou sa victime?) qui est dans la vérité religieuse; c'est ce pauvre Raimond de Sebonde, si malmené par son étrange avocat dans tout le cours d'un plaidoyer commencé pourtant et terminé en sa faveur.

Il est facile de voir et de montrer que l'anthropomorphisme est absurde. Mais l'anthropomorphisme, c'est l'orthodoxie; et non seulement il faut, dès qu'on croit à la Révélation, imaginer la Divinité sous une forme humaine : cette représentation paraît nécessaire aussi à toute doctrine philosophique qui ne veut pas être confondue avec le panthéisme ou l'athéisme.

Oui, l'anthropomorphisme est absurde, parce que rien ne saurait être « plus vain que de vouloir dominer Dieu par nos analogies et conjectures »; parce que « rien du nôtre ne se peut apparier ou rapporter en quelque façon que ce soit à la nature divine, qui ne la tache et marque d'autant d'imperfection. Cette infinie beauté, puissance et bonté, comment peut-elle souffrir quelque correspondance et similitude à chose si abjecte que nous sommes, sans un extrême intérêt et déchet de sa divine grandeur?... Nous disons que Dieu craint, que Dieu se courrouce, que Dieu aime,

Immortalia mortali sermone notantes :

ce sont toutes agitations et émotions qui ne peuvent loger en Dieu. » La justice que nous réclamons de Dieu avec tant d'impatience, a dit un philosophe moderne, est une justice tout humaine. Sa justice à lui s'exerce sans doute d'une manière incompréhensible pour nous, et diffère de la nôtre comme l'infini diffère du fini; ou, pour emprunter à Spinoza une comparaison célèbre, comme le chien, animal aboyant, diffère du Chien, constellation céleste.

Montaigne n'avait donc point tort d'accabler sous les apologues de l'oison et de la grue le théologien naïf si singulièrement défendu par son ironique éloquence, et de comparer les philosophes assez simples pour voir dans l'homme le dieu terrestre de la création, à des gens qui, trouvant des rats dans un palais abandonné, croiraient que cette habitation somptueuse a été faite pour ces immondes rongeurs.

Mais, d'autre part, l'anthropomorphisme est tout bonnement la vérité religieuse elle-même. Si l'homme a été fait à l'image de Dieu, il faut bien que Dieu lui ressemble. Dans son traité de l'*Éducation des filles*, Fénelon ne craint pas de dire :

Représentez Dieu assis sur un trône, avec des yeux plus brillants que les rayons du soleil et plus perçants que les éclairs; faites-le parler; donnez-lui des oreilles qui écoutent tout, des mains qui portent l'univers, des bras toujours levés pour punir les méchants, un cœur tendre et paternel pour rendre heureux ceux qui l'aiment. Viendra le temps que vous rendrez toutes ces connaissances plus exactes.

A ceux que scandalise ce matérialisme enfantin, Jacobi répond, non sans force :

La raison se révoltera davantage si, divinisant la nature, tu lui enseignes un Dieu qui a fait l'œil et ne voit pas, qui a construit l'oreille et n'entend pas, qui a produit l'entendement et ne perçoit rien, ne sait rien, ne veut rien... et n'est donc rien! Dis donc franchement : Dieu n'est pas.... Nous professons que l'homme porte en soi l'image de Dieu, *nous professons l'anthropomorphisme*, et nous soutenons qu'en dehors de cet anthropomorphisme il n'y a qu'athéisme et fétichisme [1].

1. *La philosophie de Jacobi*, par Lévy Brühl.

« L'homme, a dit Gœthe, ne saura jamais à quel point il est anthropomorphiste. » M. Albert Réville ne constate pas seulement le fait, il le justifie : « L'homme personnifie nécessairement ce qu'il adore; c'est une condition absolue de la foi religieuse; si cette condition manque, la foi religieuse tombe avec elle. » Montaigne avait écrit :

L'esprit humain ne se saurait maintenir, vaguant en cet infini de pensées informes; il les lui faut compiler en certaine image à son modèle. La majesté divine s'est ainsi, pour nous, aucunement laissée circonscrire aux limites corporelles. —

Dieu a pour l'homme une forme humaine, parce que la forme humaine est la plus parfaite que l'homme puisse concevoir. Si le lion, l'aigle, le dauphin avaient des dieux, ces dieux seraient un lion, un aigle, un dauphin, chaque espèce « ne prisant rien au-dessus d'elle-même » et « rapportant à ses qualités propres celles de la Divinité ». Des lézards avaient raconté à Henri Heine une tradition qui court parmi les pierres et d'après laquelle Dieu doit un jour se faire pierre pour les délivrer de leur endurcissement; mais un vieux lézard ajouta que cette impétrification n'aurait lieu qu'après que Dieu se serait successivement incarné et invégétalisé dans les formes de tous les animaux et de toutes les plantes, et les aurait délivrés.

Peut-être quelques bêtes plus intelligentes que les autres, se sentant inférieures à l'homme, sont-elles capables d'une espèce d'adoration pour lui; le philosophe Guyau, qui croit à un certain sentiment religieux chez les chiens, fait de l'homme le dieu de l'espèce canine [1]. Mais l'homme, quoi que prétende l'amusant paradoxe qui le met au-dessous des bêtes, ne connaît rien dans la création de plus excellent que lui-même : il est donc inévitable qu'il donne à la Divinité ses propres traits physiques et moraux.

Quelquefois cependant, par une inclination inverse à l'élan religieux que Guyau attribue aux chiens, les hommes ont adoré des êtres qui leur étaient inférieurs, divinisé le bœuf, le serpent et l'humble chien lui-même, et Montaigne remarque bien finement que *cela est*, *à l'aventure, moins absurde*, parce que « la nature et l'être des animaux nous étant moins connu, nous avons plus de loi d'imaginer ce qu'il nous plaît de ces bêtes-là, et leur attribuer des facultés extraordinaires ».

Mais, d'avoir fait des dieux de notre condition, de laquelle nous devons connaître l'imperfection, leur avoir attribué le désir, la colère, les vengeances, les mariages, les générations et les parenteles, l'amour et la jalousie, nos membres et nos os, nos fièvres et nos plaisirs, nos morts, nos sépultures, *il faut que cela soit parti d'une merveilleuse ivresse de l'entendement humain.*

L'impuissance radicale où nous sommes, chétives et présomptueuses créatures humaines, de concevoir quelque chose au delà de notre étroite sphère, d'attribuer à Dieu d'autres qualités que nos pauvres

1. Voir *l'Irréligion de l'Avenir*, p. 51.

« perfections », est assez joliment illustrée par l'historiette suivante. On demandait à deux petits gardiens de pourceaux, dans une province reculée de l'Autriche: Que feriez-vous, mes enfants, si vous étiez Napoléon? — Moi, dit l'un, j'irais tous les matins beurrer ma tartine à même le pot au beurre. — Et moi, s'écria l'autre, qui était un métaphysicien meilleur, capable d'un idéal plus sublime, et moi je garderais mes cochons à cheval!

J'ai relu bien des fois cette vaste *Apologie de Raimond de Sebonde*, qui remplit à elle seule près d'un quart des *Essais*; je viens de la relire encore, j'en suis un peu soûl et ne me sens ni le courage ni aucun désir d'en refaire, après Sainte-Beuve, l'analyse méthodique ou de reprendre, pour le développer, ce que j'en ai moi-même écrit quand j'ai tenté de résumer en quelques pages l'essence de la philosophie de Montaigne [1]. Je voudrais seulement retoucher sur un point ma première exposition et noter la nuance exacte de l'impression qu'une dernière lecture m'a laissée.

Il est vrai que les origines de tous les grands systèmes sont diffuses, et que c'est pour l'érudition un jeu toujours facile de découvrir presque partout où il plaît à la fantaisie les germes obscurs des moissons de l'avenir; mais je crains d'avoir un peu exagéré la part de Montaigne dans l'invention de la

1. Voir *Montaigne* (Collection des Grands Écrivains français), p. 102 à 115.

philosophie critique : c'est le nom de la doctrine, issue de Kant, qui présente les rapports et les aspects sous lesquels nous apercevons l'univers comme la vision, conditionnée par la structure de l'esprit humain, d'une chose inconnaissable en soi.

Le subjectivisme de Montaigne n'est ni très général ni très profond. Il est frappé surtout des erreurs de nos sens, du changement qui surviendrait dans notre manière de sentir et de voir si nous avions un sens de plus ou un sens de moins. Il s'amuse trop à des remarques d'aussi peu de conséquence, que celle de l'altération produite dans l'humeur, et par suite dans le jugement d'un même individu, par l'état de santé ou de maladie, par la clarté d'un beau jour ou par un cor qui lui presse l'orteil. Notre critique dit bien, et même admirablement : « Tu ne vois, ô homme, que l'ordre et la police de ce petit caveau où tu es logé.... C'est une loi *municipale* que tu allègues, tu ne sais pas qu'elle est l'*universelle*. » Mais je crois que, dans son idée, la science de cette « loi universelle » serait accessible à un être humain instruit, par hypothèse, « du visage et de la police » des planètes voisines; en d'autres termes, ce n'est pas tant dans la constitution de notre esprit, naturellement incapable de saisir la réalité telle qu'elle est, qu'il place notre impuissance de savoir, que dans l'immense étendue et l'infinie variété de la réalité objective elle-même, incessamment mobile, ondoyante et fuyante. Il ne semble même pas avoir compris la sentence de Protagoras : « L'homme est la

mesuré des choses », puisqu'il la raille comme le
comble de l'orgueil, tandis qu'elle n'est au contraire,
à la bien prendre, qu'un très humble aveu de la rela-
tivité irrémédiable des connaissances humaines.

En revanche, si la critique que Montaigne fait
de la raison m'a paru, à une nouvelle lecture, plus
banale et plus faible que je ne l'avais présentée
d'abord, la *sincérité* (je ne dis pas la profondeur ni
la gravité émue), mais l'honnête, franche, loyale sincérité de sa conclusion chrétienne fait de moins en
moins doute pour moi.

Non, décidément, je ne puis entendre dans l'*Apologie* le « ricanement » dont parle Sainte-Beuve.
C'est surtout quand on vient de lire le sec et dur
Charron, que le christianisme de Montaigne, bien
qu'il ne touche guère que la surface de son âme,
prend je ne sais quoi de respectueux et d'attendri.

Mais ici prenons bien garde d'aller trop loin et
faisons une distinction essentielle. Ne tombons pas
dans l'erreur, plus lourde encore, de ces apologistes
naïfs de « Montaigne chrétien », dont le plaidoyer
superficiel ne prouve que la frivole légèreté de leur
conception du christianisme.

Montaigne, cela n'est guère chrétien, je l'avoue,
se moque de l'homme impitoyablement. Sainte-
Beuve, le comparant à Pascal, a dit en termes d'une
justesse et d'une beauté merveilleuses :

Quand Pascal parle de ces misères qui nous *tiennent à
la gorge*, comme on sent qu'il en veut réellement finir avec
elles, tandis que l'autre a toujours l'air de vouloir plutôt

s'en caresser le menton!... L'un s'égaie et s'enivre en son naufrage; l'autre, nuit et jour, sous l'étoile ou sous la nue, nage à l'aide d'un débris vers la plage de la patrie éternelle.

Montaigne, très peu chrétiennement, rit donc de l'homme, *son frère*. Il rit, quand il nous dit que les bêtes qui nous ressemblent le plus sont « les plus laides et les plus abjectes de toute la bande » : le singe, « pour l'apparence extérieure et forme du visage »; « pour le dedans et parties vitales », le pourceau. Il rit, quand il nous ouvre le cabinet de toilette des dames et qu'il nous les montre fardant leur visage, mettant « des dents d'ivoire », se faisant un « embonpoint de coton », « s'embellissant d'une beauté fausse et empruntée », demandant leurs parfums les plus précieux « aux excréments mêmes et à la décharge » de certains animaux, avec cette restriction galante, mais pleine d'ironie : « Ce discours ne touche que notre commun ordre et n'est pas si sacrilège d'y vouloir comprendre ces divines, supernaturelles et extraordinaires beautés qu'on voit parfois reluire en nous, comme des astres sous un voile corporel et terrestre ».

Il rit aussi, quand les poètes vont chantant que Dieu a ordonné à l'homme de regarder le ciel, la tête haute, et de lever son front altier vers les étoiles. C'est là une prérogative « vraiment poétique »; car les serpents ont la vue renversée vers le ciel bien plus complètement que nous, et « l'encolure des chameaux et des autruches est plus relevée et droite que la nôtre ».

Et je ne dis pas, encore une fois, que ce rire soit évangélique. C'est chose plus grave encore, de nous présenter les éléphants faisant leur prière du matin et adorant l'Être Suprême, « les yeux fichés vers le soleil et leurs trompes haussées comme des bras ». Si le pieux Raimond de Sebonde avait connu ce passage de sa prétendue « apologie », bon Dieu! quels signes de croix il aurait faits et avec quelle horreur il eût exorcisé le démon incarné qui plaidait pour lui de la sorte!

Quand Montaigne ose nous dire que, bêtes et hommes, tout est pareil, et que « c'est une même nature qui roule son cours », il roule lui-même grand train sur la pente du panthéisme, si bien que Spinoza pourrait partager avec Kant l'honneur d'avoir ce maître Jacques d'une philosophie bigarrée pour son arrière-grand-oncle au cinquième ou au sixième degré et à la mode de Gascogne.

Mais, par un secret de son libre esprit dont on ne peut se lasser d'admirer « la riche composition », les couleurs du christianisme parent aussi sa livrée, et il les arbore hautement. Il n'en rougit pas, il ne les renie pas, il n'a jamais voulu ni pensé les déshonorer.

C'est par un rapprochement tout gratuit avec les grands polémistes antichrétiens du xviiie siècle que Sainte-Beuve a voulu voir et cru voir, dans les nombreux hommages rendus par Montaigne à la religion, des irrévérences et des malices. Non seulement il n'y en a pas une seule, mais il respecte

dans l'âme la vérité révélée, il chérit en son cœur
« la croyance de ses pères et surtout de son père »,
comme l'a si bien dit M. Faguet, et tout esprit non
prévenu doit sentir sa parfaite bonne foi.

Certains faits dont il serait très facile de tirer des
arguments d'incrédulité (à quoi n'eût pas manqué
Bayle ni peut-être Charron), tels que les traces, les
« ombrages de notre religion » chez les peuples
païens — légendes, dogmes ou cérémonies, — sont
interprétés par Montaigne dans un sens favorable à
la divinité du christianisme.

Il ne fait contre la foi aucun usage perfide du triste
spectacle offert par la vie des chrétiens : il se borne
à constater avec regret la tiédeur affligeante d'un
zèle languissamment touché par une histoire vieille
de seize siècles, par des promesses et par des menaces
dont l'exécution est posthume.

Il a, quelque part, une parenthèse étonnante :
« Combien témérairement ont les stoïciens attaché
Dieu à la destinée! (A la mienne volonté qu'aucuns
du surnom de chrétiens ne le fassent pas encore!) »
Ce vœu inattendu n'est-il pas surprenant sur les
lèvres d'un homme dont la philosophie hospitalière
accueillait tant d'antiques doctrines et qui avait
élevé un si large autel au paganisme?

Comment donc Sainte-Beuve a-t-il pu écrire : « *Ce
que Montaigne veut* en fin de compte, c'est (ne l'oublions pas) de faire la vérité des choses de la Révélation si haute, si uniquement fondée en soi, si à
pic et plantée toute seule à la pointe de son rocher,

qu'on n'aille guère songer à y mettre le pied : fantôme
à étonner les gens! *voilà le mobile et le but* ».

Cela ne s'appelle pas lire entre les lignes; cela
s'appelle voir dans un texte le contraire de ce qui
s'y trouve. Je sais fort bien que Montaigne a dit :

C'est aux chrétiens une occasion de croire, que de
rencontrer une chose incroyable; elle est d'autant plus
selon raison, qu'elle est contre l'humaine raison : si elle
était selon raison, ce ne serait plus miracle; et si elle était
selon quelque exemple, ce ne serait plus chose singulière.

Mais cette doctrine n'est rien d'autre que l'enseignement même de l'Évangile, « scandale aux Juifs
et folie aux Grecs », et il est faux d'insinuer que
Montaigne ait *voulu* décourager les chrétiens quand
il leur conseille de se « dégarnir d'humaine science
pour être d'autant plus aptes à loger en eux la
divine, et d'anéantir leur jugement pour faire plus
de place à la foi ».

La vérité est que le fameux *salto mortale*, ce saut
périlleux du scepticisme philosophique à la foi religieuse, où tant de gens se sont rompu le cou, a été
exécuté par Montaigne, qui n'eut jamais l'horrible
vision du précipice, avec une telle aisance qu'on
dirait, à le voir franchir si gracieusement l'abîme,
que c'est la chose du monde la plus simple.

Mais elle n'est ni aisée ni simple, et la tranquillité
extraordinaire de notre philosophe ne doit point nous
abuser sur les détresses et les angoisses d'un passage, qui, pour avoir été une fois accompli par un

individu unique avec une merveilleuse facilité, n'en reste pas moins formidable.

C'est une étrange témérité, a dit Vinet, que de commencer par briser tous les degrés de l'échelle par où l'on prétend se hisser au faîte; c'est une étrange insolence que de vouloir prouver quoi que ce soit, après avoir anéanti tous les éléments de la preuve.

L'indignation de la raison humaine noblement révoltée contre la méthode mystique — s'aveugler pour y voir clair, s'abêtir pour comprendre — a inspiré au philosophe Diderot deux images bien belles:

Égaré dans une forêt immense pendant la nuit, je n'ai qu'une petite lumière pour me conduire. Survient un inconnu qui me dit : Mon ami, souffle ta bougie pour mieux trouver ton chemin. Cet inconnu est un théologien.

Je ne connais rien de si indécent et de si injurieux à la religion, que ces déclamations vagues de quelques théologiens contre la raison. On dirait, à les entendre, que les hommes ne puissent entrer dans le sein du christianisme que comme un troupeau de bêtes dans une étable.

C'est pourquoi des religions *pas trop déraisonnables*, telles que le christianisme unitaire, le protestantisme libéral, un certain catholicisme même, réduisant l'autorité du pape comme le protestantisme libéral réduit celle de la Bible, ont été un jour imaginées, et l'un des célèbres apôtres de ces compromis, le pasteur américain Channing, a dit éloquemment :

Je me glorifie d'être chrétien, parce que le christianisme agrandit, fortifie, exalte ma raison. Si je ne pouvais être chrétien qu'en renonçant à mon jugement, je n'hésiterais

pas dans mon choix. Je suis prêt à sacrifier pour la religion mes biens, mon honneur et ma vie; mais je ne dois
pas immoler à une croyance, quelle qu'elle soit, ce qui
m'élève au-dessus de la brute et me fait homme. Renoncer
à la plus haute faculté que Dieu nous ait accordée, c'est
commettre un sacrilège, c'est faire violence à ce qu'il y a
en nous de divin.

Malheureusement il y a un grave vice logique à la
base du *rationalisme religieux*, et ces deux mots
étonnés d'être ensemble expriment une contradiction si forte, qu'elle passe la mesure des contradictions ordinaires dont la vie de plusieurs systèmes
s'accommode très bien.

Une religion ne saurait être une philosophie; elle
doit être surnaturelle, *révélée*, pour apporter à la
raison quelque chose d'autre et quelque chose de
plus que ce que la raison peut trouver par elle-
même. Sans quoi, ce n'est pas la peine d'avoir une
religion, et la raison suffit. Admise à la critique de
la Révélation, de la Bible, de l'Église, autorisée à
« examiner chaque chose » pour ne « retenir » que
ce qui « lui paraît bon », la raison humaine a bientôt
fait de nettoyer toute la place; elle se débarrasse
des dogmes qui la gênent et des mystères qui
l'éblouissent, si radicalement qu'à la fin l'âme, ayant
perdu ses espérances, se lamente autour d'un sépulcre vide en s'écriant avec un profond soupir :
On a ôté du tombeau mon Sauveur, et je ne sais
où on l'a mis!

Aussi n'y a-t-il rien de plus pauvre, de plus sec,
de plus plat, que les systèmes chrétiens qui satisfont

jusqu'à un certain point les droits de la raison, et c'est un maigre ambigu, et bien froid, que le protestantisme libéral pour l'âme affamée de vérité incompréhensible et infinie.

La distinction si souvent faite par les théologiens entre les mystères qui *surpassent* la raison et ceux qui la *contredisent*, est très faible; ce n'est point là que nous chercherons le rayon de lumière propre à éclairer d'un peu d'espérance l'obscurité tragique d'un conflit sans issue : il se trouve plutôt dans cette observation profonde que les théologiens ont faite aussi, que la vérité n'est pas chose purement intellectuelle, réservée à l'entendement seul, mais qu'elle doit être embrassée par toutes les facultés humaines à la fois. « C'est avec l'âme tout entière, disait Platon, qu'il faut aller à la vérité. » Et notre grand Vinet compare la foi à un trésor fermé par plusieurs serrures, qu'on ne saurait ouvrir avec une seule clef.

Tout ce qu'on entend par ces mots : le *cœur*, l'*âme*, la *conscience*, est donc invité, comme l'entendement pur, à faire valoir ses droits dans la recherche de la vérité. Le péché, qui nous souille, nous enténèbre en même temps. Purifier l'homme, c'est l'éclairer. « Quiconque fait le mal, hait la lumière.... Celui qui voudra faire la volonté de mon Père qui est au ciel saura si ma doctrine vient de Dieu », disait Jésus; ou, comme le dit aussi Quintilien, cité par Montaigne : *Brevis est institutio vitae honestae beataeque, si credas.* Crois, et tu connaîtras bientôt la route de la vertu et du bonheur.

Montaigne n'a ni suivi lui-même ni clairement indiqué cette méthode expérimentale, qui va *de la vie à la foi.* Sa vie fut d'un chrétien médiocre; sa foi, extrêmement superficielle, quoique très formelle, ne fut ni une affirmation de la conscience, ni un élan du cœur et de l'âme, mais un simple acte d'obéissance de l'esprit à la parole de Dieu et à l'Église, parce que l'ignorance et la soumission sont bonnes, l'orgueil de la science dangereux, et parce que, dans l'extrême incertitude de toutes les opinions et de toutes les doctrines humaines, ce serait une témérité trop folle de nier la seule vérité qui sauve et de mettre cette chance-là contre soi.

Maintenant, je prends congé de mon cher philosophe, je dirais : définitivement, si les *Essais* n'étaient pas du très petit nombre des livres que souvent on consulte et qu'on relit quelquefois.

Nous avons causé, cette année, de la *Famille* et des *Amis* de Montaigne : mais quelle est sa famille spirituelle? quels sont ses vrais amis dans la postérité? Ils ne sont peut-être pas aussi nombreux qu'on le croirait à première vue.

Les amis de Montaigne, ce sont d'abord les optimistes pratiques, les natures souriantes et gaies, qui peuvent avoir du monde et de l'homme en général l'idée la plus affreuse dans leurs spéculations de fantaisie, mais qui, dans leurs rapports avec leurs semblables, n'en laissent rien paraître, voient, par hygiène, le bon côté des choses et les meilleures qualités des hommes, corrigent la male chance par la belle humeur, évitent, pour les autres et pour eux, d'ajouter aux ennuis réels l'ennui pire de leurs plaintes, aiment mieux être un peu dupes que de trop se méfier, abandonnent généreusement aux méchantes langues le venin des propos dénigrants et aux vilaines âmes l'amertume des insinuations malveillantes.

Les amis de Montaigne, ce sont les cœurs humbles et doux, charitables et conciliants, soigneux de maintenir la paix avec les hommes, toujours prêts à céder quelque chose de leur droit, pour éviter les querelles, les difficultés, les procès.

Les amis de Montaigne, ce sont les sages qui, autant que possible, demandent le progrès des institutions non aux « remuements et nouveautés », mais au perfectionnement de ce qui dure, et pour lesquels les mots de conservation, de modération, de patience, sont synonymes de bonne politique.

Les amis de Montaigne, ce sont les honnêtes gens : entendez par là les gens honnêtes, et aussi « l'honnête homme », selon la formule du XVIIe siècle, celui qui n'a pas mis d'enseigne et ne se pique de rien, qui s'acquitte de ses fonctions en serviteur correct de la chose publique, mais avec l'élégance d'un certain détachement, sans les prendre ni se prendre lui-même trop au sérieux, sans s'incorporer à sa robe de professeur ou de magistrat, et sans croire remplir un sacerdoce.

Les amis de Montaigne, ce sont les hommes d'expé-

rience, tolérants pour les erreurs et indulgents pour
les faiblesses humaines, parce qu'ils savent qu'ils se
sont eux-mêmes trompés et qu'ils ont péché, qu'ils
pécheront encore et se tromperont toujours, et surtout parce qu'ils comprennent que tout est relatif,
que notre vérité n'est qu'une erreur moindre, et que
nos chairs pétries du limon de la terre ne sauraient
avoir la pureté des anges.

Les amis de Montaigne, ce sont les ignorants à
la mode socratique, qui commencent par le doute,
finissent par le doute en regardant au ciel, et pour
qui le dernier comme le premier mot de la sagesse
est qu'ils ne savent rien, mais qu'il faut espérer en
Dieu. Ce sont tous ceux qui, dans leur petite sphère,
avec conscience et modestie, cherchent à se rap-
procher du bien et du vrai, sans nourrir l'orgueilleuse prétention de les posséder absolument; ceux
qui « aiment la science », mais qui « ne l'adorent
pas », ne connaissant bête au monde pire qu'un
pédant en chaire, si ce n'est un incrédule faisant
campagne ou un athée épanoui de joie et de satisfaction.

Les amis de Montaigne, ce sont les esprits libres,
qu'il ne faut point confondre avec les libres penseurs, bien que ces deux termes dussent avoir le
même sens. Mais les soi-disant libres penseurs ne
sont trop souvent que des fanatiques à rebours,
élevant la haineuse intolérance de leurs négations
passionnées contre l'intolérance religieuse qui a au
moins cette excuse de faire violence, au nom d'un

Dieu qu'elle adore, à des âmes immortelles qu'elle aime et veut sauver : les esprits libres, au contraire, s'ils n'affirment rien avec ardeur, ne nient rien non plus avec emportement, comprennent et sentent la beauté, l'utilité, la vérité relatives des croyances qu'ils ne partagent pas, et sont respectueux de toutes les nobles convictions; leur plaisir le plus délicat est même de rendre à leurs adversaires politiques et religieux un hommage dont s'offense l'étroit cerveau des fanatiques.

Les amis de Montaigne, ce sont enfin les âmes sérieuses, celles qui pensent que l'homme a besoin d'un aliment idéal et qu'il ne vit pas seulement des biens de la terre, comme les bêtes.

S'il est quelqu'un qui aime à aimer, qui aime à admirer, qui recherche l'aimable compagnie des natures enthousiastes et bonnes, mais qui, à la vue d'un matérialiste de profession, d'un de ces philistins stupides, raillant la science pure, la grande curiosité désintéressée, insensibles aux beaux-arts, à la poésie, à la peinture, surtout à la divine musique, éprouve un sentiment de répulsion (aussitôt réprimé par la philosophie) comme au contact d'un animal immonde; s'il est quelqu'un que le rationalisme antireligieux des prétendus fils de Voltaire, qui ne sont que les petits-cousins du pharmacien Homais ou les *gendres* en goguette de M. Cardinal, dégoûte comme le dernier degré de bassesse de l'esprit humain; s'il est quelqu'un qui sente une émotion grave et douce à rencontrer dans une chaumière un crucifix ou une Bible, et qui souffre en son cœur de n'en point trouver, parce qu'un paysan qui n'a souci que de sa récolte et de son étable lui semble inférieur à ses brutes : celui-là est de la petite famille de Montaigne, celui-là est de mes amis, « celui-là est mon frère, et ma sœur, et ma mère ».

FIN

TABLE DES MATIÈRES

Coulommiers. — Imp. Paul BRODARD. — 166-95.

BIBLIOTHÈQUE VARIÉE, IN-16, 3 FR. 50 LE VOLUME
Études sur les littératures française et étrangères

ALBERT (Paul): *La poésie*, études sur les chefs-d'œuvre des poètes de tous les temps et de tous les pays; 9e édit. 1 vol.
— *La prose*, études sur les chefs-d'œuvre des prosateurs de tous les temps et de tous les pays; 8e édition. 1 vol.
— *La littérature française, des origines à la fin du XVIe siècle*; 8e édition. 1 vol.
— *La littérature française au XVIIe siècle*; 9e édition. 1 vol.
— *La littérature française au XVIIIe siècle*; 8e édition. 1 vol.
— *La littérature française au XIXe siècle*; les origines du romantisme; 6e édit. 2 vol.
— *Variétés morales et littéraires*. 1 vol.
— *Poètes et poésies*; 2e édition. 1 vol.
BERTRAND (J.), de l'Académie française : *Éloges académiques*. 1 vol.
BOSSERT (A.), inspecteur général de l'instruction publique : *La littérature allemande au moyen âge et les origines de l'épopée germanique*; 3e édition. 1 vol.
— *Gœthe et Schiller*; 4e édition. 1 vol.
Gœthe, ses précurseurs et ses contemporains; 3e édition. 1 vol.
BRUNETIÈRE : *Études critiques sur l'histoire de la littérature française*. 5 vol.
— *L'évolution des genres dans l'histoire de la littérature*. 1 vol.
— *L'évolution de la poésie lyrique en France au XIXe siècle*. 2 vol.
CARO : *La fin du XVIIIe siècle : études et portraits*; 2e édition. 2 vol.
— *Mélanges et portraits*. 2 vol.
— *Poètes et romanciers*. 1 vol.
— *Variétés littéraires*. 1 vol.
DELTOUR, inspecteur général de l'instruction publique : *Les ennemis de Racine au XVIIe siècle*; 5e édition. 1 vol.
Ouvrage couronné par l'Académie française.
DESPOIS (E.) : *Le théâtre français sous Louis XIV*; 3e édition. 1 vol.
FILON (Aug.) : *Mérimée et ses amis*. 1 vol.
GRÉARD (Oct.) : *Edmond Scherer*. 1 vol.
— *Prévost Paradol*. 1 vol.
LA BRIÈRE (L. de) : *Madame de Sévigné en Bretagne*; 2e édition. 1 vol.
Ouvrage couronné par l'Académie française.
LARROUMET (G.), de l'Institut: *Marivaux, sa vie et ses œuvres*; nouvelle édition. 1 vol.
Ouvrage couronné par l'Académie française.
— *La comédie de Molière*; 4e édition. 1 vol.
— *Études d'histoire et de critique dramatiques*. 1 vol.
— *Études de littérature et d'art*. 1 vol.
— *Nouvelles études de littérature et d'art*.
— *Études de littérature et d'art*, 3e série. 1 vol.
LE BRETON: *Le roman au XVIIe siècle*. 1 vol.
LENIENT, professeur à la Faculté des lettres de Paris : *La satire en France au moyen âge*; 4e édition. 1 vol.
Ouvrage couronné par l'Académie française.

LENIENT (suite) : *La satire en France au XVIe siècle*; 3e édition. 2 vol.
— *La comédie en France au XVIIIe siècle*. 2 vol.
— *La poésie patriotique en France au moyen âge et dans les temps modernes*. 2 v.
LICHTENBERGER : *Étude sur les poésies lyriques de Gœthe*; 2e édition. 1 vol.
Ouvrage couronné par l'Académie française.
MÉZIÈRES (A.), de l'Académie française :
Gœthe. 2 vol.
— *Pétrarque*. 1 vol.
— *Shakespeare, ses œuvres et ses critiques*; 5e édit. 1 vol.
— *Prédécesseurs et contemporains de Shakespeare*; 3e édition. 1 vol.
— *Contemporains et successeurs de Shakespeare*; 3e édition. 1 vol.
Ouvrages couronnés par l'Académie française.
— *En France : XVIIIe et XIXe siècles*; 2e édition. 1 vol.
— *Hors de France : Italie, Espagne, Angleterre, Grèce moderne*; 2e édit. 1 vol.
— *Vie de Mirabeau*. 1 vol.
MONTÉGUT (E.): *Poètes et artistes de l'Italie*. 1 vol.
— *Types littéraires et fantaisies esthétiques*. 1 vol.
— *Essais sur la littérature anglaise*. 1 vol.
— *Nos morts contemporains*. 2 vol.
— *Les écrivains modernes de l'Angleterre*. 3 vol.
— *Livres et âmes des pays d'Orient*. 1 vol.
— *Choses du Nord et du Midi*. 1 vol.
— *Mélanges critiques*. 1 vol.
— *Dramaturges et romanciers*. 1 vol.
— *Heures de lecture d'un critique*. 1 vol.
— *Esquisses littéraires*. 1 vol.
PARIS (G.) : *La poésie du moyen âge* (1re et 2e séries). 2 vol.
PELLISSIER : *Le mouvement littéraire au XIXe siècle*; 3e édit. 1 vol.
PRÉVOST-PARADOL : *Études sur les moralistes français*; 7e édition. 1 vol.
SAINTE-BEUVE: *Port-Royal*; 5e édition, revue et augmentée. 7 vol.
STAPFER (P.) : *Molière et Shakespeare*; 3e édition. 1 vol.
Ouvrage couronné par l'Académie française.
— *Des réputations littéraires*. 1 vol.
TAINE (H.) : *Histoire de la littérature anglaise*; 8e édition. 5 vol.
— *La Fontaine et ses fables*; 13e édit. 1 vol.
— *Essais de critique et d'histoire*; 7e édit.
— *Nouveaux Essais de critique et d'histoire*; 5e édit. 1 vol.
— *Derniers essais de critique et d'histoire*.
TEXTE (J.) : *J.-J. Rousseau et les origines du cosmopolitisme littéraire*. 1 vol.
WALLON, de l'Institut : *Éloges académiques*. 2 vol.

www.ingramcontent.com/pod-product-compliance
Lightning Source LLC
Chambersburg PA
CBHW052112270326
41928CB00010BA/1791